JUAN GABRIEL ASCENCIO GONZÁLEZ

FUNDAMENTO EN MOVIMIENTO
La antropología de las dimensiones de la persona

EDICIONES UNIVERSIDAD DE NAVARRA, S.A.
PAMPLONA

Serie: Filosofía

Cupón para la Biblioteca Virtual

Accede a la versión eBook de este título por solo **1,99 €**. Con la compra de este libro puedes utilizar el siguiente cupón para la lectura en *streaming** desde la Biblioteca Virtual. **Sigue estas instrucciones** para visualizar tu libro:

1. Dirígete a la web de la Biblioteca Virtual en **https://ebooks.eunsa.es**.

2. En la web ve a **Iniciar sesión** e introduce tu email y contraseña. Si no estás registrado, deberás completar el proceso en **Registrarse**.

3. Tras registrarte, accede a la página del libro o lee el QR de esta página. Bajo el precio podrás **insertar el código oculto en el siguiente cupón para activar la promoción**.

Despegue para visualizar

Acceso directo al eBook

Canjéalo en ebooks.eunsa.es

*Con acceso a internet desde cualquier navegador.

© 2024. Juan Gabriel Ascencio González
Ediciones Universidad de Navarra, S.A. (EUNSA)
Campus Universitario • Universidad de Navarra • 31009 Pamplona • España
+34 948 25 68 50 • www.eunsa.es • eunsa@eunsa.es

ISBN: 978-84-313-3897-8
DL NA 2-2024

Fotografía:
Unsplash

Imprime: Podiprint
Printed in Spain – Impreso en España

Dedico esta obra a la memoria de mis padres,
Juan Antonio Ascencio y Constanza González

Índice

Introducción

¿Qué significa "ser humano"?[1] Esta cuestión es tal vez la más urgente y decisiva para cada sociedad y cada generación. Lo es sin duda para nosotros que observamos la escena mundial de la segunda década del tercer milenio y vemos un gran interés y actividad en torno al ser humano. Parece que todos los grandes temas de actualidad tienen que ver con él. Sociólogos, políticos, educadores, psicólogos y muchos otros se preguntan acerca de las consecuencias que una vida vivida cada vez más *online* puede tener en personas de todas las edades. Los científicos parecen disponer de recursos casi ilimitados para cambiar la humanidad con la ayuda de la tecnología, a veces guiados por el *Posthumanismo* y el *Transhumanismo*. Las teorías del *Gender* provocan enormes discusiones sobre el significado de la sexualidad humana. La investigación de las neurociencias nos ofrece una nueva visión de quiénes somos y de qué son la libertad, los sentimientos, el amor y la conciencia.

---

1. "Ser", en este caso, no debe entenderse como un sustantivo, casi sinónimo de "ente", sino como un verbo. En inglés, la pregunta sonaría así: *What does it mean to be human?*

Frente a este panorama, la cuestión de lo que significa "ser humano" no puede reducirse a la búsqueda de un criterio para distinguir qué seres vivos son humanos y cuáles no. Requiere una investigación mucho más amplia sobre el significado y las bases de nuestra condición humana.

Afortunadamente, tal investigación no debe empezar desde cero. La civilización occidental ha lidiado con la cuestión antropológica durante dos milenios y medio. Y el pensamiento cristiano no ha dejado de meditar sobre la misma cuestión desde que Jesús de Nazaret mostró con su palabra y su presencia un nuevo modo de entender la verdad sobre el hombre. Gracias a esto se han desarrollado numerosos conceptos, enfoques y metodologías, que han generado verdaderas tradiciones de pensamiento antropológico.

Colocado en el cruce entre el orden existencial y el especulativo, y nutriéndose generosamente de esta riqueza humana y cristiana, este libro ofrece una ventana para mirar la condición humana y penetrar más a fondo en su significado: *las dimensiones de la persona*. Aquí aparecen dos términos –*persona* y *dimensiones*– que dan una idea inmediata del amplio marco histórico y teórico de estas páginas.

Lo que propongo aquí es, pues, una antropología filosófica. Para ser más preciso, se trata de una *antropología modal*. Esto significa que no aborda directamente las cuestiones relativas a los fundamentos de la antropología, como hiciera la antropología de los grandes maestros griegos, la escolástica medieval y varios autores contemporáneos. No es que una antropología modal deba negar la importancia de tales cuestiones (de hecho, las presupone, alude a ellas e incluso llega a iluminar algunos de sus temas). Es sólo que su atención se centra en *un aspecto concreto* de la persona, en una perspectiva que funge como una ventana abierta a su exploración. En nuestro caso, esa ventana son las *dimensiones* de la persona. Desde ellas se puede lanzar una mirada a la totalidad de la persona. El término "dimensiones", aplicado a la persona, responde a esta pregunta: ¿en qué términos hay que hablar de la persona humana? ¿Cuáles son las facetas o ámbitos básicos que no se pueden omitir al tratarla? No excluyo que además de las dimensiones haya otros modos de abordar el estudio de la persona humana. De hecho, una antropología modal consciente de su estatuto epistemológico dialogará de modo abierto y fructuoso con otras disciplinas y enfoques.

En cuanto a las coordenadas históricas de este trabajo, el lector notará que la antropología que aquí desarrollo se coloca en el contexto de la gran renovación antropológica de inicios y mediados del siglo XX. La literatura crítica que utilizo, en cambio, pertenece en su mayor parte a fechas posteriores al año 2000. A la vez, construyo un diálogo permanente con la gran tradición filosófica del Occidente, representada por los grandes maestros de la metafísica cristiana. Considero que la metafísica o filosofía del ser es una disciplina no sólo posible –con buena paz de Kant– sino necesaria para solventar las cuestiones en torno a la fundación última de cualquier cuestión filosófica. Explicito también que esta antropología de las dimensiones de la persona está abierta a la trascendencia y a la cuestión religiosa.

Tratándose de un estudio amplio sobre las dimensiones, los primeros siete capítulos esclarecen el fondo común que comparten todas ellas tanto desde el lado histórico como del lado especulativo. Los seis capítulos siguientes abordan una a una las seis dimensiones principales: corporeidad, historicidad, interpersonalidad, sexualidad, culturalidad y religiosidad. Un capítulo final considera algunas cuestiones sobre la relevancia y actualidad del discurso sobre las dimensiones de la persona.

El origen de estas ideas se remonta al verano de 2013. Tratando de entender con precisión qué son las "dimensiones de la persona", me di cuenta con sorpresa de que en la literatura académica disponible sólo había indicios sobre el significado de ese concepto. Me encontré frente a un campo poco explorado, en espera de una primera monografía filosófica que se hiciera cargo de esclarecer las cuestiones fundamentales. Este trabajo aspira a llenar ese vacío.

Soy consciente de los límites de estas páginas. Mi experiencia se coloca en el ámbito filosófico, no así en otros campos a los que aludo en varios capítulos. Por ello, es probable que contenga elementos que deberían precisarse gracias a la contribución de una amplia gama de especialistas. No puedo más que expresar mi deseo de recibir tales contribuciones, de entablar diversos diálogos.

Agradezco a los profesores P. Albert Gutberlet LC, Juan Jesús Álvarez, Manuel Alejandro Gutiérrez y Juan Francisco García sus comentarios y críticas. La base de este texto apareció en lengua italiana en 2020. Poco después inicié su traducción al español. Ese trabajo me dio ocasión para efectuar una seria revisión de los contenidos. Esta edición en lengua castellana aparece como una versión profundamente revisada y ampliada del texto italiano.

P. Juan Gabriel Ascencio, LC, PhD, HD, STL

Parte I
Un acercamiento histórico-especulativo
a las dimensiones de la persona

Capítulo 1

Introducción. Una idea de la persona

A. Breve visión de la historia de la antropología

1. Las dimensiones de la persona en la historia de la antropología

Nuestro discurso tiene como palabra central las "dimensiones". Debemos reflexionar sobre las "dimensiones de la persona / dimensiones del hombre". Desde las últimas décadas del siglo XX se ha convertido en una costumbre hablar de las dimensiones del hombre en muchos ámbitos. A nadie le resulta difícil aceptar esta forma de hablar. Sin embargo, no se encuentra una reflexión sistemática sobre el tema que pretenda ser completa[1]. ¿Qué son las dimensiones? ¿En qué contexto especulativo se sitúan? ¿Cuáles son sus características? ¿Cómo funcionan? ¿Qué revelan sobre la persona? Estas y otras preguntas similares forman el contenido de la reflexión antropológica que nos concierne.

---

1. Se han publicado excelentes libros de antropología filosófica con títulos que hacen referencia al concepto de las dimensiones de la persona. Lo usan correctamente pero no se detienen a explicarlo críticamente. Entre ellos, cf., T. Melendo, *Las dimensiones de la persona*, Palabra, Madrid 1999; M. Ocampo, *Las dimensiones del hombre*, EDICEP, Madrid 2003; J. de Sahagún Lucas, *Las dimensiones del hombre*, Sígueme, Salamanca 1996.

Vale la pena saber desde el principio que el discurso sobre las "dimensiones", aplicado al ser humano, data de 1935. Es un mérito del filósofo personalista francés Emmanuel Mounier. Antes de ese año no tenemos noticias de ningún filósofo que hable de las "dimensiones de la persona". Sin embargo, la novedad de Mounier no podría haber surgido fuera de un terreno fértil que la hiciera posible. Por lo tanto, quien desea entender el discurso sobre las dimensiones de la persona necesita un horizonte histórico. Necesita saber cuál era el estado de la reflexión antropológica en el período entre las dos guerras mundiales. El capítulo 2 presentará ese momento histórico con más detalle. Ahora podemos anticipar este hecho: entre 1918 y 1938 hubo un momento de intensa y altísima reflexión antropológica[2]. Llamaremos a este período la "Renovación Antropológica Contemporánea". En aquellos años de oro, algunos de los más grandes filósofos del siglo XX llevaron a cabo una reflexión profunda, llena de nuevas ideas y al mismo tiempo atenta a la gran tradición filosófica occidental. Algunos nombres vienen a la mente: Husserl, Heidegger, Mounier, Guardini, Buber, Dilthey, Scheler, Marcel, Edith Stein. Cabe señalar que la antropología filosófica como disciplina específica surge en este periodo con la publicación póstuma de *El puesto del hombre en el cosmos* en 1928. En ella, Max Scheler asignaba a la naciente disciplina la tarea de elaborar un concepto de hombre que unificara el legado griego, la imagen teológica (judeocristiana) y la aportación de las ciencias positivas, y dio pasos importantes para conseguirlo.

Siendo estos autores los herederos del pensamiento tardomoderno, se encontraban en una situación de relativa discontinuidad

---

2. Martin Buber observó: «No es ninguna casualidad, sino algo lleno de sentido, que los trabajos más importantes en el campo de la antropología filosófica surgieran en los 10 primeros años que siguieron a la primera Guerra Mundial» (*El problema del hombre*, Fondo de Cultura Económica, México 2020, 64).

con respecto al pensamiento clásico y medieval. En medio estaba el renacimiento, pero ante todo pesaba el influjo de la modernidad que comenzó con Cartesio y culminó con pensadores como Kant y Hegel. Debemos adoptar ahora una visión muy amplia de la historia de la antropología[3]. Esto se nos impone por la necesidad de saber, entre otras cosas, si el discurso sobre las dimensiones es compatible con el pensamiento clásico y con la visión cristiana del hombre. Tal vez podamos encontrar ayuda en un esquema muy general. Su clave interpretativa es la siguiente: en la historia de la reflexión occidental han aparecido al menos *cuatro concepciones fundamentales sobre el hombre*, es decir, cuatro "imágenes del hombre" en las que el hombre ha podido verse a sí mismo como en un espejo. Pues bien, cada "espejo" (representado aquí sobre todo por las columnas de "Hace referencia a" y de la "Perspectiva") tiene sus propias características que indican su potencial, pero también sus límites. Veamos el esquema:

Periodo	Palabra clave	Hace referencia a...	Perspectiva	El hombre es...
Antigüedad clásica	Hombre	Mundo	Cosmológica y metafísica	un ser en el mundo, con cuerpo y alma
Medievo cristiano	Persona	Dios y otras personas	Teológica y metafísica	un espíritu encarnado, abierto al Absoluto
Modernidad	Sujeto	Objetos	Crítica y científica	un conocedor y utilizador de las cosas
Contemporáneo	Identidad personal	Sociedad / percepción de sí	Sociológica y psicológica	un miembro de un grupo, que se piensa de una cierta manera

3. La historia de la filosofía, como disciplina filosófica, apareció relativamente tarde, en tiempos de Hegel. La historia de la antropología es todavía más reciente, pues se coloca ya en el siglo XX.

Las cuatro "palabras clave" de la segunda columna tienen la misma *denotación* (todas indican ese ser que somos nosotros) pero poseen un *significado* que tiende a ser diferente. Cada "palabra clave" dice algo acerca de lo que somos, pero que no es dicho explícitamente por las otras palabras clave.

El concepto de *persona* debe ser rescatado del parcial olvido en que ha caído en estas últimas décadas. Los motivos de este necesario rescate se fundan en un conjunto de serias razones filosóficas. Destaca el hecho de que el concepto de *persona* conserva –quizás no siempre de manera explícita– la más rica comprensión de lo que somos[4]. Por ello, conserva también los principios que pueden ayudarnos a enfrentar del mejor modo los desafíos presentes y futuros[5].

2. El origen del concepto de "persona"

Utilizando la diferencia propuesta por Gottlob Frege entre *significado* y *denotación*, y aplicándola al ser humano, surgen varias preguntas. Cuando decimos "persona", ¿qué estamos diciendo exactamente? ¿Qué dice "persona" que no dice "hombre" u otras

4. Robert Spaemann explica que el descubrimiento de la persona está ligado al descubrimiento del "corazón" como centro moral y espiritual del ser humano (cf. *Personas. Acerca de la distinción entre "algo" y "alguien"*, EUNSA, Pamplona 2000, 41, 196-198, 206). A lo largo de nuestra reflexión, y especialmente en el capítulo 3, indicaremos otras razones de carácter filosófico que fundamentan la decisión de colocar el concepto de persona a la base de la antropología de las dimensiones.

5. Tal es la posición de Paul Ricoeur, para quien la persona «sigue siendo el mejor candidato para sostener los combates jurídicos, políticos, económicos y sociales evocados; quiero decir: un candidato mejor que las otras entidades que han sido objeto de las tormentas culturales evocadas anteriormente» (P. Ricoeur, *Muere el personalismo, vuelve la persona...*, en *Amor y Justicia*, Caparrós, Madrid 1993, 98).

palabras similares?[6] Además, cuando se dice que la persona ha sido descubierta por el cristianismo, ¿de qué tipo de descubrimiento se trata?[7] Reflexionemos sobre este tema.

Que la persona (es decir, este sentido específico de entender al ser humano) haya sido "descubierta" por el pensamiento cristiano, es un hecho historiográfico que se acepta pacíficamente. Los griegos y los romanos precristianos conocían el *término* "persona", pero no el *concepto* de "persona" tal como lo ha elaborado la tradición filosófica occidental.

Sin embargo, si uno se pregunta por qué esto es así, entonces la mejor respuesta parece ser la que tiene en cuenta una novedad. Con la llegada de la fe cristiana, el hombre supera su antigua autocomprensión en relación con el cosmos[8]. Pasa a comprenderse a sí mismo a la luz de Dios, alcanzando así una autocomprensión más profunda[9], que pone de relieve su libertad y dignidad.

6. Una profundización sobre este tema se halla en J.G. Ascencio, «La differenza tra "persona" e "uomo". Un discernimento antropologico», *Alpha-Omega* XXIII, n.1 (2020) 3-45.

7. Es lo que afirma Juan Pablo II en su *Carta Encíclica Fides et Ratio* (1998): «Incluso la concepción de la persona como ser espiritual es una originalidad peculiar de la fe» (n. 76).

8. Hans-Urs von Balthasar observa que con la llegada del cristianismo el hombre «ya no puede encontrar su medida en algo intracósmico, sino únicamente en el Dios "que está frente a él"» (H.-U von Balthasar, *TeoDrammatica II. Las personas del drama: el hombre en Dios*, Ediciones Encuentro, Madrid 1992, 368). Y añade que la "medida" del hombre es la que Dios le manifiesta al juzgarlo. Más adelante (373), el mismo von Balthasar señala que con la llegada del cristianismo los fundamentos y límites cosmológicos se relativizan pues sólo la libertad divina aparece como fundamento último.

9. Parece que esta intuición fue elaborada inicialmente por Karl Löwith. Vinieron después reelaboraciones de parte de varios pensadores. Véase, entre otros, M. Buber, *¿Qué es el hombre?*, Fondo de Cultura Económica, México, D.F., 2000, 25; H.-U. von Balthasar, *TeoDrammatica II*, 367-368; R. Guardini, *El ocaso de la Edad Moderna*, en *Obras de Romano Guardini. I*, Ediciones

El origen cristiano del concepto de "persona" no hace que disminuya en absoluto su valor filosófico. La encíclica *Fides et Ratio* nos da la clave para entender esto cuando explica los diferentes "estados" de la filosofía con respecto a la fe cristiana. Uno de estos estados, que comúnmente se llama *filosofía cristiana*, es reconocible por dos aspectos: «uno subjetivo, que consiste en la purificación de la razón por parte de la fe»; y otro «objetivo, que afecta a los contenidos». La Revelación propone claramente algunas verdades que, aun no siendo por naturaleza inaccesibles a la razón, tal vez no hubieran sido nunca descubiertas por ella, si se la hubiera dejado sola»[10].

3. La antropología de las dimensiones de la persona y la reflexión de Boecio

Cuando echamos un vistazo a la historia de la filosofía, el sentido del concepto de *persona* aparece fuertemente ligado a la famosa definición dada por Boecio a principios del siglo VI: "sustancia individual de naturaleza racional" (*rationalis naturae individua substantia*)[11]. Dado que nuestro discurso se centra en las dimensiones de la persona utilizando tanto la reflexión antropológica contemporánea como la reflexión grecorromana y cristiana, necesitamos desarrollar una opinión sobre esta definición.

Conviene notar que la definición de Boecio se coloca dentro de una tradición de pensamiento. Boecio propone su definición como síntesis y punto de llegada de la reflexión de los Padres de la Iglesia. Nos referimos especialmente a la teología trinitaria y a

---

Cristiandad, Madrid 1981, 33-35; E. Agazzi, «L'essere umano come persona», *Bioetica e Persona*, Franco Angeli, Milano 1993, 137-157, 140.

10. Juan Pablo II, *Fides et Ratio*, n. 76.

11. A. M. S. Boecio, *De persona et duabus naturis. Contra Eutychen et Nestorium*, cap. 3, PL 64, 1343.

la cristología elaborada por los tres grandes capadocios Basilio de Cesarea, Gregorio Nacianceno y Gregorio de Nisa.

En este contexto, a menudo el concepto de persona se utiliza junto con otros conceptos para captar distinciones importantes. La más famosa es la distinción entre naturaleza (*ousía - essentia*) y persona (*hipóstasis*) que se aplicó con gran éxito para la elaboración del dogma trinitario y cristológico. El dogma cristiano afirma que en la Trinidad hay tres *hipóstasis* (tres Personas divinas: Padre, Hijo y Espíritu Santo) y una *ousía* (la naturaleza divina). Y que en Jesús hay dos naturalezas (*ousíai*) –la divina y la humana– en una Persona (*hipóstasis*).

Lamentablemente, la antropología filosófica moderna casi no conocía la reflexión patrística. En cambio, en la época contemporánea la definición de Boecio ha sido comentada y repetida por numerosos antropólogos de todas las tendencias. También nosotros debemos reflexionar sobre ella. Tenemos que preguntarnos: ¿debemos repetir lo dicho por Boecio? Con él, ¿encuentra la persona una definición perfecta e insuperable, libre de límites y lagunas? ¿Es posible o incluso necesario "ir más allá de Boecio", tomando su definición como punto de partida, pero no como punto de llegada? Nos parece correcto aceptar esta última posición. Estamos convencidos de que es necesario ir más allá de Boecio, pero sin renunciar a las aportaciones que él ha dado ni a la raíz teológica original que nutre su pensamiento. En resumen, seguimos el camino de la novedad en la continuidad.

Queremos señalar cuatro caminos seguidos por esta reflexión que quiere ir más allá de Boecio sin renunciar a las aportaciones que ha dado.

1. Una de las principales críticas dirigidas a Boecio desde los tiempos de Ricardo de San Víctor en el siglo XI consiste en que se habría perdido la ganancia más importante de la reflexión patrística sobre la persona: el *subsistens* (la *hipóstasis* de los griegos).

Es un tema difícil. Lo cierto es que la antropología patrística tiene en su centro la distinción entre naturaleza (*ousía*) y persona (*hipóstasis*), que dio pie a la distinción entre *algo* y *alguien*, o entre *qué* y *quién*. En la definición de Boecio esta ganancia parece estar ausente. ¿Debemos decir entonces que la reflexión antropológica de Boecio, en vez de progresar sobre la base patrística, perdió terreno?

A este respecto hay que decir que Boecio utiliza deliberadamente un vocabulario ontológico de origen aristotélico. De hecho, se inscribe en el contexto de su intento de renovación aristotélica. Boecio quiso preservar la pureza terminológica y teórica del Estagirita. Por lo tanto, la definición ya no habla de *subsistencia* sino de *sustancia*, limitándose al nivel de las categorías aristotélicas[12].

2. Uno se pregunta si con la definición de Boecio se puede comprender bien el tipo de *individualidad* que pertenece a la persona humana, que hace que cada persona sea verdaderamente única. En otras palabras, ¿el modo en que la persona humana es "individual" es diferente del modo en que lo es, por ejemplo, un animal o una planta? ¿Hay por tanto un solo factor, la materialidad (*materia quantitate signata*) que hace "únicos" a los individuos, o intervienen otros factores, de manera que haya una analogía de modos de ser "individuo"?

3. ¿Qué lugar deja la definición de Boecio al *dinamismo* del que es capaz la persona humana? ¿Sólo se pueden realizar actos segundos a partir de un fundamento estable, un acto primero, que ya no puede modificarse o perfeccionarse en nada?

---

12. Diferente es el caso de la interpretación que S. Tomás de Aquino hace de la definición de Boecio. Los mejores comentadores afirman que el Aquinate interpreta la *individua substantia* de Boecio a la luz de la *hypostasis* griega pues no limita el sentido de la *substantia* a su rol de necesario substrato de los accidentes sino que lo profundiza de manera que la *substantia* resulta ser ante todo "lo que subsiste por sí mismo y no en otro" (cf. *De Pot.*, q.9, a.1, c.).

4. El elemento de la *relación*, que en la reflexión patrística gozaba de una centralidad indudable, parece estar ausente en la definición de Boecio. Según la teología católica, la única manera de distinguir las tres Personas Divinas dentro de la única naturaleza divina es comprender sus relaciones recíprocas[13].

Estas cuatro problemáticas y otras más han fecundado el esfuerzo para mejorar la definición de la persona. En realidad, dado que la filosofía se desarrolla en la historia, nunca aparecerá una *definición absoluta* de la persona, que sólo deba repetirse sin posibilidad de mejorarla. Sin embargo, esto no significa que las definiciones utilizadas por la antropología sean todas contingentes, relativas e inútiles. Más bien significa dos cosas: que cada definición que se encuentre siempre resaltará algo importante, enfatizará algún aspecto, pero dejará algo en la sombra; y que cada definición, para ser bien entendida, debe ser colocada en su contexto histórico y conceptual. Por lo tanto, hay que considerar lo siguiente: ¿a qué cuestión se quiere responder con cada definición? ¿Con qué instrumentos especulativos se ha forjado? ¿En qué cultura y en qué momento histórico se desarrolló?

En nuestro recorrido tendremos la oportunidad de hablar de muchos antropólogos de varias épocas. Confiaremos en algunos que consideramos verdaderos maestros. Sus enseñanzas están en la base de estas páginas. Me gustaría mencionar a cinco de ellos que han tenido una influencia decisiva en mi pensamiento: Tomás de Aquino, Martin Buber, Emmanuel Mounier, Romano Guardini y Robert Spaemann.

Puede parecer extraño que entre cuatro autores contemporáneos se nombre a un medieval. Pero el hecho es que Tomás de Aquino elaboró una síntesis sobre la persona que presenta la doctrina cristiana, patrística y filosófica de manera admirable, con tal

---

13. Cf. *Catecismo de la Iglesia Católica*, 254-255.

armonía y profundidad que siempre debemos volver a ella como punto de orientación privilegiado. Las cuestiones de la *Suma de Teología* dedicadas al tema de la persona han tenido una influencia beneficiosa para los teólogos y filósofos a lo largo de casi ocho siglos. Santo Tomás acepta la definición de Boecio, pero la sitúa en un contexto más amplio en el que convergen estos rasgos fundamentales: la base ontológica, la racionalidad, la concreción o carácter corpóreo, el valor moral (dignidad), y la relacionalidad[14].

B. La persona en la encrucijada de perspectivas y de historias

1. Dos novedades importantes

Anticipando temas que hallarán una explicación más adelante, señalamos dos puntos, por lo general desconocidos para la reflexión clásica sobre la persona, que han sido ganados por la antropología contemporánea.

1. Una teoría filosófica es en gran parte el resultado de un *método*. El método orienta la reflexión, haciéndola avanzar por algunos caminos y dejando de lado otros. La reflexión ontológica sobre la persona ha seguido a menudo el método de la *resolución*, que permite pasar del fenómeno al fundamento[15]. Siguiendo este método, la reflexión antropológica clásica y medieval ha alcanzado grandes logros.

Es claro que la discusión sobre el método ha estado en el centro de la época moderna (recordemos el *Discurso sobre el método*

---

14. Aprecio la comprensión que Joseph Torchia ofrece de la teoría tomista de la persona en su obra *Exploring Personhood. An Introduction to the Philosophy of Human Nature* (Rowman & Littlefield Publishers, Lanham 2008).

15. Así lo recomienda la Encíclica *Fides et Ratio*, n. 83.

de Cartesio). Aparecieron nuevos métodos que fueron criticados y mejorados. En la época contemporánea, un método en particular fue utilizado provechosamente por la Renovación Antropológica: el *fenomenológico*. Eso subraya el hecho de que la persona no sólo es un ser que produce "actos segundos" (muchos seres no personales los producen), sino que es un ser capaz de *revelarse libremente a otras personas*, cosa que los seres vivos no personales son incapaces de hacer. Por eso algunos filósofos contemporáneos han visto que, en lugar de seguir el método de la *resolutio*, conviene seguir un método adecuado para captar las manifestaciones libres de la persona. Los frutos de este cambio han sido abundantes. La antropología contemporánea es incomprensible sin la contribución de este método y otros similares. Tendremos oportunidad de ahondar sobre esto en los siguientes capítulos.

2. La modernidad ha puesto en su centro, no el ser, sino el sujeto pensante, el "yo". Éste no era desconocido para los grandes maestros clásicos y medievales, pero no habían concedido a la perspectiva del "yo" un lugar central en sus reflexiones. Por ello, a los autores contemporáneos más afines a la metafísica se les planteó esta apremiante pregunta: ¿es posible encontrar un acuerdo entre el enfoque ontológico clásico y el estilo moderno? No faltan autores que creen que esto es posible. Sin embargo, señalan que lo que falta en el enfoque ontológico, y que es posible encontrar en el enfoque moderno, es la posibilidad de estudiar los fenómenos "desde dentro", es decir, *desde la perspectiva del sujeto*. El enfoque ontológico, incluso en el gran Santo Tomás, es un enfoque objetivo que predomina sobre el lado subjetivo, más atento a la experiencia de la persona y a su autoconciencia. Karol Wojtyla ha señalado que la filosofía de Santo Tomás muestra las facultades individuales gracias a las cuales se forma toda la conciencia y la autoconciencia del hombre, pero prácticamente se detiene ahí. Así que en Santo Tomás

aparece claramente la persona en su existencia y acción objetiva, pero es difícil hallar una profundización de las experiencias vividas por la persona[16].

2. Dos visiones del ser y del hombre

Siempre con la intención de ampliar la visión de la antropología al inicio de nuestra reflexión, tratemos de reflexionar no ya sobre la diferencia entre la antropología del siglo XIII y la del siglo XX, sino sobre otras diferencias que ya se conocían en el siglo XIII. Es un tema que requeriría un estudio muy extenso y profundo. Aquí nos limitamos a proponer algunas pistas, por la utilidad que nuestro trabajo puede derivar de ellas.

Nos referimos, en primer lugar, al hecho de que dentro de la filosofía cristiana existían dos grandes escuelas de pensamiento antropológico: la escuela tomista que deriva de Aristóteles, y la escuela franciscano-agustiniana que deriva del neoplatonismo. En una y otra encontramos grandes pensadores que han sabido ahondar en el misterio de la persona.

Si uno se pregunta por la diferencia entre estas dos tradiciones, se llega a comprender que depende, entre otras cosas, de la manera

---

16. «Cuando se trata de analizar la conciencia y la auto-conciencia –que es lo que principalmente interesa a la filosofía moderna y a la psicología– no parece haber lugar para ella en la visión objetivista de la realidad de Santo Tomás. En todo caso, aquello que en la subjetividad de la persona es más evidente, es presentado por Santo Tomás exclusivamente –o casi exclusivamente– de manera objetiva. Nos muestra las facultades particulares, tanto espirituales como sensoriales, gracias a las que la totalidad de la consciencia y autoconsciencia –la personalidad humana en el sentido psicológico y moral– toman forma, pero allí es donde se detiene. Así, Santo Tomás nos da una excelente vista de la existencia y la actividad de la persona objetiva, pero sería difícil hablar en su visión de las experiencias vividas por la persona» (K. Wojtyla, *El personalismo tomista*, http://www.karolwojtylafilosofo.com/pdf/3T_/3T-01.pdf, 8).

de entender *el ser* a la luz de la revelación bíblica[17]. En efecto, si la revelación nos permite conocer a Dios, fuente del ser, es natural que el concepto de *ser* elaborado por los pensadores cristianos refleje de alguna manera lo que han aprendido de la revelación.

Si se entiende a Dios como Aquel que es (cf. Ex 3,14), el Creador todopoderoso y omnisciente del universo, del que todo depende, es fácil, en términos filosóficos, pensar el ser de manera aristotélica, a la luz de la *perseidad* más completa, como la subsistencia absoluta. Sin embargo, la revelación cristiana también puede pensar en Dios de manera trinitaria. Esto significa pensarlo como Aquel que quiso compartir su divinidad con los seres humanos a través del envío del Hijo y del Espíritu Santo. Y esto permite desarrollar una concepción filosófica del ser a la luz de la comunicación y de la participación (*bonum diffusivum sui*). De esta manera se comprende que el ser personal incluye, además de la subsistencia del *per se*, el *ad aliud*, es decir, la relacionalidad. El Otro no sólo está frente al Yo, como posible receptor de su libre manifestación o de sus actos. El Otro, como veremos más adelante, es interno a cada persona, por lo que se puede decir que «*la persona no debe ser considerada únicamente como individualidad absoluta, edificada por sí misma y sobre sí misma, como si sus características propias no dependieran más que de sí misma*»[18].

Los autores más perspicaces siempre han sabido que la tradición de la perseidad y la de la relacionalidad gozan de plena ciudadanía en el pensamiento filosófico. No se podía elegir una y rechazar la otra sin perder valiosas ideas y sin correr el riesgo de una

---

17. Cf. H.-U. Von Balthasar, *Epílogo*, Ediciones Encuentro, Madrid 1998; W. Norris Clarke, *Person and Being*, Marquette University Press, Milwaukee 1998.

18. Pontificio Consejo "Justicia y Paz", *Compendio de la doctrina social de la Iglesia* (2004), 125 (la cursiva se halla en el texto original).

peligrosa unilateralidad. La tradición aristotélica de la perseidad sostiene que "para ser hombre no se necesita más que el hombre mismo". En consecuencia, tiende a desarrollarse como una antropología que pone en el centro la sustancia, y que privilegia la causa formal. En cambio, la tradición platónico-agustiniana del *ad aliud* sostiene que "para ser hombre, el hombre necesita algo más que sí mismo". Se trata de una antropología que privilegia la causa final y el dinamismo de la interioridad humana; que ve al hombre esencialmente "dirigido hacia algo", por ejemplo, hacia su felicidad en Dios, o hacia la cultura que le rodea, o hacia las otras personas con las que se relaciona.

3. La integridad y la plenitud de la persona

La vida personal, fundada en el ser, avanza por el devenir hacia una meta[19]. La situación nos parece normal. Pero el pensamiento apremia: ¿cómo debemos entender esta situación? Podemos utilizar la feliz distinción que Sabino Palumbieri hace entre la *integridad* del hombre y su *plenitud*[20]. Se trata de dos formas complementarias de considerar la perfección que compete a la

---

19. Abelardo Lobato elige este esquema, reconociendo que la unidad de lo humano no es la unidad de lo simple, sino una unidad de composición. Lobato afirma que el hombre debe realizarse en el ser, mantenerse en el devenir, y culminar en una meta (cf. A. Lobato, *Dignidad y aventura humana*, San Esteban-Edibesa, Salamanca-Madrid 1997, 49-50).

20. La distinción funciona mejor en italiano. Palumbieri habla de la *completezza* y la *compiutezza*, términos que comparten la misma raíz (cf. S. Palumbieri, *Antropologia e sessualità*, SEI, Turín 1996). Esta distinción tiene semejanzas con otras, bien conocidas en la historia de la filosofía: ser y devenir, realidad e irrealidad, ser y deber-ser, etc. Particularmente cercana a la propuesta de Palumbieri es la de X. Zubiri, quien afirma que la realidad humana es *completa*, pero *inconclusa* (cf. X. Zubiri, *Sobre el hombre*, Alianza Editorial, Madrid 1986, 67-68).

persona humana[21]. A lo largo de nuestro camino haremos uso frecuente de esta distinción estructural, prefiriéndola a otras distinciones posibles.

La *integridad* expresa la perfección presente en cada hombre gracias a la naturaleza humana que se realiza en él con todos los elementos constitutivos requeridos por la especie humana. Esa naturaleza, siendo una perfección del ser, un acto primero, ya no necesita nada más para ser completa y perfecta en el plano que le compete. Todo ser humano, al poseer esta integridad, es una persona humana y nunca deja de serlo. La integridad es algo permanente[22]. Indica lo que es esencial en la estructura de la persona, los rasgos que nunca pueden faltar, precisamente porque constituyen su esencia.

Sin embargo, la integridad no abarca todo lo que existe en la persona. La naturaleza humana tiene un dinamismo. En condiciones normales, en el transcurso de su vida a la persona se le abre un horizonte hacia una mayor perfección (diríamos, una perfección en acto segundo). Aquí está el plano del "poder ser" al que pertenece la *plenitud*. Este es el término que usaremos para indicar la perfección que se desarrolla a partir de la esencia, es decir, desde lo que hemos llamado *la integridad*.

La *plenitud* indica aquel dinamismo por el cual la persona busca su máxima perfección. Se manifiesta como un "ser capaz de actuar". Sin embargo, la plenitud no concierne exclusivamente al plano de la acción, como si éste pudiera existir separadamente del plano del ser. En el caso de la persona humana, el desarrollo no

---

21. El concepto de "perfección humana" abarca varias áreas (física, moral, cultural, espiritual...) y recibe fuertes connotaciones a partir de la visión filosófica desde la que se elabora. A lo largo del libro se irá perfilando mejor el sentido que atribuyo a ese concepto.

22. Este atributo no indica una inmovilidad total, una incapacidad de cambiar de ninguna manera.

es algo accidental, ni hay que pensarlo sólo como un fenómeno cuantitativo. La *plenitud* de la que hablamos ha de considerarse como un principio ontológico al menos de igual importancia que la *integridad*[23]. La plenitud implica la adquisición de una cierta *novedad* que se añade a la base indicada por la integridad. Como veremos más adelante, no se trata de una novedad que cambie la naturaleza para convertirla en otra diferente, pero sí aporta una novedad que desarrolla la naturaleza[24].

Todo desarrollo orgánico debe partir de una esencia y volver a ella para consolidar su crecimiento. Por ello podemos decir que la relación entre la integridad y la plenitud interpreta el hecho que la persona humana no es sólo aquello que es por su naturaleza, poseída desde su concepción, sino que es también lo que está llamada a ser a través de su libertad, ejercida desde esa naturaleza recibida. Entre el origen y el fin hay un nexo. El origen mira al fin, y el fin está de alguna manera ya activo, como por adelantado, en el origen.

Gracias a la plenitud, la persona demuestra que es un ser "abierto". Si una persona no busca activamente esta plenitud, no puede decir que ha alcanzado toda la perfección de la que es capaz. Su apertura también la expone al horizonte del significado. Y puesto que la persona se mueve en este horizonte, también puede

---

23. S. Tomás de Aquino sostiene que la causa final es la causa de las causas (*causa causarum*, cf. S.Th., I, q. 5, a. 2, ad 1).

24. Romano Guardini presenta este análisis de la acción humana: «La acción libre se halla estructurada de una manera especial. Al principio está la auto-unidad del "yo". El en curso de la acción esta auto-unidad se despliega; surge un momento de iniciativa; el sujeto prescinde de todo lo circunstante y de su propio ser; juzga las distintas posibilidades; se decide por una de ellas, se inmerge en ella realizándola, y recobra mediante la consumación del hecho, la unidad primera, la cual, empero, comporta ahora la tensión experimentada y, además, un nuevo contenido» (*Libertad, Gracia y Destino*, Ed. Lumen, Buenos Aires 1987, 18)

buscar su propia plenitud existencial. En efecto, la persona está llamada a situarse en el plano existencial, y entonces sus facultades demuestran una nueva amplitud. Para ilustrar la relación entre la integridad y la plenitud, tomemos el ejemplo de la racionalidad. En el plano de la integridad, la racionalidad aparece como una facultad, una capacidad intelectual que abre a la persona al conocimiento de la realidad, lo cual se logra a través de actos cognitivos: conceptualizar, juzgar y razonar. En cambio, en el plano de la plenitud, la racionalidad aparece no sólo como una "facultad de la persona", sino como una "racionalidad existencial" gracias a la cual la persona se sitúa en un horizonte de sentido[25]. Pero también se puede decir que la persona acepta en sí misma ese orden, en el sentido de que lo aplica a sus propias dimensiones, a sus propias facultades, configurando sus relaciones y elecciones según ese orden que le sirve de modelo y guía. Algo parecido se puede encontrar reflexionando sobre la voluntad como facultad de la persona, o como "voluntad existencial".

Resumiendo, tenemos estos dos principios que deben mantenerse juntos:

- Sólo se requiere lo que entra dentro de la *integridad* para dar una *definición esencial* de la persona.
- La *plenitud* es el desarrollo al que tiende la esencia (la *integridad* de la persona), pero la plenitud en sí misma no es una parte constitutiva de la esencia.

La expresión "persona *se es*, pero también *se llega a ser*" es un intento de sintetizar lo que se acaba de decir. Indica la línea básica que seguiremos en la reflexión sobre las dimensiones de la persona. Nuestro discurso *se situará siempre en la tensión entre la integridad y la plenitud de la persona*. Nuestra condición humana no es

---

25. Se trata a menudo de la "visión del mundo" o de la vida que una persona acepta.

sólo un hecho, sino también un horizonte de sentido y desarrollo. Esta tensión atraviesa la antropología de las dimensiones de principio a fin y, por lo tanto, es una de sus principales características estructurales.

En el capítulo 4 profundizaremos el tema de la relación que hay entre la integridad y la plenitud, aplicándolo directamente a las dimensiones de la persona. Por ahora sólo afirmamos que la integridad es la base de la plenitud, y que la plenitud es el culmen de la integridad. Y es claro que ambas pertenecen a la misma y única persona.

Desde la perspectiva del conocimiento se notará que la plenitud es fácil de comprender. Está siempre presente en nuestra experiencia ordinaria. Se manifiesta en ese cúmulo de factores culturales, sociales y tendenciales que a menudo condicionan a las personas.

No sucede así con la integridad. Percibirla, captar de algún modo su peso y su valor, escuchar sus directrices prácticas, es algo que requiere una medida no común de reflexión. A mayor razón, comprender teóricamente la integridad suele requerir una educación filosófica en regla. Esto se debe, no a que la integridad sea un mero constructo mental de algunos filósofos, una opinión, sino a que se la descubre razonando a partir de lo que la plenitud necesariamente presupone.

Capítulo 2

La renovación antropológica contemporánea

A. Introducción

Las corrientes de pensamiento antropológico surgidas en los primeros treinta años del siglo XX son de gran interés para la reflexión sobre las dimensiones de la persona y la antropología en general. Esas corrientes surgieron en un momento difícil, del que queremos destacar aquí dos elementos.

1. En el plano sociopolítico, las nuevas antropologías enfrentaron el riesgo del totalitarismo, que entonces estaba en fuerte crecimiento. Por lo tanto, los mejores antropólogos tuvieron que reflexionar con agudeza sobre la relación entre la persona y la comunidad. Para señalar con fuerza los límites de la comunidad, destacaron la *interioridad* de la persona. La persona es sin duda un ser social, pero no se disuelve en la sociedad. Lo impide el anclaje ontológico de la interioridad. En última instancia, la persona está enraizada en el misterio de la trascendencia, y no en el horizonte comunitario o social.

2. En un nivel estrictamente filosófico, las nuevas antropologías tuvieron que examinar a fondo el significado del término *persona*. ¿Qué se quería decir exactamente al afirmar que el

hombre es "persona"? ¿Hay alguna diferencia entre "persona" y "hombre"? Como resultado, comprendieron que durante cuatro siglos el *término* "persona" se había mantenido, ¡pero su *significado* había cambiado! Casi no quedaba nada del significado ontológico que siglos atrás Boecio había indicado con su definición. El pensamiento moderno había tomado el relevo, comenzando por Cartesio, quien había definido a la persona no ya sobre la base de la sustancia, sino sobre la de un acto preciso: la autoconciencia (el *cogito*). El término "persona" había pasado a significar un "sujeto consciente de sí mismo", sin anclaje ontológico. La "persona" se había hecho indistinguible del sujeto moderno.

En el primer capítulo afirmamos que el período entre 1918 y 1938 fue un momento de excepcional creatividad antropológica. No obstante, estuvo lleno de tensiones. A la filosofía neokantiana, que imperaba en las cátedras universitarias europeas desde finales del siglo XIX, se le opuso una corriente vitalista (la así llamada *Lebensphilosophie*) que no colocaba el orden y la racionalidad entre sus valores supremos. El Estado, que antes dominaba la vida social con fuerza a través de sus órdenes, comenzó a ver cómo el "individuo" se le oponía y reclamaba mayor libertad para sí mismo. El colonialismo europeo era todavía fuerte, pero varios estudiosos ya habían señalado la debilidad de sus fundamentos y había cuestionado su legitimidad. No quisiéramos alargarnos aquí explicando los pormenores de las revoluciones tecnológicas y sociales que empezaban a sacudir al Viejo Continente. Después vinieron las guerras mundiales, que dejaron a las naciones derrotadas no sólo sumidas en la destrucción material sino también en el desconcierto espiritual y cultural.

Reconociendo el valor de esta perspectiva histórico-cultural, preferimos seguir otro modo de comprender la relevancia de las principales corrientes antropológicas. Nos colocaremos en la perspectiva que pone de relieve el hecho que las antropologías del siglo XX, al mismo tiempo que descubrían nuevas formas de acceder al fenómeno humano, buscaban llevar a cabo *diversas reformas necesarias en el campo antropológico*. No era posible abrir nuevos caminos simplemente ignorando los enfoques filosóficos previos, como si nunca hubieran existido. Los nuevos pensadores trataron de implementar las reformas resolviendo los problemas fundamentales que habían heredado. Parecía urgente superar las divisiones que habían entrado en la filosofía algunos siglos antes, a través de la obra de pensadores como Cartesio y Kant. Tal vez, entre las divisiones más importantes se hallaban las siguientes:

– El dualismo entre el ser y el pensamiento, con el predominio de este último, tomado como punto de partida; y la reducción del ser a "entidad física" debido a la pérdida de la metafísica.

– La separación entre las ideas del sujeto y la realidad externa al sujeto. Se trata del "problema del puente" de Cartesio, replicado después por la separación kantiana entre el *noúmeno* y el *fenómeno*.

– La división de todo el universo filosófico en tres regiones separadas: el ser, el deber-ser y la finalidad (es decir, las tres regiones representadas por las tres grandes "críticas" de Kant).

– El dualismo antropológico entre la mente y el cuerpo.

– La división kantiana de la antropología en dos partes inconexas: la "antropología pragmática" o de la *libertad*; y la "antropología teórica" o de la naturaleza, dominada por la *necesidad*.

– La tendencia a separar totalmente las "ciencias de la naturaleza" (física, matemática, etc.) que tanto habían progresado en la época moderna, de las "ciencias del espíritu" (filosofía, ética, historia, etc.), tendiendo a pensar que sólo las primeras podían alcanzar una verdad universal.

– La difícil tarea de pensar juntamente el hombre y el Absoluto.

– La división entre el individuo y el Otro, donde se entiende al individuo de manera individualista, a modo de "yo
autónomo", por lo cual el Otro –la otra persona humana,
pero también Dios como el radicalmente Otro con respecto al hombre– aparece en su calidad de límite, negación o
incluso de amenaza para el individuo.

Para llevar a cabo este ingente trabajo de reforma, se activa-
ron diversas líneas de pensamiento. Siempre es difícil determinar
cuáles y cuántas fueron las más importantes, pero la naturaleza de
este trabajo lo impone. Dejando de lado las corrientes relacionadas
con la antropología filosófica como el vitalismo, el pensamiento
simbólico y la antropobiología, he reducido a cuatro el número de
corrientes que me parecen importantes para abordar la cuestión de
las dimensiones de la persona. Quizás la línea más importante ha
sido la fenomenológica. Partiremos de esta base para exponer los
principales movimientos de la renovación antropológica contemporánea. El personalismo, la filosofía dialógica y el existencialismo
le seguirán.

Es importante hacer una advertencia preliminar. Las antropologías que estamos a punto de ver han sido llamadas a veces
"antropologías modales". El término ha sido ya aclarado en la
introducción a este libro, donde se decía que una antropología
modal es la que explora una perspectiva concreta sobre la persona, sin pretender convertirla en la perspectiva principal y reconociendo que existen perspectivas más adecuadas para tratar
las cuestiones fundamentales de la antropología. La mayoría de
las antropologías contemporáneas son modales. Se han inspirado en algunos rasgos humanos particulares, como la capacidad
de relacionarse con otras personas, la experiencia del tiempo y la
corporeidad.

B. La fenomenología

¿Qué queremos decir con "fenomenología"? El término puede entenderse en sentido amplio. Indicaría así una forma de filosofar que toma como punto de partida la experiencia prerreflexiva y quiere ser una comprensión de la vida, una iluminación de las estructuras personales que la sostienen, la explican y la llevan a su plenitud. Reconoce que en los fenómenos, es decir, en las manifestaciones de la persona, hay una densidad y complejidad tales, que es posible realizar diversas acciones especulativas: ordenarlas, analizarlas, describirlas, criticarlas, etc.

La fenomenología también se puede entender de manera más específica, en referencia al enfoque filosófico desarrollado por Edmund Husserl (1859-1938) a principios del siglo XX. Sus *Investigaciones Lógicas* se publicaron en 1901, aunque de manera más madura su proyecto fenomenológico aparece trece años más tarde con *Ideas para una Fenomenología Pura y una Filosofía Fenomenológica* (normalmente conocida con el nombre de *Ideas*). Le siguieron sus alumnos Adolf Reinach, Edith Stein, Hedwig Conrad-Martius y Dietrich von Hildebrand. Max Scheler y Martin Heidegger también se adhirieron inicialmente a la fenomenología de Husserl, de la que luego se alejaron para desarrollar versiones alternativas de la misma.

Edmund Husserl fue un incansable investigador de métodos y enfoques. Cambió constantemente sus posiciones, trazando un camino filosófico muy complejo y oscilante. El existencialismo, el personalismo y la filosofía dialógica, que trataremos más adelante, escucharon atentamente su voz de orden, "¡A las cosas mismas!", y tomaron de ella a manos llenas intuiciones, métodos, perspectivas y terminología.

A la base de este esfuerzo por ir "a las cosas mismas" está el redescubrimiento de la *intencionalidad*. Contra el psicologismo entonces predominante, que reducía el objeto a los procesos mentales del sujeto, Husserl aprendió de sus maestros Gottlob Frege, Franz Brentano y Bernhard Bolzano que todo acto de conciencia está abierto hacia la realidad. Es un acto de "conciencia de…". Esto renovó una importante distinción que se había perdido: el objeto al que se dirige el acto no se identifica con el acto de conocimiento en sí mismo, como enseñaba entonces el psicologismo. Contra esta corriente y contra todo tipo de inmanentismo gnoseológico, atento exclusivamente al acto cognitivo, Husserl demostró la verdadera trascendencia del objeto en relación con los actos cognitivos del sujeto.

En Husserl, el redescubrimiento de la intencionalidad va de la mano de una nueva forma de entender la conciencia. Ya no se la concibe a la manera cartesiana, como un "contenedor lleno de ideas". Más que un contenedor, para Husserl la conciencia es el vínculo entre el "yo" y sus objetos. De ello se deduce que la conciencia es siempre intencional: es "conciencia de…", como decíamos antes. Siendo así que por su intencionalidad el ser humano está "volcado al mundo", entendido como la totalidad de los objetos extramentales, Husserl no repara tanto en el objeto extramental (cuya existencia queda puesta entre paréntesis para efectos del análisis fenomenológico), sino en el *puro aparecer* de ese objeto en la conciencia. Visto desde otra perspectiva, la fenomenología de Husserl parte del hecho que en la conciencia sucede el aparecer de un objeto intencional. En ella hay un "aparecer de algo que aparece", y Husserl atiende, no a "lo que aparece", sino al "aparecer" mismo, que recibe el nombre de "vivencia" (*Erlebnis*)[1].

---

1. Acojo esta explicación ofrecida por Pilar Fernández Beites, la mejor que he hallado acerca de la base de la compleja fenomenología de Husserl (cf. P. Fernández Beites, *Tiempo y sujeto después de Heidegger*, Ediciones Encuentro, Madrid 2010, 129).

Esta "vivencia" es la clave sobre la que se centra la fenomenología de Husserl, que no por llevar su atención a la subjetividad resulta ser subjetivista. Por otro lado, en Husserl hay una voluntad de alcanzar una certeza filosófica total, casi matemática. En este sentido, otra clave teórica de su pensamiento se encuentra en la forma en que explica que una esencia puede manifestarse totalmente a un sujeto y, que ese sujeto se vuelve, a su vez, capaz de aceptar esa manifestación directa. Tocamos aquí uno de los puntos centrales y más debatidos de la fenomenología. Por lo que se acaba de decir, se comprende que una esencia no puede manifestarse de inmediato a un sujeto de tal manera que se establezca el tipo de conocimiento objetivo y cierto que buscaba Husserl. Por ello, tanto el sujeto como la esencia deben, por así decirlo, preparar su encuentro decisivo y pleno. Husserl teoriza esta preparación inspirándose en algunos elementos de Kant, para quien el objeto no es simplemente *acogido* por un intelecto pasivo, sino que más bien es *constituido*. Sin embargo, a diferencia de Kant, que teorizó una constitución hecha en un solo acto, Husserl propone una constitución que se lleva a cabo a través de una serie de "reducciones" progresivas. El sujeto y el objeto se someten juntos a esa serie de reducciones alcanzando un nivel más alto y puro: el objeto, de ser un objeto empírico, se convierte en un *eidos* puro, una esencia "absolutamente dada"; y el sujeto, de ser un sujeto psicológico e inmediato, se convierte en un "sujeto trascendental", apto para recibir un *eidos* puro. Entonces sucede entre ellos la intuición en la que, según Husserl, se podría alcanzar un conocimiento cierto y universal.

Dejemos los aspectos cognitivos que pertenecen a la fenomenología. Hablemos ahora de la relación entre Husserl y la antropología. Puede resultar sorprendente que Husserl sólo se ocupó de ella de forma limitada. Una de las razones es que tendía a identificar la antropología con el psicologismo y el relativismo, contra los que siempre había luchado.

Tres temas interesaron de modo especial a la reflexión fenomenológica de Husserl sobre la persona: la subjetividad, la individualidad y la interpersonalidad. Sus reflexiones sobre estos temas son complejas, pero podemos reconocerle dos grandes méritos.

El primer mérito fue afirmar que la persona no debe ser estudiada exclusivamente con una actitud naturalista, que la reduce a una "cosa" dotada de ciertas características, tal vez muy particulares. La actitud naturalista *presupone* otra actitud, la fenomenológica, orientada a la comprensión de la esencia de la persona.

El segundo mérito fue interpretar de modo más acertado la tradición trascendental, que había teorizado el "yo" a modo de una realidad única y universal. Gracias al método fenomenológico, Husserl pudo elevarse por encima del "yo empírico" (cuya validez Husserl no niega) sin situarse en el plano del "yo trascendental" kantiano que es independiente de la individualidad de los individuos.

Como se puede ver, el interés de Husserl en el estudio de la persona estaba muy vivo. Fue capaz de transmitirlo a sus alumnos. Ellos recibieron del iniciador de la fenomenología una sensibilidad por las realidades humanas. Sus contribuciones son del mayor interés para aquellos que desean comprender la filosofía del siglo XX. Es cierto que por lo general ellos siguieron caminos diferentes al del maestro.

Destaca la labor de Max Scheler, que se formó en la escuela de Husserl. A pesar de algunas de sus limitaciones teóricas, Scheler influyó en gran parte de la reflexión antropológica del siglo XX en varios frentes. Trabajador incansable e innovador, comenzó a tratar temas que habían sido marginados durante mucho tiempo, como la simpatía, el amor, la modestia, la humildad, el trabajo y el sufrimiento. Ya no se los trataría sólo en la reflexión moral porque, para Scheler, se trataba de *esencias*, es decir, de realidades que atañen a la consideración del hombre como persona.

Volviendo a la fenomenología en general, podemos decir que, para los propósitos de nuestra reflexión, tres son los conceptos estructurales más importantes que la fenomenología ha ofrecido a la renovación antropológica contemporánea: la expresión, el significado y el método.

– *La expresión*. Como consecuencia de la separación kantiana entre noúmeno y fenómeno, y más fundamentalmente por la separación cartesiana entre *res cogitans* y *res extensa*, los primeros fenomenólogos tuvieron que remediar esta desconexión entre la realidad y sus manifestaciones.

La investigación de Husserl sentó la base para sostener que, como resultado del acto cognitivo, es posible *la aprehensión de la esencia en el fenómeno*. Por lo tanto, el fenómeno ya no debía ser pensado como una máscara, como "pura apariencia", a modo de una especie de manta engañosa que, en lugar de revelar la realidad, la oculta; ni como un hecho que pertenece a la conciencia pero que permanece desconectado del noúmeno-esencia. Ahora, en cambio, el fenómeno estaba cargado de significado y tenía su propia densidad porque era verdaderamente una expresión de la realidad, su manifestación.

La unidad de esencia y fenómeno implica que para cada esencia existe un *campo de expresión* correspondiente. El conjunto de campos de expresión abarca la totalidad de la vida humana. La fenomenología comprendió así el valor de la condición encarnada que es propia del hombre. Por consiguiente, comprendió que el hombre es capaz de manifestar su interioridad externamente. En efecto, el hombre vive una particular tensión entre el interior y el exterior que debe ser entendida de manera correcta, más allá de todo dualismo. Así reaparece dentro de la fenomenología la unidad dialéctica entre el "dentro" y el "fuera" que ya se conocía de alguna manera en la antropología clásica.

A partir de esta tensión entre el interior y el exterior, los fenomenólogos se convencieron de que las riquezas ocultas de la persona, sus estructuras, se ponían al alcance de la intuición precisamente porque el exterior de la persona (cuerpo, gestos, palabras, actitudes) era el campo de expresión del interior. En profunda sintonía con la fenomenología, Emmanuel Mounier afirmó:

> Soy persona desde mi existencia más elemental y, lejos de despersonalizarme, mi existencia encarnada es un factor esencial de mi base personal. Mi cuerpo no es un objeto entre tantos, el más cercano de los objetos: ¿cómo se uniría a mi experiencia de sujeto? En realidad, las dos experiencias son inseparables: *existo subjetivamente*, *existo corporalmente* son una sola y misma experiencia[2].

– *El significado*. Este es un aspecto muy esquivo de la fenomenología de Husserl. Él cambió varias veces su comprensión de este tema. En su primer período, que es el que nos interesa aquí, Husserl afirmó que el significado no coincide simplemente con el objeto. Para obtener la plenitud de significado, interviene el espíritu humano que, conociendo el objeto, lo valora y lo comprende. De esta manera el significado alcanza la plenitud de sentido y de valor. En otras palabras, sólo mediante el conocimiento humano se accede al pleno significado de un objeto.

Si el campo estudiado por la fenomenología incluye también las realidades y experiencias humanas y no sólo los objetos externos, se puede comprender que entre los fenomenólogos existiera un fuerte deseo de comprender el significado específico de las experiencias humanas de todo tipo. La vida, el amor, las pasiones, las relaciones, la trascendencia, la interioridad, la

---

2. E. Mounier, *El Personalismo*, JUS, México 2005, 33-34.

corporeidad, la experiencia del tiempo y del espacio... todo se ofreció a una nueva investigación fenomenológica atenta a captar su significado.

Este es un punto metodológico de gran importancia para la antropología contemporánea. De hecho, la antropología anterior a Husserl había seguido una perspectiva "objetiva" o "teórica" que veía al hombre "en tercera persona", como desde fuera. Ahora se abría una nueva perspectiva. El método fenomenológico permitía estudiar al ser humano a partir de su interioridad, porque es allí donde el ser humano percibe sus experiencias. Con este cambio, a los discípulos de Husserl les pareció que el hombre había sido redescubierto y entregado a un estudio capaz de iluminar cada rincón y cada aspecto suyo con una luz totalmente nueva. Este interés por el significado de las realidades humanas abrió uno de los principales caminos que iniciaron la renovación antropológica contemporánea.

– *El método*. Husserl comprendió el gran error que había cometido la modernidad al tratar de aplicar al hombre el mismo método que las ciencias naturales aplicaban a las realidades físicas, perdiendo así de vista la especificidad del hombre. Por ello, Husserl se lanzó a la búsqueda de un método propiamente filosófico y lo llamó "intuición de las esencias".

Más que ofrecer una explicación de tal método, es útil observar que el retorno a las "cosas mismas" tuvo una influencia benéfica en los métodos. Éstos debían *respetar la especificidad de los objetos estudiados*, adaptándose a las exigencias de cada uno de ellos. Desgraciadamente, siguiendo esta intuición, Husserl y especialmente su discípulo Scheler tendieron a multiplicaron excesivamente los métodos. Deseando encontrar un método para cada objeto, se arriesgaron a perder de vista la unidad del conocimiento humano. Queriendo oponerse a la modernidad que insistía en la unidad del método, se acercaron al extremo opuesto.

C. El personalismo

Según Maritain, el personalismo, más que una corriente específica, es un vasto movimiento filosófico, algo como un "paraguas" bajo el cual se reúnen varias corrientes similares. ¿Qué conecta o une estas corrientes? El término "personalismo" lo dice: la centralidad de la persona y su especificidad en medio de todos los demás seres.

¿Cuál es la novedad del personalismo en comparación con la tradición cristiana y medieval que durante siglos había reflexionado sobre la persona?[3] Según Juan Manuel Burgos, la novedad radica en que los clásicos y los medievales nunca pensaron en colocar a la persona como el punto central de la filosofía[4]. En el personalismo la persona se convierte además en un puente privilegiado para el diálogo con la sensibilidad moderna y contemporánea, y en algunos casos incluso en un criterio para repensar la metafísica. Sin embargo, hay que decir que el personalismo no quiso presentarse como una posición teórica[5]. La búsqueda de las estructuras y raíces más profundas de la persona no ha sido su preocupación central. El personalismo es, sin duda, una reflexión sobre la persona, pero una reflexión desarrollada para iluminar cuestiones de orden predominantemente ético, práctico y social.

---

3. Es lícito hablar de un personalismo medieval (cf. E. Forment, *Personalismo medieval*, Edicep, Valencia 2002) con tal que el término se utilice de manera amplia.

4. Cf. J.M. Burgos, *El Personalismo. Autores y temas de una filosofía nueva*, Palabra, Madrid 2000, 26.

5. A juicio de Paul Ricoeur, esta sería una debilidad del personalismo, que «no era lo bastante competitivo como para ganar la batalla del concepto» (P. Ricoeur, *Amor y justicia*, 96). Al formular este juicio, Ricoeur tiene presente la elevada complejidad conceptual del marxismo, del existencialismo y de los estructuralismos.

¿Por qué nace el personalismo a finales del siglo XIX y principios del XX? Tal vez la respuesta se halle en que en ese periodo estaban en boga diferentes corrientes de pensamiento que disminuían o anulaban la diferencia entre el hombre y el resto de los seres naturales: materialismo, evolucionismo, idealismo, psicologismo. Estas corrientes negaban la libertad y la espiritualidad humanas. En este sentido se las puede considerar corrientes "reduccionistas". Junto a estas corrientes de pensamiento, hacia 1920 en Italia y Alemania se difundieron diversas corrientes políticas y sociales que acentuaban la dimensión comunitaria en detrimento de la individualidad de la persona.

Hay varios pensadores que pueden ser considerados como los precursores del personalismo. Piénsese en Soren Kierkegaard, Peter Jacobi, Maine de Biran y Charles Renouvier. Fue este último quien acuñó el término "personalismo" en 1903 para describir su filosofía. Sin embargo, hoy en día el personalismo parece más asociado a Emmanuel Mounier (1905-1950), quien un año antes de su muerte dio en *El personalismo* la versión más completa de esta corriente. De él ha escrito Paul Ricoeur: «Su gran fuerza consiste en haber ligado en 1932, originalmente su manera de filosofar con la toma de conciencia de una crisis de civilización y en haberse atrevido a proyectar, más allá de toda filosofía de escuela, una nueva civilización en su totalidad»[6].

En cualquier caso, ya en 1920 el personalismo había cruzado las fronteras de Francia para llegar a otras naciones, entrando a menudo en simbiosis con corrientes de pensamiento como la filosofía dialógica, la renovación tomista y el existencialismo.

¿Se puede indicar en qué consiste la contribución del personalismo a la renovación antropológica contemporánea?

---

6. P. Ricoeur, *Historia y verdad*, Ediciones Encuentro, Madrid 1990, 120.

Puede hacerse señalando cinco elementos de particular importancia[7]:

- La *diferencia* más importante en la inmensa región del ser es la que divide a los seres personales de los que no lo son. No hay una diferencia más radical que ésta[8]. En consecuencia, la forma de pensar y de relacionarse con la persona requiere el uso de un paradigma específico, diferente de los paradigmas en uso para el entendimiento de los seres no personales. El personalismo desarrolla, por lo tanto, una comprensión ontológica específica para la persona.
- Toda persona goza de una *dignidad* inviolable. Es su valor propio, del que nunca se le puede privar porque fluye directamente de su modo de ser. La persona no puede ser "usada". Nunca es un "medio", incluso cuando es tratada como tal. El personalismo manifiesta un fuerte impulso ético.
- El personalismo presta mucha atención a la *subjetividad* de la persona, es decir, a su libre interioridad. De ello se deduce que la perspectiva principal para comprender a la persona no es la que la ve como un objeto especial (la visión "desde fuera" que mencionábamos antes), sino la que se basa en la "presencia a sí mismo" que nace en el interior de la persona (la visión "desde el interior"). La interioridad funda esa autonomía de la persona que la hace irreducible a un simple engranaje de la sociedad.

---

7. Cf. T. D. Williams, *Who is my Neighbor? Personalism and the Foundation of Human Rights*, CUA Press, Washington 2005, 117-120. Otros autores presentan elencos similares. Juan Manuel Burgos indica siete características (cf. *El personalismo*, 170-180).

8. Esta es tal vez la intuición fundamental del personalismo: la del valor incomparable de la persona, que no debe ser jamás tratada como una cosa (cf. J. Lacroix, *Le personalisme*, in AA.VV., *Tableau della philosophie contemporaine*, A. Weber et Huisman, Paris 1963, 421).

– Para equilibrar el principio de subjetividad, se afirma que el hombre tiene también vocación a la *vida social* y a la *comunión con los demás*. Los temas políticos, sociales y económicos encuentran aquí un amplio espacio. El personalismo tiene un marcado carácter social.

– Estos autores, casi sin excepción, se inspiran en el personalismo presente en la tradición judeocristiana. En su mayor parte, son pensadores religiosos. El personalismo se alimenta de la *trascendencia*.

Abramos ahora una perspectiva geográfica para entender el desarrollo del personalismo en el siglo XX. Aparece ligado a tres ciudades: París, Múnich y Lublín.

La más conocida es la escuela de París. Inicia con Emmanuel Mounier, fundador en 1932 de la revista *Esprit*, el primer órgano de difusión del personalismo. Siguiendo los pasos de Mounier, otros pensadores franceses han contribuido notablemente al crecimiento del personalismo: Gabriel Marcel, Denis de Rougemont y Jacques Maritain.

La escuela personalista de Múnich se desarrolla en simbiosis con la fenomenología de Edmund Husserl. Cuenta en sus filas pensadores como Max Scheler, Hedwig Conrad-Martius, Edith Stein y Dietrich von Hildebrand.

La Escuela de Munich influyó en la Escuela de Lublín en Polonia a través del filósofo Roman Ingarden. Su miembro más famoso es Karol Wojtyla.

En este momento es apropiado preguntarse cómo se relaciona el personalismo del siglo XX con la filosofía tomista, que ya estaba experimentando una renovación a finales del siglo XIX. Hay que decir que existen algunas diferencias, pero que resultan complementarias. La antropología tomista sienta las bases para una comprensión metafísica de la especificidad de la persona, mientras que el personalismo desarrolla esta comprensión de una manera fenomenológica, en sintonía con las cuestiones antropológicas contemporáneas.

Esto se debe al hecho de que el tomismo construye su comprensión de la persona principalmente a nivel de fundamentos ontológicos, utilizando una metafísica prevalentemente "objetiva". El personalismo, utilizando una perspectiva más "subjetiva", tiene como objetivo aclarar la comprensión de la existencia personal. Tomás de Aquino no desarrolló así estos temas, tan queridos por el personalismo y, en general, por la mentalidad contemporánea. Sin embargo, sentó las bases metafísicas sobre las que otros filósofos como Jacques Maritain, Yves Simon, Étienne Gilson, Robert Spaemann, Edith Stein y Karol Wojtyla pudieron desarrollar un "personalismo tomista".

Detengámonos brevemente en el personalismo de Wojtyla por la relevancia que ha alcanzado. Surge de un diálogo fructífero entre la metafísica de Santo Tomás y la fenomenología de Max Scheler, y ha gozado de creciente aprecio desde los años 80. Su difusión sigue dando frutos. Carlo Caffarra presenta así sus principales características:

> Queriendo aprovechar la visión que K. Woityla/Juan Pablo II tiene del amor en relación con la (verdad de la) persona, me parece que puedo resumirla en tres afirmaciones. La primera: "Lo que la persona es, su verdadero ser como persona, se actualiza sólo en el amor (…). Porque la persona como tal (…) es el bien supremo del mundo finito, el amor es la respuesta suprema al valor y al bien más perfecto del mundo". Hay una relación inseparable entre el amor y la persona: si no se conoce la verdad sobre el amor no se puede conocer la verdad sobre la persona, y recíprocamente. La segunda: la unión entre las personas llega a su punto más alto no a través del conocimiento del otro, sino a través del amor al otro. Y por lo tanto, la dialéctica del "uno-muchos", un problema central en la metafísica desde Platón, encuentra su solución perfecta en el amor interpersonal. La tercera: la suprema posesión de sí mismo y la su-

prema autonomía de la persona se manifiestan de manera suprema en el don de sí mismo al otro[9].

Como vemos, uno de los modos más elevados en que Wojtyla ha iluminado el misterio de la persona consiste en señalar que en el caso de la persona humana la *sociabilidad* (fenómeno presente también entre los animales) se abre hacia algo más elevado: hacia *la comunión de las personas*. Esto explica que la persona humana existe a imagen y semejanza de Dios «no sólo a través de la propia humanidad, sino también a través de la comunión de las personas»[10]. En el fondo de esta llamada a la comunión con el otro, destaca la llamada más profunda, la que Dios dirige a la persona para que participe en su misterio de comunión personal. El personalismo de Wojtyla no es subjetivista, sino comunitario, es decir, abierto: abierto ante todo a la comunión con el otro, y finalmente abierto a la comunión con Dios.

Para concluir esta presentación del personalismo, queremos señalar dos herramientas filosóficas que ha utilizado y que nos serán útiles más adelante.

La primera herramienta es la teoría de los diferentes planos de existencia o niveles ontológicos. De acuerdo con el principio de que la diferencia más importante en todo el ámbito del ser es la que divide a los seres personales de los que no lo son, la fenomenología y el personalismo han cultivado el arte de distinguir los planos de existencia. Siguiendo a Max Scheler y a Romano Guardini, podemos reconocer la existencia de cuatro niveles verticales en la estructura jerárquica del ser[11]: 1) el más bajo es el de las realidades

---

9. C. Caffarra, *Individuo o persona? Pensieri sull'antropologia odierna e di Giovanni Paolo II*, in http://www.caffarra.it/indivi01.php#sthash.qyAD8ALS. dpuf (traducción personal).

10. Juan Pablo II, *Catequesis* del 14 de noviembre de 1979.

11. Cf. R. Gibu, *Unicidad y relacionalidad de la persona. La antropología de Romano Guardini*, UAP, Puebla 2008, 12.

materiales sin vida; 2) sigue el de la vida no personal (plantas y animales); 3) después viene el tercer nivel, que es específicamente humano. En este nivel se encuentran también todos los fenómenos cuya existencia depende del hombre: la cultura, la sociedad, la historia, etc. Algunos autores consideran un cuarto nivel, donde se coloca lo trascendente y lo sagrado.

En lo que respecta a la división de los niveles, se observará que no se trata de una separación en sentido estricto. Entre un nivel y el siguiente hay, sí, una diversidad, pero no falta la similitud, la analogía[12]. El nivel inferior se ordena al nivel superior, donde demuestra su finalidad, y a la luz del cual se entiende plenamente[13].

La utilidad de esta jerarquía es múltiple. En la perspectiva de una ontología general, pretende reconocer que existe una diversidad de seres que no sólo se encuentra en el plano de la multiplicidad cuantitativa (plano horizontal), sino ante todo en el plano de la multiplicidad cualitativa (vertical). Desde una perspectiva antropológica, la jerarquía pretende recordar que el hombre tiene un "lugar" específico en el mundo, como dijo Max Scheler. El hombre se coloca en una relación específica con los niveles inferiores: los incluye en sí mismo, a la vez que les da un nuevo significado. Martin Buber escribió que se puede entender al hombre

> si se sabe, por una parte, que en todo lo humano, también en el pensamiento, hay algo que forma parte de la naturaleza general del ser vivo y hay que comprenderlo partiendo de ella; pero, por otra, tampoco hay que olvidar que nada humano hay que pertenezca por

---

12. Scheler tiende a perder la analogía, rayando en la univocidad; en cambio, Guardini la mantiene claramente (cf. R. Guardini, *Ensayo de una filosofía de lo viviente-concreto*, BAC, Madrid 1996).

13. Cf. J.V. Arregui - J. Choza, *Filosofía del hombre. Una antropología de la intimidad*, Rialp, Madrid 1992, 76. Santo Tomás de Aquino recoge un pensamiento neoplatónico al recordar que lo más elevado de un nivel inferior casi toca lo más bajo de un nivel superior (cf. *S.Th.*, I q 91 a 1).

completo a la naturaleza general del ser vivo y que pueda ser comprendido únicamente partiendo de ella[14].

El segundo instrumento utilizado por el personalismo es la *analogía de los conceptos*. La diversidad existente entre los niveles ontológicos que acabamos de mencionar requiere que se tenga cuidado en redefinir cada concepto según el nivel en el que se aplica. Por ejemplo, el concepto de "interioridad" no tiene el mismo significado en los animales (segundo nivel) y en las personas (tercer nivel). Lo mismo ocurrirá con los conceptos fundamentales de las dimensiones, como "cuerpo", "tiempo", "sociedad". Las realidades a las que se refieren estos conceptos pueden tener un modo de existencia que no concierne al hombre; pero cuando se refieren al hombre, reciben una redefinición, una elevación, una reinterpretación y un enriquecimiento que la filosofía debe definir cuidadosamente. La existencia misma está sujeta a esta analogía.

La diversidad cualitativa de los niveles ontológicos debe corresponder no sólo a la analogía que acabamos de indicar. También la naturaleza y el estatuto epistemológico del objeto del conocimiento requiere a menudo una diversidad cualitativa de formas de conocer. Encontramos aquí, por lo tanto, un aspecto importante de la perspectiva gnoseológica de la jerarquía de los grados del ser, justamente recomendada por importantes autores de la renovación antropológica del siglo XX como Scheler, Husserl, Edith Stein, Heidegger y Guardini.

Estos autores han observado que el conocimiento humano no es un mecanismo que funcione siempre de la misma manera. El conocimiento puede y debe realizarse en una pluralidad de formas de racionalidad, y puede ser influenciado por actitudes y suposiciones. Para tratar con éxito los temas relacionados con la persona,

---

14. M. Buber, *¿Qué es el hombre?*, 80.

a menudo es necesario preguntarse sobre los supuestos cognitivos, las actitudes, etc., ya que prácticamente todas las manifestaciones de la persona son libres. Por lo tanto, es necesario garantizar las condiciones interpersonales y de relación para que estas manifestaciones puedan tener lugar de modo libre y respetuoso.

D. La filosofía dialógica

La tercera corriente que confluye en la renovación antropológica contemporánea es la llamada "filosofía dialógica" o "pensamiento dialógico"[15]. Sus orígenes se encierran en el corto período de tres años (1921-1923), justo después de la primera guerra mundial. Hay tres autores involucrados: Ferdinand Ebner, un judío austriaco que se convirtió al cristianismo y publicó la obra *La Palabra y las Realidades Espirituales* en 1921; el judío alemán Franz Rosenzweig, discípulo del neokantiano Hermann Cohen y profesor universitario, que en el mismo año publicó *La estrella de la redención*; y el austriaco Martin Buber, también judío, discípulo de Dilthey, que en 1923 publicó *Yo y Tú*. Entre los fundadores del pensamiento dialógico merece ser mencionado el católico francés Gabriel Marcel. Su *Diario Metafísico* no se publicó hasta 1927, pero cubre el período de 1914 a 1923, y en él aparecen posiciones alcanzadas en 1918 que resultan muy cercanas a las de Ebner, Rosenzweig y Buber sobre el "principio dialógico".

En la segunda generación de pensadores dialógicos destaca el judío lituano-francés Emmanuel Lévinas, discípulo de Heidegger

---

15. Debo mucho de mi comprensión de esta corriente al trabajo del Prof. Clemente Sparaco (cf. C. Sparaco, *Oltre la solitudine dell'io. Alle origini del pensiero dialogico*, Aracne, Roma 2013; ID., «Martin Buber, dall'Io al Tu, la svolta del rivolgersi», *Dialegesthai. Rivista telematica di filosofia*, 18 (2016), 1-22).

y Rosenzweig. Su obra más conocida, publicada en 1961, es *Totalidad e Infinito*. En ella vuelve a proponer la cuestión del sentido del ser, que, sin embargo, debe entenderse no desde la reflexión teórica, sino en el Rostro del Otro.

La armonía que se encuentra en los pensamientos de los cinco autores que acabamos de mencionar no es accidental. Estuvieron de acuerdo en valorar la tradición bíblica. Buber y Rosenzweig añaden a esto una fuerte dosis de tradiciones judías (midrash, cassidismo, kabalismo). Lévinas, por su parte, cultivó el estudio del Talmud. Marcel experimentó una fuerte conversión religiosa. También comparten la experiencia de la guerra. Rosenzweig y Ebner participaron directamente en ella. Marcel también la vivió, aunque de manera indirecta, al tener que ocuparse de la investigación sobre los "desaparecidos de guerra". Estos pensadores llegaron a conclusiones similares: el progreso técnico no podía ser un índice absoluto del progreso cultural. Es más, el progreso, aplicado al ámbito militar en los campos de batalla de la primera guerra mundial, indicaba cuán avanzado estaba el desprecio por la vida humana y la despersonalización de la sociedad occidental[16]. Como resultado, los padres del pensamiento dialógico y sus seguidores siempre estuvieron interesados en restaurar las creencias éticas fundamentales, con la esperanza de ayudar a evitar más conflictos en el futuro.

Finalmente, en un nivel estrictamente filosófico, Ebner, Rosenzweig y Buber estaban convencidos de que los fundamentos ideológicos de la catástrofe cultural y social europea habían sido

16. No es un caso que se haya comenzado a hablar de la crisis de Occidente en 1918 con la obra de Oswald Spengler (cf. O. Spengler, *La decadencia de Occidente*, Espasa-Calpe, Madrid 1966). Y al inicio de la segunda guerra mundial, Husserl publicó su famosa reflexión sobre la crisis de las ciencias europeas (cf. E. Husserl, *La crisis de las ciencias europeas y la fenomenología trascendental*, Prometeo, Buenos Aires 2008).

establecidos por la filosofía moderna de Cartesio, continuada por el idealismo alemán[17]. El enfoque lógico-universalista de Cartesio y de los idealistas habría operado un paso despersonalizador del "yo soy" al "yo es", colocándolo en el lugar de la tercera persona, haciéndolo "impersonal". Todo ello ha desencadenado en los autores del pensamiento dialógico una crítica profunda y multilateral a la forma en que Cartesio concebía el "yo".

Ferdinand Ebner se esforzó por mostrar que en la esfera interpersonal ya no se trata de objetos, sino de ámbitos relacionales que existen "entre" el "yo" y el "tú". Por lo tanto estos ámbitos no deben ser vistos ni como objetivos ni como subjetivos. Son ámbitos en los que la persona puede entrar, saliendo de sí misma sin perder nada. Al contrario, alcanza su plenitud en ellos.

Ebner observa que Cartesio se habría propuesto pensar el "yo soy" en una perspectiva exclusivamente lógica, es decir, reduciéndolo a un concepto. Criticando a Cartesio, escribe Ebner: «El enunciado existencial de la "persona hablante" de sí misma en la "palabra original" no fue con todo la autonominación significante de un nombre propio del yo»[18]. Antes de ser un concepto de la lógica, el "yo soy" es una *enunciación del lenguaje*, y por tanto se coloca en el ámbito de un "Yo" que se relaciona con un "Tú".

Puesto que el "yo soy" pertenece a este ámbito relacional originario, Ebner deduce que no gira en torno a sí mismo, sino que su eje fundamental es el "yo-tú": el "yo soy" tiene un *valor dialógico original*. Para decirlo de otra manera, el "yo soy" es siempre una

---

17. Ebner, cuando critica el idealismo, piensa concretamente en Fichte; Rosenzweig se refiere a Hegel; Buber reacciona de manera más general contra el concepto idealista del "yo".

18. F. Ebner, *La palabra y las realidades espirituales*, Caparrós, Madrid 1995, 174.

expresión dirigida a Otro. Ebner razona: «¿Cómo podría el yo llamarse e interpelarse a sí mismo?»[19].

Por su parte, Lévinas señala que el "yo" cartesiano nunca llega al verdadero Otro. Toda alteridad le aparece sólo como una idea propia: el Otro está siempre enteramente asimilado y, por tanto, desprovisto de una verdadera alteridad, desprovisto de misterio. A este Otro que el "yo" cartesiano reduce a una idea, Lévinas opone el *Rostro*. Éste no es un tema sobre el que se deba reflexionar conceptualmente, sino el Otro que se encuentra. Se supera así la mera "idea del Otro".

En plena armonía con las críticas de Ebner y Buber al "yo" cartesiano, Mounier afirma: «La experiencia primitiva de la persona es la experiencia de la segunda persona. El *tú*, y en él el *nosotros*, precede al *yo*, o cuando menos lo acompaña»[20]. Otro signo de la dialéctica constitutiva del "yo" es lo que Ebner encontró en la *invocación* –no necesariamente la religiosa, pero sí la existencial. Esa invocación está presente en el "¿Por qué?" proferido junto a numerosos heridos y moribundos durante la guerra. Ese "¿Por qué?", aunque aparente privado de interlocutor, expresa con fuerza la naturaleza dialógica del "yo", e incluso su apertura al plano religioso.

La crítica de Buber a Cartesio no consiste, en primer lugar, en una serie de reflexiones que revelen verdaderas o presuntas inconsistencias teóricas. Buber simplemente toma como punto de partida una posición totalmente opuesta a la de Cartesio. Afirma que la verdadera imagen del hombre es *el hombre con el hombre*. Este es el llamado "principio dialógico"[21]. Karl Heim destacó el alcance antimoderno del principio dialógico diciendo que es una "acción

19. *Ibid.*, 129.
20. E. Mounier, *El Personalismo*, 45.
21. Buber reconoce que fue Feuerbach quien propuso este principio pero que no lo desarrolló ulteriormente (cf. M. Buber, *¿Qué es el hombre?*, 58).

copernicana" capaz de llevar la filosofía más allá del camino cartesiano. Otros hablan del principio dialógico como un "evento elemental" similar al del descubrimiento del "yo"[22].

La vida social del hombre, irreductible a una idea, es una de las bases principales sobre las que se sustenta la propuesta de la filosofía dialógica. En esto, los pensadores dialógicos se refieren a Kierkegaard y, en ciertos aspectos, también a Pascal y Nietzsche. A esto añaden que sólo a condición de encontrar la contraparte del "tú" se hallará remedio a ese fatídico deslizamiento del "yo" moderno de la primera a la tercera persona gramatical. La filosofía se encontraría, por lo tanto, frente a este dilema: o bien se reconoce que la identidad del "yo" sólo se puede pensar y decir gracias al "tú", o bien habrá que seguir el camino moderno que desde el solipsismo del "yo" (Cartesio) conduce a su autoposición idealista (Fichte-Hegel) y a su disolución.

Hay que señalar que al hablar del "yo" y del "tú", la filosofía dialógica tiende a proceder no de manera analítica o teórica, sino de manera prerreflexiva. En otras palabras, se trata más bien de la intuición del Otro (el "tú") y de sus necesidades morales. Contra la excesiva teorización de la modernidad y el idealismo, el pensamiento dialógico afirma la prioridad de la *experiencia* y de la *intuición*. Por ejemplo, sugieren que en el campo moral el fundamento de la ética no debería ser pensado kantianamente a la manera de un "tú debes" categórico, prescindiendo de la experiencia real del "tú". Para Ebner, la "tuidad" de la conciencia demuestra que la ética y la experiencia del "tú" están inseparablemente unidas.

Junto a los temas de la relación entre el "yo" y el "tú", y de la moral, la filosofía dialógica cultiva con predilección un tercer tema: el religioso. Contra Nietzsche y Freud, que se habían servido del "yo" cartesiano para afirmar la autonomía del hombre respecto

22. Cf. *ibid.*

a Dios, los autores de la filosofía dialógica afirmaron que sólo Dios puede ser el "tú" definitivo del hombre. Cualquier otra experiencia del "tú" presupone a Dios o conduce a Él. La alteridad de Dios, lejos de ser una amenaza para el hombre, se revela ahora como el presupuesto más importante para su existencia y para asegurar la correcta interacción con otras personas. Además de Dios, existen varias "realidades espirituales" (fe, amor, amistad, lenguaje…) sobre los que se ejerce la reflexión de los autores dialógicos.

La relación del pensamiento dialógico con la ontología de la tradición filosófica occidental es un tema debatido. Como se ha dicho, la filosofía dialógica no comienza con una teoría del ser sino con la experiencia del "tú". Por supuesto, la experiencia puede utilizar la reflexión ontológica para lograr la debida profundización y la sistematización de su pensamiento. Sin embargo, los padres del pensamiento dialógico (con la excepción de Rosenzweig y, hasta cierto punto, de Marcel) no tenían una apreciación especial por la ontología, o sabían poco sobre ella. Después de todo, el tipo de preguntas que los pensadores dialógicos querían responder no eran principalmente de orden ontológico. No trataban de elaborar *una teoría del "tú"* y por lo tanto se movían en otra dirección, queriendo más bien desarrollar un enfoque del ser derivado de una relación y orientado hacia el "tú".

La filosofía dialógica se encuentra a menudo en feliz simbiosis con el personalismo y el existencialismo. Es el caso de pensadores como Hans-Urs von Balthasar, Romano Guardini y Julián Marías. La contribución de la filosofía dialógica a la renovación antropológica contemporánea está fuera de toda duda, y puede verse especialmente en temas como la interpersonalidad, la moral, la religión y la trascendencia.

E. El existencialismo

Martin Buber observó: «No es posible una antropología filosófica si no arranca de la cuestión antropológica»[23]. El existencialismo es la corriente que más se ha opuesto a la tendencia que hace de la filosofía un arte abstracto, desencarnado y cerebral. Al alejarse de la reflexión sobre la condición humana y de las preguntas que la vida propone a todos, a menudo la filosofía se había encerrado en las aulas universitarias y en los libros de los expertos. El existencialismo reconfiguró esa parte de la filosofía que había estado dormida durante siglos.

Por muy necesaria que parezca esa corrección, no es justo decir que la filosofía existencial y la especulación filosófica deban ser mutuamente excluyentes. En realidad, son las dos caras de la misma moneda. Por eso preferimos hablar aquí de "pensamiento existencial", para indicar que no debe ser llevado necesariamente al extremo indicado por el término "existencialismo".

El pensamiento existencial comparte varias cosas con las tres corrientes contemporáneas que hemos visto. Junto con el personalismo, el pensamiento existencial también se refiere a Soren Kierkegaard como su primer exponente, y trata temas como el amor, la muerte, la fe, la moral y el sufrimiento. Hay que señalar que, si bien es cierto que el pensamiento existencial del siglo XX deriva muchos elementos de la fenomenología, también actúa como su corrector porque la fenomenología tendía a poner el énfasis en el *aspecto epistemológico* de la reflexión y, por tanto, corría el riesgo de no reconocer suficientemente la necesidad del *aspecto decisional*, indispensable para acceder a los significados y valores más elevados de la vida personal.

---

23. M. Buber, *¿Qué es el hombre?*, 57.

El pensamiento existencial contribuyó también a dar nuevo auge a la reflexión ontológica, evidenciando el nexo intrínseco entre la persona y el ser. Es bien sabido que al inicio de *Ser y Tiempo*, Heidegger enfatiza la centralidad de la *pregunta por el ser*, que sólo el ser humano es capaz de plantearse. Y en el §10 de esa misma obra lamenta que términos tales como "sujeto", "alma", "conciencia" y "persona" a menudo hayan sido acompañados en la historia por una ceguera ante la exigencia de *preguntarse por el ser* de los entes designados con esos términos.

En el centro del pensamiento existencial se encuentra una tríada de conceptos que estructuran el tema de la autocomprensión personal: existencia, posibilidad y libertad. Ninguno de los tres puede entenderse por separado de los otros dos. Y puesto que *la existencia* es más fácil comprender, dirijamos nuestra atención a ese concepto. En efecto, el modo en que esta corriente propone sus reflexiones sobre la persona, llamada a comprenderse a sí misma en el tiempo, depende de una comprensión específica de la existencia.

La existencia no sería sólo una característica humana entre muchas otras. No es correcto decir que la persona está viva, que tiene cuerpo y dignidad, que es racional, y que además *existe*. Para el pensamiento existencial, la existencia es la esencia misma del hombre si se le ve como alguien que debe desarrollar libremente su propio ser. Por lo tanto, el pensamiento existencial afirma que la persona humana, a diferencia de los seres no personales, no sólo "está ahí", sino que "existe". Esto equivale a decir que la persona es consciente de su propia existencia, y que está comprometida con ella. Sabe que puede influir en su propia existencia a través de sus acciones porque su existencia se le da como una realidad "abierta" que debe ser plenificada.

A partir de estos supuestos, los pensadores existenciales del siglo XX han propuesto diferentes análisis y comprensiones de la existencia. Para entenderlos, parece apropiado partir de dos núcleos establecidos por Kierkegaard.

El primer núcleo está presente en *Aut-Aut* (1843), en *Etapas en el camino de la vida* (1845) y en *La enfermedad mortal* (1849). En estas obras, Kierkegaard quiso oponerse a Hegel, para quien la existencia humana se coloca bajo el signo de la *necesidad*, que impone el ineluctable proceso dialéctico. Kierkegaard, en cambio, concibe la existencia como una *posibilidad* ligada a las elecciones de la libertad del individuo. La existencia no es una situación inmutable, un hecho estable, sino algo que lleva en sí un espacio de libertad. Según Kierkegaard, la existencia tendría tres formas: estética, ética y religiosa.

Por una parte, se puede observar que el paso de la etapa estética a la ética, y luego de ésta a la religiosa, no se produce de forma automática o necesaria (como afirmaría la dialéctica hegeliana) sino que requiere una elección. Al hombre de la etapa estética y ética, la existencia religiosa se le da como una *posibilidad de ser* confiada a su propia *libertad*.

Por otra parte, cabe señalar que la llegada al estadio religioso no es sólo la coronación de un recorrido predefinido. Esa etapa es, según Kierkegaard, el momento en el que la persona se realiza plenamente. Hasta que la persona no se ponga ante Dios apropiándose con total conciencia de esta relación, no sería una persona en sentido pleno. Kierkegaard considera que "el individuo", el que ha alcanzado la etapa religiosa, es una persona en el sentido más completo del término. Resulta así evidente que la existencia no es algo "ya dado", sino algo que se debe cultivar activamente, algo que exige un proceso. Abraham es el modelo que Kierkegaard ofrece de este "individuo" porque «creyó en virtud del absurdo, pues todo cálculo humano ya estaba desechado desde mucho tiempo antes»[24]. En efecto, aceptando ofrecer a su hijo Isaac como sacrificio en la montaña[25], Abraham se aleja de la seguridad del

---

24. S. Kierkegaard, *Temor y temblor*, Losada, Buenos Aires 2003, 42.
25. Cf. *Génesis*, 22.

refugio que le ofrece el orden universal de la razón (orden moral, orden social, orden de la teología). No tiene otra opción que confiar en su relación personal con Dios por la fe[26]. Aquí el individuo «se halla en una relación absoluta con lo absoluto»[27], que se coloca fuera de cualquier orden objetivo y universal.

El segundo núcleo del pensamiento existencial sobre el que debemos reflexionar se refiere a otro aspecto de la oposición entre Kierkegaard y Hegel. Este último, trabajando siempre desde su sistema dialéctico, concibió al hombre como una síntesis particular. Para Hegel, el hombre no es nada más que "relación con otro", es decir, según la dialéctica, con una antítesis, para lograr una síntesis más elevada. Kierkegaard, con gran intuición antropológica, afirmó que el hombre es una síntesis muy particular: una síntesis que no puede ser superada porque en ella, además de la "relación con otro", hay algo nuevo. Se trata de la *relación consigo mismo*. Y en esto consiste para Kierkegaard la característica definitoria del hombre. Esto es lo que socava el proceso imparable de la dialéctica hegeliana.

Dado que la relación es, en primer lugar, algo que ocurre *en el interior* del hombre, se deduce que para Kierkegaard el hombre está ocupado con su propia existencia. Al no tener como guía en este campo existencial un sentido predeterminado por una dialéctica universal, el hombre kierkegaardiano encuentra su guía en su relación creatural. Dios, no el Estado ni la sociedad, es el primer y principal "Otro" del hombre kierkegaardiano, el único capaz de definirlo y ayudarlo a alcanzar la plenitud de su existencia, que coincide con su salvación eterna. Como podemos ver, la antropología existencial de Kierkegaard es una antropología fundada

---

26. Para Kierkegaard la fe es «esa paradoja según la cual el individuo está por encima de lo general» (*Temor y temblor*, 66).
27. *Ibid.*, 96.

sobre un presupuesto teológico[28]. Ella ha hecho posible la antropología filosófica contemporánea. Varios antropólogos no han asumido este presupuesto y se han encontrado con dificultades considerables.

Martin Heidegger continuó los dos núcleos del gran maestro danés. Él también colocó la posibilidad por encima de la realidad: «El *Dasein* no es algo que está-ahí y que tiene, por añadidura, la facultad de poder algo, sino que es primariamente un ser-posible»[29]. La antropología existencial heideggeriana define al hombre a la luz de sus posibilidades, libremente implementadas o aceptadas, la última de las cuales es la muerte.

Con respecto al segundo núcleo kierkegaardiano, también Heidegger afirma que el hombre existe como una relación consigo mismo: «La constitución de ser del *Dasein* implica entonces que el *Dasein* tiene en su ser una relación de ser con su ser»[30]. Para Heidegger, esta relación se manifiesta como una comprensión e interpretación de sí mismo. Sin embargo, al no poder presentar a Dios como el gran "Otro" del hombre, Heidegger trató de anclar la apertura relacional (el *ser-con*) del hombre en los otros hombres y en el mundo. Como ser en el mundo, el hombre nunca será un mero observador de las cosas del mundo, separado de ellas. No hay ningún "yo" que, originalmente separado del mundo, venga después a unirse al mundo. Y lo mismo puede decirse de su estar con los demás: su relación con ellos no es algo que suceda después de un comienzo marcado por el aislamiento. Por consiguiente, el hombre está profundamente implicado en lo que sucede con los

---

28. Cf. M. Buber, *¿Qué es el hombre?*, 84-85.

29. M. Heidegger, *Ser y Tiempo*, Traducción, prólogo y notas de Jorge Eduardo Rivera,
Edición digital de: http://www.philosophia.cl, §31, 147.

30. *Ibid.*, §4, 22.

demás y con el mundo porque comprende que en todo esto "se juega" su propia existencia.

Si la existencia se concibe como una posibilidad que depende de la libertad, se puede exasperar el binomio posibilidad-libertad hasta el punto de convertirlo en el único elemento relevante para la comprensión del hombre. Así aparece una lectura radical de la existencia. En este caso, el pensamiento existencial se aproxima al nihilismo, como sucede con Friedrich Nietzsche, Albert Camus y Jean-Paul Sartre. Entonces la existencia se entiende de manera incompatible con cualquier principio o fundamento. Para definir el significado de la existencia, sólo queda confiar en una *libertad creativa* pero arbitraria y sin brújula. Este es el significado de la famosa frase de Sartre, según la cual «la existencia precede a la esencia»[31]. Y así se entiende la manera sartriana de interpretar el primer núcleo de Kierkegaard.

Si el hombre está totalmente definido por lo que quiere ser, no hay lugar para "Otro". Todo lo demás pierde su valor: la naturaleza humana, los demás, Dios, el mundo. De hecho, si ese "Otro" se diera, se lo vería como una amenaza. Donde la libertad es creativa, ella se erige como un absoluto que no admite nada más que a sí misma. En consecuencia, Sartre pierde el segundo núcleo kierkegaardiano.

Dejando de lado a Heidegger y Sartre, cabe señalar que varios pensadores del siglo XX han cultivado un estilo más moderado de pensamiento existencial. En ellos, la existencia no se opone a la esencia, sino que *la complementa*. No basta, pues, con que cada persona sea tal: cada persona debe además "elegirse a sí misma", es decir, que debe tomarse en sus manos y trabajarse a sí

---

31. J.-P. Sartre, *El existencialismo es un humanismo*, Folio, Barcelona, 2007, 12.

misma[32]. Este "escogerse a sí mismo" significa reconocer que se está siempre "en una situación", es decir, inseparablemente ligado a todas las determinaciones en las que uno se halla colocado. Para estos autores existenciales más moderados, la existencia humana conoce el riesgo de la libertad, el cansancio de la búsqueda de sentido, pero no pretende que la existencia esté fatalmente marcada por la angustia o el absurdo. En tal caso, es fácil armonizar el pensamiento existencial con los diferentes elementos del pensamiento dialógico y el personalismo, y no se opone a la investigación metafísica ni a la apertura a la trascendencia. Además, la existencia se revela abierta al Otro, ya sea el otro humano o el Otro en sentido trascendente. Tal es la convicción de pensadores existenciales como Karl Jaspers, Maurice Merleau-Ponty, Gabriel Marcel y Louis Lavelle.

Para concluir, notemos que si por un lado el existencialismo presenta a menudo a un hombre que tiende a separarse del mundo y de la naturaleza en virtud de su diferencia (él "existe", mientras que las cosas del mundo "son"), por otro lado, la visión existencialista del hombre puede abrir nuevos espacios de comunión. En efecto, el pensamiento existencialista ha sabido reconocer la particular solidaridad histórica que une a los individuos, la unión interpersonal y la unión que resulta de la afirmación de los valores.

F. Reflexión conclusiva

Concluyamos nuestra reflexión histórica. En este capítulo hemos tratado de presentar algunos de los rasgos de cuatro corrientes que están en la base de la renovación filosófica contemporánea.

32. Cf. A. Millán Puelles, *La libre afirmación de nuestro ser. Fundamentación de una ética realista*, Rialp, Madrid 1994.

Han permitido redescubrir las dimensiones del ser personal que habían casi desaparecido de la mirada filosófica durante los siglos en que prevaleció el "yo autónomo" del pensamiento moderno. De hecho, la modernidad no vio en las dimensiones de la persona (corporeidad, historicidad, etc.) nada más que "objetos" puestos delante de un "sujeto epistemológico". Este, definiéndose esencialmente como "cosa pensante", trató de estudiar esas dimensiones a la manera de los objetos colocados frente a sí, manteniendo un cómodo desapego, algo así como una "distancia de seguridad".

Gracias a la renovación antropológica, el hombre volvió a tomar clara conciencia de su *congenereidad* con aquellas áreas de su realidad humana, reconociéndolas como propias. Las corrientes antropológicas contemporáneas que hemos estudiado han reconocido que estas realidades son cognoscibles por el hombre *porque las lleva dentro de sí mismo*. Se trata, de hecho, de sus *propias dimensiones*, como veremos más adelante. Por ejemplo, hablando de la historicidad, Paul Ricoeur escribió: «Hacemos la historia y hacemos historia porque somos seres históricos»[33]. Y lo mismo puede decirse de otros fenómenos: el hombre conoce el mundo de los cuerpos porque es corpóreo; conoce el mundo del "deber ser" porque es moral, y así sucesivamente.

---

33. P. Ricoeur, *La memoria, la historia, el olvido*, Trotta, Madrid 2003, 456.

Capítulo 3

Las dimensiones en el ámbito de la integridad: el fundamento ontológico de las dimensiones

A. La persona y sus "partes"

1. La unitotalidad de la persona como punto de partida

Para iniciar una reflexión capaz de guiarnos a comprender las dimensiones de la persona necesitamos encontrar una puerta. Esta se encuentra en el concepto de *la persona como unitotalidad,* es decir, en la unidad global de la persona. Experimentamos esta unidad de nuestro ser como una totalidad diferenciada. El concepto de "unitotalidad" señala que en la unidad hay una multiplicidad de partes.

Unitotalidad deriva de *Unum* y *Totum.* Son dos conceptos que, aplicados a la persona, se iluminan mutuamente. Veamos los principales frutos de esta iluminación:

- Que la persona sea una *totalidad* es ya una revelación de su modo de ser un *unum* pues afirma que su unidad no es monolítica. Se llama monolítica la unidad en la que se da la ausencia total de partes. El monolito consta de una sola parte. Por el contrario, en la persona hay una pluralidad de "partes".

- El hecho de que la persona sea un *unum*, indica que tenemos una visión adecuada de la persona sólo cuando la consideramos según la totalidad de sus "partes". Dicho negativamente, afirmamos que *en ningún caso* es lícito identificar el todo (la persona) con una parte de ella, sea del tipo que sea.
- Ninguna "parte" de la persona es una *parte en acto*, es decir, una parte que tiene un "en sí" independientemente de la persona. Las partes de la persona son *partes potenciales*, partes que están "fusionadas" en la unidad de la persona. La unidad de la persona es lo que está en acto.

2. ¿Hay varios tipos de partes?

Lo acabamos de decir: *hay partes en la persona*. Podemos añadir ahora que en la persona hay una *heterogeneidad de partes*. Esto significa que no todas las partes de la persona tienen el mismo peso, el mismo valor estructural. Ante todo, en la persona podemos distinguir entre "partes empíricas" (dotadas de una unidad que se puede reconocer con la simple observación, como el pie, los pulmones, etc.) y "partes analíticas"[1], cuya identidad y unidad no es dada de modo inmediato, empírico, sino que son fruto de un tipo de *análisis*. En lo que sigue de nuestra reflexión nos ocuparemos de este segundo tipo de "partes" de la persona.

Adoptando una perspectiva epistemológica podemos observar que los tipos de "partes analíticas" están en relación con los *métodos* aplicados para obtenerlas. Los diferentes tipos de análisis guían la reflexión hacia los diferentes tipos de partes de la persona[2].

---

1. Esta distinción se inspira en el trabajo del filósofo americano Willard V. O. Quine, que demostró la insuficiencia de los criterios puramente empíricos para la comprensión del mundo lingüístico y cultural que es propio del ser humano.
2. Paul Ricoeur ha señalado que cada ámbito de estudio se basa en un "referente último" (un tipo de principio), pero que esta característica de ser "úl-

Procedamos poco a poco a asimilar esta última e importante verdad, que se refiere al vínculo entre las "partes analíticas" de la persona y los métodos utilizados. Tomemos como ejemplo la antropología clásica y su forma de proceder. En la famosa definición de Boecio encontramos la presencia de "partes analíticas". Son visibles precisamente en los conceptos filosóficos que utilizó: *naturaleza* y *sustancia*. Ahora nos preguntamos: ¿qué método ha seguido Boecio? La respuesta es sencilla: se trata del método conocido como "resolución metafísica" (*resolutio*), aplicado en el contexto de la ontología aristotélica. De hecho, esa metafísica es conocida como la metafísica de la sustancia, siendo ésta la primera y más importante de las categorías metafísicas, la clave de cualquier resolución.

Ahora podemos comprender mejor el principio indicado anteriormente, según el cual los diferentes tipos de análisis (físico, resolución metafísica, moral, psicológico, etc.) están en relación con diferentes tipos de "partes analíticas" de la persona.

Así, mientras que el análisis de Boecio revela la existencia en la persona de "partes" como el alma racional, la sustancialidad y la naturaleza, nada impide que otros tipos de análisis de la persona, como los realizados por la antropología contemporánea, pongan de relieve nuevas "partes" de la persona. Este es el caso de los métodos seguidos por la fenomenología, el personalismo y el pensamiento existencial. Estos métodos revelan la existencia de "partes" desconocidas para Boecio o S. Tomás, aunque no en contradic-

---

timo" se extiende o aplica sólo al ámbito de estudio en cuestión (cf. P. Ricoeur – J.P. Changeux, *Ce qui nous fait penser. La nature et la règle*, Editions Odile Jacob, Paris 1998, 25). En otras palabras, los referentes últimos (en nuestro caso, las "partes personales") son relativos a un método y a un ámbito que, para nosotros, es la antropología filosófica. No hay un método o modo único para analizar a la persona. Cada método tiene su utilidad y llega válidamente a ciertos "referentes últimos".

ción con los resultados que estos pensadores han logrado. Ahora nuestra reflexión se dirige precisamente hacia un tipo de "partes" que por lo general no fueron vistas por la antropología clásica, pero que surgieron en el siglo XX.

B. Métodos y dimensiones. A caballo entre la ontología clásica y la renovación antropológica

1. De las partes de la persona a las dimensiones

Ya sabemos que es posible obtener diferentes tipos de "partes" a partir de la unidad de la persona. También sabemos que la forma clásica de proceder es la que, a través de diferentes metodologías metafísicas o lógicas, obtiene "partes" que en términos filosóficos han recibido el nombre técnico de "coprincipios", *entia quibus*, categorías (es decir, la sustancia y los accidentes), el género y la especie, etc. Los dos coprincipios más profundos son la *esencia* y el *acto de ser*. También sabemos que la perspectiva más común para todos estos análisis es la que se inspira en la *causa formal*. De hecho, es un análisis formal de la persona lo que, según Boecio, permite decir que ésta es una substancia individual de naturaleza racional. El esquema seguido por Santo Tomás de Aquino para los análisis realizados a lo largo del *Tractatus de homine* de la *Suma de Teología* es también de tipo formal. El Aquinate aplica un principio, heredado de Pseudo Dionisio, que nos invita a distinguir tres niveles en cada sustancia espiritual: *essentia, virtus et operatio*[3]. Todo esto forma parte de la gran herencia recibida de la antropología clásica.

Pasando ahora a los antropólogos contemporáneos, podemos preguntarnos: ¿cómo hicieron sus análisis estos antropólogos?

---

3. *S. Th.*, I, q.75, *introducción.*

¿Qué clase de "partes" encontraron? ¿Con qué método y con qué "lógica" razonaron? ¿Qué caminos siguieron? Esto es lo que ahora intentaremos aclarar.

Las "partes" que los renovadores de la antropología han encontrado podrían denominarse *partes personales*. Son "partes analíticas" porque son el fruto de un análisis. Son también "partes" porque cada una de ellas es diferente de las demás. Pues bien, es hora de decir esto: *las dimensiones*, el tema central de estas reflexiones, *son precisamente un tipo de estas "partes personales"*. La corporeidad, la libertad, la sexualidad, la interpersonalidad, son algunos ejemplos de estas "partes personales". Surgen principalmente del análisis realizado siguiendo el método fenomenológico, sea de modo estricto (siguiendo la técnica diseñada por Husserl) o de un modo más genérico.

Iniciemos a captar la ganancia antropológica que deriva de comprender las dimensiones como partes personales. Tomemos como referencia una de sus características particulares: las dimensiones no pueden ser comprendidas separadamente de la persona, así como no pueden ser "objetivadas", circunscritas y definidas con precisión como se suele hacer con las cosas materiales y con sus partes – lo cual haría de las dimensiones "partes empíricas"[4].

En cada dimensión resuena con fuerza la exigencia de *considerar la unitotalidad de la persona*. La diversidad que existe entre una dimensión y otra, así como la diversidad que existe entre una dimensión y la persona, es una diversidad *que no niega la unitotalidad de la persona*. Al afirmar que las dimensiones son "partes", tenemos ya una *negación* pues la parte *no es* el todo. Pero tal vez la particularidad más característica de las dimensiones es que en ellas *la negación es llevada al grado mínimo*. La parte y el todo se

---

4. Como se verá enseguida, esto no equivale a afirmar que las dimensiones carecen totalmente de un importante aspecto empírico.

reclaman recíprocamente, casi hasta identificarse. Así pues, las dimensiones son aquellas "partes" que, *sin perder su condición de "partes", tienden a identificarse con el todo de la persona.* Esta tendencia es algo característico de las dimensiones. Filósofos de la talla de Scheler y de Spaemann lo han notado[5]. Esta observación bien puede tomarse como una primera definición de las dimensiones de la persona[6]. Implica que hay un "no" (las dimensiones *no son* idénticas a la persona) – como sucede con cualquier otro tipo de partes de la persona. Pero en el caso de las dimensiones, ese "no" se reduce al mínimo, de manera que lo que predomina es la ya mencionada tendencia a la identificación de cada dimensión con la unitotalidad de la persona. La tendencia a la identificación hace que cada dimensión muestra a la persona *en su totalidad* aunque no la muestre *totalmente*[7]. O más simplemente, se puede decir que al percibir una dimensión, se percibe también a la persona y no sólo esa dimensión[8].

---

5. Max Scheler observó que «en cada acto plenamente concreto se esconde la persona entera» (M. Scheler, *Ética*, Caparrós, Madrid 2001, 384). Por su parte, Robert Spaemann afirmó: «La forma del reconocimiento de los seres racionales sólo puede ser la del respeto de su naturaleza, de su cuerpo, de su sexualidad, de su lenguaje. Precisamente porque todo esto, en su particularidad, *representa potencialmente el todo*, es esa particularidad suya la que ha de merecer nuestro respeto» (R. Spaemann, *Lo natural y lo racional*, IES, Santiago de Chile 2011, 100. La cursiva es mía).

6. En el capítulo 7 ofreceremos una segunda definición, obtenida a partir de una perspectiva diferente.

7. Aquí se hace presente de otra manera la negación que no se puede eliminar. La diferencia entre la totalidad y el adverbio "totalmente" no es un juego de palabras. Es más bien un acercamiento a una situación particular: que la persona puede "entrar", "verterse" (de hecho, está ya dentro y vertida) en las dimensiones, manifestándose realmente en ellas, sin que, por otra parte, una dimensión "agote" la persona.

8. Por ejemplo, quien ve una mesa, está viendo dos o tres lados de esta, pero nunca la totalidad de los lados. Y sin embargo, basta ver algunos lados para ver *la mesa*.

De tal estado de cosas fluye buena parte del valor antropológico de la reflexión sobre las dimensiones, pues resulta que al ocuparnos de ellas, nos ocupamos *ipso facto* de la persona. Quien toca la corporeidad, toca a la persona. Cuando la persona dona su tiempo, se dona a sí misma. La persona que vive la sexualidad, no vive "algo", sino que "se vive a sí misma" en esa dimensión. Nuestras relaciones interpersonales son ámbitos en que nos entregamos a los demás, y recibimos su entrega. Nuestra cultura y nuestra religión no es algo que "tenemos" sino algo que "somos". Estas frases intentan capturar consecuencias prácticas que se derivan del profundo vínculo entre la persona y sus dimensiones.

Podemos precisar más esta tendencia de las dimensiones a identificarse con la persona si analizamos las dimensiones a la luz de la inmanencia y de la trascendencia. La *inmanencia* enfatiza la inseparabilidad entre la persona y las dimensiones. Cada dimensión toca toda la persona. La inmanencia garantiza que no se podrá hallar jamás una "zona" donde sólo esté la persona en "estado puro", libre de sus dimensiones.

La inmanencia es real, pero corre el riesgo de no mostrar la superioridad del concepto de "persona" respecto al de "dimensiones". Para ello hay que considerar, gracias a un enfoque más metafísico, el otro aspecto de la relación: la *trascendencia*[9]. Afirmar que la persona trasciende sus dimensiones implica negar que los dos términos sean sinónimos. Entre la persona y las dimensiones hay una relación, no una identidad. Y gracias a esa relación la persona se manifiesta en sus dimensiones, las "subjetiva" y se sirve de ellas para alcanzar un grado mayor en el plano de la plenitud.

---

9. Por "trascendencia" entendemos aquí el hecho de que un nivel ontológicamente superior (la persona) trae bajo su influjo un nivel inferior (las dimensiones). Dedicaremos especial atención a la trascendencia en el capítulo 13, al ocuparnos del fundamento de la religiosidad.

2. La alteridad intrínseca como planteamiento antropológico fundamental

La definición de las dimensiones como partes que tienden a identificarse con el todo de la persona no expresa todo lo que podría decirse acerca de la esencia de las dimensiones, pero sí capta lo que tal vez sea el aspecto característico que, según la sensibilidad de la antropología contemporánea, las vincula con la persona. Durante mucho tiempo la principal preocupación de la renovación antropológica contemporánea ha sido combatir el dualismo de la antropología moderna, que no acierta a coordinar bien la relación entre la unidad de la persona y sus partes.

La persona es aquella unidad en la que hay diferentes tipos de partes. Entre ellas se colocan las dimensiones. Así, entre la persona y las dimensiones existe un fuerte vínculo que podemos indicar con esta expresión: "las dimensiones existen *en la persona*". Ahora debemos dar más profundidad teórica e histórica a esta clave antropológica realmente importante, que nos acompañará en nuestro recorrido.

En primer lugar, queremos dar un nombre a esta forma de considerar la relación entre la totalidad de la persona y sus partes. Elegimos el término "alteridad intrínseca", acuñado por el antropólogo Pietro Prini[10]. De hecho, este término pone de relieve el hecho de que la alteridad que la persona experimenta no se sitúa solamente entre la persona y algo *externo* a ella (otras personas, objetos del mundo, etc.). Existe *una alteridad previa a ésta*. Se trata de una alteridad que la persona lleva *dentro de sí misma*.

Por ejemplo, el enfoque aristotélico que ve al hombre como una "unidad sustancial de cuerpo y alma" puede situarse legítimamente dentro de las antropologías que respetan la alteridad

---

10. P. Prini, *Il corpo che siamo. Introduzione all'antropologia etica*, SEI, Torino 1991, 77.

intrínseca porque considera que tanto el alma como el cuerpo son elementos esenciales del hombre. El enfoque tomista también respeta la alteridad intrínseca del hombre cuando afirma que su composición fundamental consiste en la relación entre un acto de ser (*actus essendi*) y una esencia. Ambos enfoques afirman que la alteridad intrínseca *es constitutiva de la persona*, en el sentido de que esos principios componen la estructura profunda de la persona. Ninguno de esos principios puede considerarse superfluo o accidental[11].

Cuando afirmamos que "las dimensiones existen en la persona", estamos utilizando perspectivas fenomenológicas y personalistas contemporáneas para articular una antropología que respete la alteridad intrínseca de la persona. Sólo que en este caso los elementos constitutivos a los que se hace referencia son precisamente la persona y sus dimensiones.

Las antropologías de la alteridad intrínseca se oponen a un tipo de antropologías que podríamos llamar "atómicas" porque reducen la esencia de la persona a un solo elemento. El contraste es evidente porque las antropologías de la alteridad intrínseca afirman que en el hombre existe una *estructura compleja* de tipo esencial o constitutivo.

¿Qué importancia tiene el contraste entre esos dos modelos antropológicos para nuestra reflexión sobre la relación entre la persona y las dimensiones? Para responder, notemos que donde la persona se reduce a un núcleo atómico, ya no hay espacio para las

---

11. El filósofo jesuita Joseph De Finance ofrece un análisis pormenorizado de la "alteridad intrínseca", que él llama "alteridad por dentro" (*alterità all'interno*). La define afirmando que «nuestro ser no es pura identidad consigo mismo; hay en él una pluralidad y por tanto una alteridad. Antes de cualquier encuentro, antes de cualquier invasión que venga desde el exterior, el 'otro' ya está en nosotros» (J. De Finance, *A tu per tu con l'altro. Saggio sull'alterità*, EPUG, Roma 2004, 21 ss.).

dimensiones. Pensar que la persona está constituida por un núcleo atómico es condenarla a quedarse sin dimensiones intrínsecas o esenciales. Un núcleo atómico personal no tiene cuerpo, no tiene historia, no tiene cultura, no tiene sexualidad, no tiene relaciones interpersonales. Por lo tanto, ese núcleo sólo puede sentir que todo lo que le rodea es extraño y heterogéneo. No sólo eso. Como sucede en el caso de la antropología de John Locke, el núcleo atómico personal no puede ni siquiera hacer las cuentas con el crecimiento, entendido como un movimiento de desarrollo que no pone en peligro la identidad[12].

También las dimensiones sufren cuando el enfoque de una antropología atómica las separa de su relación constitutiva con la persona. Quedan degradadas al rango de accidentes extrínsecos, completamente desvinculados del núcleo atómico de la persona. Se las teoriza como determinaciones extrínsecas de la persona, a la manera de "máscaras" que la ocultan. Esta es la grave consecuencia antropológica indicada por Robert Spaemann cuando afirma que las dimensiones, separadas de la persona, *ya no gozan de un estatuto personal*[13]. Quedan convertidas en "meros objetos", en material desprovisto de subjetividad. Naturalmente, la renovación antropológica contemporánea, y nosotros con ella, seguimos el camino opuesto: precisamente porque las dimensiones están siempre revestidas de un estatuto personal, el estudio de las dimensiones *se revela como un estudio de toda la persona*.

En la historia de la filosofía el estatuto del cuerpo ha sido un termómetro que registra el predominio de una antropología atómica o de una abierta a la alteridad intrínseca. ¿En qué relación está el cuerpo en relación con el alma? ¿Y con respecto al *cogito*, o

---

12. Cf. R. Spaemann, *Personas*, 140-142.
13. Cf. R. Spaemann, «Sobre el concepto de una naturaleza humana», en *Lo natural y lo racional*, Rialp, Madrid 1989, 21-51.

al "yo"? Las antropologías de la alteridad intrínseca insistirán en la unidad sustancial del cuerpo y el alma (enfoque metafísico aristotélico) o en el hecho de que la persona está siempre encarnada (enfoque fenomenológico y personalista). Estos enfoques superan claramente el dualismo cartesiano y emplean un esquema holístico dinámico.

Las consideraciones anteriores nos llevan a afirmar que en línea de máxima una reflexión sobre las dimensiones en el plano de la *integridad* –es decir, una reflexión sobre el fundamento ontológico de las dimensiones– puede comenzar con éxito sobre la base *de cualquier antropología que esté abierta a la alteridad intrínseca*, clásica o contemporánea que sea, mientras que será imposible comprender bien las dimensiones cuando se presuponga una antropología atómica.

3. La búsqueda de un modelo conceptual para la relación de la persona con las dimensiones

Las reflexiones precedentes sobre la alteridad intrínseca de la persona nos han introducido en el núcleo del discurso que pretende comprender el fundamento ontológico de las dimensiones. Estamos construyendo un puente entre la antropología clásica, atenta a captar la profundidad ontológica de la realidad, y la contemporánea, que tiende a dudar de que las estructuras ontológicas elaboradas por la metafísica clásica sean capaces de iluminar la relación que existe entre la persona y sus dimensiones.

Como punto de partida podemos retomar la afirmación según la cual las dimensiones son aquellas "partes personales" que, sin perder su condición de "partes", tienden a identificarse con el todo de la persona. En esta frase encontramos un primer criterio que guiará nuestro camino.

La revisión de algunos esquemas metafísicos

En los párrafos que siguen profundizaremos en ese modo de comprender las dimensiones a partir de diferentes perspectivas para asegurar que la reflexión se realice siempre respetando la unitotalidad de la persona y el estatuto personal de las dimensiones. Trataremos de encontrar el marco conceptual que puede ayudarnos a comprender a la vez *la relación y la distinción entre la persona y las dimensiones*.

1. En la medida en que la distinción metafísica entre el *acto primero* y el *acto segundo* implica una verdadera diversidad (pensemos en el caso del intelecto: no está constantemente en acto, conociendo, sino que es capaz de pasar de la potencia al acto y de realizar actos de conocimiento, que son su "acto segundo"), esta distinción puede inducir a equivocaciones en la reflexión sobre las dimensiones de la persona. Estas no deben entenderse como "actos segundos" (acciones) de la persona, que a veces están presentes y a veces no lo están; ni como facultades (potencias operativas) que a veces actúan y a veces no actúan.

Es más útil tratar de entender las dimensiones usando la analogía con *los trascendentales* del ser[14]. Así como la filosofía escolástica enseña que los trascendentales acompañan siempre al ser, las dimensiones acompañan necesariamente a la persona. Esto es siempre cierto en lo que respecta a las dimensiones, aunque también se produzca en ellas (o a partir de ellas) un tipo de acción. Trataremos esto en un capítulo posterior. Por el momento estamos estudian-

---

14. En la tradición escolástica, los trascendentales del ser son la unidad, la verdad, el bien y la belleza. Más amplia es la visión de S. Tomás de Aquino sobre el tema (cf. *De Veritate* q. 1 a. 1; q. 21 a. 1. A. Lobato, «Fundamento y desarrollo de los trascendentales en santo Tomás de Aquino», *Aquinas* 34 (1991), 203–221. A. Millán Puelles, «Ente y propiedades del ente», en *Léxico filosófico*, Rialp, Madrid 1984, 237–247).

do las dimensiones en la medida en que son parte de la estructura permanente de la persona, es decir, a la luz de la *integridad*. 2. En la medida en que la distinción entre *fenómeno* y *fundamento* implica una verdadera diversidad, esta distinción puede inducir a equivocaciones en el modo de entender la relación entre la persona y las dimensiones. Es necesario proceder con gran cuidado.

La antropología contemporánea ha comprendido que es inadmisible pensar el fundamento personal de las dimensiones como una base ontológica que, al situarse "detrás" o "debajo" de las dimensiones, se mantendría *desvinculada* de ellas. Tal disociación entre el fundamento personal y las dimensiones iría directamente contra el principio de la unitotalidad de la persona, así como contra la tendencia de las dimensiones a identificarse con la persona. Es más, tal comprensión de las dimensiones llevaría erróneamente a verlas como un fenómeno extrínseco y accidental en relación con la persona.

Siendo espíritu encarnado, la persona *siempre se manifiesta*. No permanece oculta "detrás" o "debajo" de algún fenómeno o dimensión. Dicho de manera positiva, las dimensiones son manifestaciones permanentes de la persona. Es necesario reiterarlo con fuerza: las dimensiones *no son manifestaciones de sí mismas*; tampoco son el vicario o el sustituto de un fantasmático "fundamento ontológico" de la persona cuya existencia se puede postular, pero cuya realidad permanece inaccesible. Las dimensiones *son manifestaciones de la persona* en ambos sentidos: manifestaciones ontológicas permanentes, pero también fuentes de manifestaciones libres, como veremos más adelante.

3. En la medida en que la distinción metafísica entre el *ser* y el *actuar* lleva a postular una diversidad real, esta distinción puede inducir a equivocaciones en el intento de iluminar la relación entre las dimensiones y la persona. El error acecha cuando el ser y el ac-

tuar (en nuestro caso, la persona y las dimensiones) son pensados como dos momentos diferentes, pero de alguna manera unidos por una conexión de dependencia. Algunas personas piensan que esa conexión se halla en el famoso adagio *agere sequitur esse* (el obrar sigue al ser). De esta manera se establecería una distinción entre dos órdenes o niveles: el del ser y el del actuar, unidos sin embargo por un nexo.

La distinción entre el ser y el actuar produce equívocos si lleva a pensar, o bien que el *ser* puede existir sin el *actuar* (se trataría de un ser totalmente estático) o bien que "el actuar actúa", como si estuviera dotado de una entidad propia, en lugar de ser la manifestación de la virtualidad del ser. Todo esto no es más que una gran confusión. *Lo que actúa en el actuar es el ser* y no el actuar mismo.

Concluyamos esta parte de la reflexión. Las observaciones críticas que tuvimos que hacer mientras revisábamos algunas de las estructuras metafísicas más conocidas no pretenden inducirnos a pensar que en la relación entre la persona y las dimensiones debemos negar cualquier distinción o cualquier diferencia. Las dimensiones, a pesar de sus características especiales, son siempre "partes" de la persona. Y la persona debe ser siempre el "todo" del que las dimensiones son "partes". Nuestras observaciones críticas pretendían más bien evitar que, aplicando erróneamente algunas distinciones metafísicas en el campo antropológico, llegáramos a la conclusión de que entre la persona y las dimensiones existe un dualismo y, por lo tanto, una separación que dejaría las dimensiones sin arraigo en el plano de la *integridad*, confinándolas sólo a los niveles de la acción, de las manifestaciones fenomenológicas o de los actos segundos.

El recurso a la distinción entre persona y naturaleza

En nuestra búsqueda de un modelo conceptual para entender la relación entre la persona y las dimensiones, nos centraremos ahora en una estructura que se ha aplicado a la comprensión de la persona desde su origen teológico-filosófico: la distinción entre persona (*hipóstasis*) y naturaleza (*ousía*). Como recordamos en el primer capítulo, esta distinción fue elaborada por los Padres de la Iglesia para iluminar el dogma trinitario y cristológico.

Es un mérito de Robert Spaemann el haber acuñado una definición de persona que retoma esa antigua distinción y la propone en clave contemporánea. Spaemann afirma: «Los hombres no *son* simplemente su naturaleza, su naturaleza es algo que ellos tienen»[15]. Tal vez no haya una definición tan útil como ésta para comprender a fondo la antropología de las dimensiones de la persona. En efecto, la relación del "tener" (o "poseer") no se limita a describir la situación en que se hallan la persona y su naturaleza, sino que se aplica en múltiples niveles de la persona. Tendremos ocasión de verlo a lo largo de este libro.

Lamentablemente, cuando se propone la distinción entre persona y naturaleza es posible que se produzcan confusiones conceptuales. No existe una definición libre de riesgos. Los problemas pueden incluso multiplicarse si la distinción entre *persona* y *naturaleza* se utiliza en un contexto antropológico con el mismo significado que tiene en la teología trinitaria. En efecto esa trasposición implica reconocer las *analogías* que se dan entre la antropología y la teología trinitaria. La analogía indica que dos cosas son sólo parcialmente iguales, predominando la diferencia entre ellas.

---

15. R. Spaemann, *Personas. Acerca de la distinción entre "algo" y "alguien"*, 49.

Tal vez el error en el que se cae más fácilmente al no atender a las analogías es uno ya señalado por Santo Tomás. El error consiste en pensar en la persona *in divinis* como una "parte" (la *hipóstasis*) que entonces podría distinguirse fácilmente de otra "parte" (la *ousía* - naturaleza). Por un lado, tendríamos el "quién" (la *hipóstasis*), y por otro tendríamos el "qué" (la *ousía* - naturaleza). Esta forma de entender las cosas es totalmente inaceptable porque contradice la absoluta simplicidad divina, que excluye todo tipo de "partes". Igualmente inaceptable resulta en campo antropológico esta separación entre el "quién" y el "qué" aunque la persona humana no posea la absoluta sencillez de la persona divina.

El problema antropológico que podría darse si pensamos en el "quién" (la persona humana) como una parte, y en el "qué" (la naturaleza humana) como otra parte, es que en ese mismo momento ya no sabríamos qué nombre dar a la totalidad compuesta por el "qué" y el "quién". En el fondo, se habría generado un nuevo dualismo. Lo que antes era el "todo" (la persona), *habría venido a identificarse con una de sus partes* (el "quién", la *hipóstasis*). Habríamos adoptado el esquema de las antropologías atómicas que hemos criticado antes. Debe permanecer firme que la persona es siempre "el todo".

En ese conjunto es posible distinguir partes de varios tipos. La perspectiva correcta para establecer cualquier distinción entre persona y naturaleza es la que toma como su punto de partida el concepto más amplio y fuerte: el de *persona*. En comparación con este concepto, el de *naturaleza* es inferior o, para ser más precisos, "interno" al de *persona*. La naturaleza humana es real, es algo que existe, pero existe *en la persona humana*. Aquí está la analogía de la naturaleza con las dimensiones: también ellas, como la naturaleza, son algo que existe. Las dimensiones, como la naturaleza, existen sólo *en la persona*, la presuponen y revelan algo de ella. También es posible afirmar la relación contraria: la persona nunca existe separada de su naturaleza, sino "en" ella. Este "en" ayuda a preservar una *tensión* entre las dimensiones y la persona que, si es verdad que nunca se convierte en una *separación*, tampoco permite una *identificación* sin residuos. Se conserva la unidad de la persona. La diferencia entre naturaleza y persona se coloca *dentro* de esa unitotalidad a la que propiamente compete el nombre de persona. Afirmar que "las dimensiones están *en* la persona" es confirmar que las dimensiones entran de lleno en ese plano estructural de la *integridad*, que constituye la esencia de la persona. Las dimensiones *pertenecen a la esencia de la persona*. Este es el razonamiento que explica y asegura el anclaje ontológico de las dimensiones, que es el tema central de este capítulo.

Traduciendo esta ganancia en el vocabulario conceptual que hemos utilizado, podemos decir que las dimensiones pertenecen no sólo al *actuar* la persona, sino también a su *ser*; no sólo a los *fenómenos* de la persona, sino también a su *fundamento*; no sólo a los actos segundos de la persona, sino también a su acto primero. De una manera que aclararemos más adelante, las dimensiones son, en cierto modo, una especie de puente que conecta todas estas regiones ontológicas y que, además, las abre a lo que está más allá de la persona misma. Estas reflexiones nos invitan a pasar de la consideración del estatuto ontológico de las dimensiones a la consideración de su dinamismo. Ese será el argumento del siguiente capítulo.

¿Cómo entender la distinción patrística entre la persona y la naturaleza?

Hasta ahora hemos hablado siempre de la persona como la *unitotalidad* en la cual existe la naturaleza. Y en contra del dualismo antropológico y de las antropologías "atómicas", hemos sostenido que la persona no se identifica jamás con una de sus partes. Por ello, hemos considerado incorrecto preguntarse sobre la distinción entre la persona y la naturaleza como si ambas fueran dos partes diferentes, unidas de algún modo en un "todo" superior, al cual no sabríamos qué nombre dar. Pero es válido abordar una breve reflexión sobre la distinción entre la persona y la naturaleza dejando por sentado que la persona es el todo y la naturaleza es una parte suya. De esta manera, la pregunta suena así: ¿qué hay en el "todo" (la persona), que supera o trasciende la "parte" (la naturaleza)?

Es claro que la época patrística estaba mejor preparada para reflexionar sobre la naturaleza y menos preparada para hacerlo sobre la *hipóstasis*. La razón de esto puede residir en que la naturaleza era un concepto ya bien conocido, heredado del pensamiento griego. Se la podía iluminar conceptualmente relacionándola con otros términos como la sustancia y los accidentes, el acto y la potencia, las facultades, etc., Asimismo, era posible captar la naturaleza a partir de la experiencia de la acción.

En cambio, fue un desafío describir o caracterizar la persona entendida como *hipóstasis* sin reducirla a su naturaleza. En efecto, el "quién" (la persona), aunque existe *en* una naturaleza, *no es* una "naturaleza" y por lo tanto escapa a todo intento de descripción. Esto se puede formular afirmando que la *hipóstasis* «no añade perfección alguna en el orden de la naturaleza»[16]. Es cierto: la *hipóstasis* no es una naturaleza y por tanto no añade novedad en el plano de la naturaleza. Pero esto no significa que no sea una fuente de positividad y perfección en otro nivel, donde sí será posible percibirla.

Se trata de lo siguiente: la naturaleza es poseída por la persona. Aquí la persona (el "quién") se manifiesta como ese núcleo de in-

---

16. R. Lucas, *Horizonte vertical. Sentido y significado de la persona humana*, BAC, Madrid 2008, 265. El origen de esta afirmación está en la teología trinitaria, donde la única naturaleza divina es poseída igualmente por las tres Personas divinas.

teligencia, libertad y de decisión que ejerce el dominio de su propia naturaleza porque se sirve de ella. Santo Tomás aludía a la posesión de la naturaleza por parte de la persona cuando observaba que «no es propiamente el sentido o el intelecto el que conoce, sino el hombre mediante ambos»[17]. En esta frase, llena de sentido común y de precisión antropológica, el término "hombre" podría ser sustituido por el de "persona" pues alude a ese "quién" que aparece como raíz última de las facultades; como aquél que, sin separarse nunca de sus facultades, se sirve de ellas de una cierta manera. En plena sintonía de fondo con la antropología de S. Tomás, pero sirviéndose de nuevas perspectivas, la renovación antropológica contemporánea reflexionó sobre esta presencia de la persona en su naturaleza. Lo hizo al estudiar ese plano que podemos llamar existencial, fenomenológico, intersubjetivo y dialógico[18]. En ellos se hace posible captar en alguna medida la perfección propia de *la persona como persona*, identificando así la *distinción* entre la persona y la naturaleza. La persona posee su naturaleza y valiéndose de ella persigue su plenitud tratando de comprenderse a sí misma, ejerciendo su libertad, buscando la comunión interpersonal, eligiendo valores, caminando por un camino personal que no ha sido trazado de antemano.

---

17. S. Tomás de Aquino, *De Veritate*, q.2, a.6, ad 3.
18. Es ejemplar la posición de Romano Guardini. Al analizar la estructura de la persona humana, él distingue entre los varios niveles de "contenidos" de la persona (lo que nosotros hemos llamado su naturaleza) y "la persona en sentido propio", que no es un contenido más, sino ese ser que «está en sí mismo y dispone de sí mismo» (*Mundo y Persona. Ensayos para una teoría cristiana del hombre,* Ediciones Guadarrama, Madrid 1963, 179).

Capítulo 4

Las dimensiones en el ámbito de la plenitud

A. Las dimensiones entre la integridad y la plenitud de la persona

1. El hecho de la doble manifestación

En el capítulo anterior establecimos que las dimensiones son siempre manifestaciones de la persona. Este hecho capta la base ontológica requerida por la plenitud de las dimensiones, la medida en que están ancladas en la esencia de la persona y nunca pueden faltar. En efecto, las dimensiones no sólo pertenecen al orden de los fenómenos y de la acción, sino también al orden del ser y del fundamento.

Sin embargo, la renovación antropológica contemporánea ha llevado su atención a otro factor: al hecho de que la persona no sólo se manifiesta permanentemente sino que, por ser libre, *es capaz de automanifestarse*. A diferencia de las entidades privadas de libertad, que sólo se manifiestan a través de sus cualidades estables como el tamaño, la persona puede lograr, por así decirlo, un grado de manifestación más perfecto. Esta nueva manifestación que surge de la libertad podría entenderse como *una manifestación intensiva* de la persona.

Así pues, podríamos distinguir entre una manifestación ontológica permanente, que pertenece a todo ente (y también a la persona como ente), y una manifestación intensiva y libre, que pertenece sólo a la persona. Esta última se basa en la manifestación ontológica y, por así decirlo, la perfecciona porque le permite alcanzar un grado superior.

Con esta breve reflexión volvemos a entrar en contacto con el hecho de que las dimensiones pertenecen tanto al orden ontológico de la esencia de la persona (forman parte de su *integridad*), como al orden de la finalidad, es decir, al orden que tiene que ver con la *plenitud* de la persona. En este capítulo debemos entender mejor este estado de cosas.

Una advertencia debe hacerse inmediatamente: la *distinción* entre la manifestación ontológica y la manifestación intensiva y libre, como las distinciones que hemos visto en el capítulo anterior, nunca debe convertirse en una *separación*. Se trata más bien de una tensión que revela una "diferencia en la unidad", como sucede con todo lo que tiene que ver con la unitotalidad de la persona. En consecuencia, sería un grave error pensar que la manifestación ontológica pertenece sólo al plano del ser (o de la *integridad*), mientras que la libre automanifestación pertenecería sólo al plano del actuar (o de la *plenitud*). Recordémoslo: es el *ser* el que *actúa*, mientras que es insostenible afirmar que "el actuar actúa", dejando al ser desconectado del actuar. En este capítulo seguiremos profundizando esta temática.

2. Tres aspectos importantes de la relación de las dimensiones con la plenitud de la persona

Ahora quisiéramos indicar los elementos que serán más útiles para los propósitos de nuestra investigación sobre las dimensiones. Hay tres temas entrelazados que nos ocupan aquí. Se trata de profundizar lo dicho en el primer capítulo cuando presentamos la integridad y la plenitud.

1. La continuidad entre el orden de la integridad y el de la plenitud

Que haya continuidad y no oposición ni separación entre los dos órdenes puede parecer obvio, pero hay antropologías que no pueden garantizarlo. Y el hecho sería grave porque una plenitud que no se colocara en la línea de desarrollo *fundada e iniciada por la integridad*, no sería una verdadera plenitud sino una desviación, una seria discontinuidad.

¿Cuáles son las condiciones que hacen concebible esa continuidad de los dos órdenes? En otras palabras, ¿cómo explicamos que el ámbito de la plenitud no es una especie de adición extrínseca al ámbito de la integridad, un añadido postizo, sino su auténtica continuación hacia la plenitud?

En primer lugar, hay que reconocer la necesidad de afirmar que el plano de la integridad es ya, en sí mismo, un plano "abierto" a tal continuidad. En efecto, si la teleología no comenzara ya con el plano de la integridad, nada podría garantizar después la unidad intrínseca de este plano con el de la plenitud: su continuidad permanecería agrietada para siempre. Lo que no está unido desde el principio no se puede unir después.

Que el plano de la integridad sea el fundamento de la teleología que se expande en el plano de la plenitud, es decir, que se revele "abierto", es algo que puede encontrar suficiente explicación en una metafísica del acto de ser como la que ofrece Santo Tomás. En efecto, el acto de ser *no agota toda su virtualidad* en el momento de entrar en composición con el correspondiente principio potencial para transmitirle la actualidad. El acto de ser tiene lo que podríamos llamar un "excedente de virtualidad" que permanece libre. Subsiste en él, por así decirlo, una "fuerza desocupada".

Tratemos de aplicar estos razonamientos metafísicos en el campo antropológico que nos interesa. Tomemos una vez más el ejemplo de la dimensión de la corporeidad. Podemos decir que la forma humana sustancial ha *in-formado* el principio material correspondiente, que sería el cuerpo, entendido en este caso como el coprincipio material de la esencia humana. El resultado es precisamente la esencia humana completa, ya que el hombre es una *unidad* de cuerpo y alma: *corpore et anima unus*[1]. Aquí estamos en el plano de la integridad. Ya tenemos una base metafísica que nunca se perderá. Pero no todo termina aquí. Esa persona se abre al plano de la plenitud. Contando ya con el cuerpo como componente esencial, debe ahora comenzar el proceso de *poseer existencialmente su propia corporeidad*: debe aprender a manejarla, a usarla bien, a comprender sus posibilidades y límites, a "leer" su teleología. Aquí está el plano de la plenitud. Se abre, por así decirlo, un nuevo campo de potencialidad. También este campo debe ser *in-formado*. Dar actualidad y forma a este nuevo campo es la tarea de la única forma humana sustancial, activa sobre todo a través del intelecto y el libre albedrío. Aunque siempre es posible algún tipo de pérdida o discontinuidad, lo que se prevé es, ante todo, una continuidad entre los dos planos, una ganancia existencial sobre la base ontológica.

Para concluir estas reflexiones sobre la continuidad de los dos órdenes conviene reafirmar que todo hombre *es ya una persona* por el simple hecho de existir como posesor de una naturaleza humana. Pero cada hombre también *puede llegar a ser persona más plenamente* al actuar gracias a esa base permanente que es el punto de partida[2].

---

1. Tal es la fórmula privilegiada por el Concilio Vaticano II para expresar la estructura fundamental del ser humano (Cf. Concilio Vaticano II, Constitución pastoral *Gaudium et Spes*, n. 14).

2. «De hecho, la persona no es sólo dinámica, sino también ser, no sólo acto, sino también conformación» (R. Guardini, *Mundo y Persona*, 201).

"Ser una persona", como hecho ontológico, no implica haber alcanzado ya el máximo de las posibilidades que esta condición ofrece. Las posibilidades se abren en el plano de la plenitud. Este corresponde al margen abierto en la realización concreta de la condición personal que tiene lugar en el curso de su existencia.

Los capítulos que dedicaremos a estudiar las dimensiones una a una nos permitirán profundizar en la comprensión de algunas formas en las que se implementa o perfecciona la persona humana. Hay que señalar, sin embargo, que esta perfección se refiere principalmente a la perfección que puede y debe ser alcanzada por todo ser humano ya durante su vida terrena (perfección a veces inestable y siempre perfectible) sin negar en modo alguno la posibilidad de una perfección escatológica superior que consiste en la unión eterna con Dios.

2. *Las dos visiones de la plenitud de las dimensiones*

La visión metafísica clásica, así como la visión contemporánea, puede ser útil para comprender mejor el hecho de que la *integridad* y la *plenitud* están juntas, formando una tensión estructural. Por supuesto, cada uno lo hará a su manera. La visión clásica procederá a partir del fundamento ontológico que es la base del obrar. La visión contemporánea estará más atenta al obrar, intuyendo sus presupuestos.

Una antropología metafísica es capaz de captar la tensión establecida entre la integridad y la plenitud cuando observa, por ejemplo, que la relación entre la persona y cualquier elemento perteneciente a su naturaleza o a su acción no es una relación estática, que sólo conoce el modo de integridad ontológica. Más bien, se abre a la plenitud *teleológica*.

Robert Spaemann escribe: «La persona, aunque presente entera en cada uno de sus actos, se distancia simultáneamente de cada uno de ellos»[3]. Esta afirmación capta los dos modos o aspectos. El aspecto ontológico (la integridad) está representado por el hecho de que la persona está presente como un todo en cada uno de sus actos. Es una situación básica que no se pierde. Pero no lo dice todo: también existe el aspecto del dinamismo, de la plenitud, donde la persona se encuentra a una cierta distancia de sus propios actos, lo cual le concede la posibilidad de hacer varias cosas con ellos: descuidarlos, responsabilizarse de ellos, identificarse con ellos, negarlos, rectificarlos, etc. En el ámbito de la plenitud todo esto es posible. Es un ámbito abierto a pérdidas y ganancias.

En realidad, es una experiencia que todos conocemos: con nuestros actos libres tratamos de alcanzar la plenitud que deseamos. Pero también podemos hacer un mal uso de nuestra libertad. En lugar de crecer, nos encontraremos perdiendo terreno, alejándonos de nuestro verdadero bien, de la plenitud deseada.

Veamos un ejemplo de tal situación. Una persona, siendo capaz de automanifestarse libremente, también puede decidir hacerlo de manera engañosa porque puede manifestar una "versión falsa" de sí misma. Por supuesto, el arraigo ontológico de las dimensiones no permitirá que tal manifestación engañosa sea total: es siempre la persona que se está manifestando, incluso cuando lo hace para engañar a los demás. En el caso de la automanifestación engañosa podríamos decir que, más que tratarse de un *aparecer* de la persona, nos hallamos ante una *apariencia*. Sin embargo, debemos renunciar a entrar ahora en los temas que hemos tocado aquí. Sólo era importante captar el hecho de que, en una perspectiva ontológica (capaz de captar el núcleo personal y los actos segundos) es posible ver los dos planos: el ontológico de la *integridad*, y el teleológico de la *plenitud*.

---

3. R. Spaemann, *Personas*, 77.

Considerando ahora a la perspectiva antropológica contemporánea, el entrelazamiento de los dos planos es visible, por ejemplo, en la interpersonalidad. Inspirándonos en el pensamiento desarrollado por Emmanuel Lévinas en *Totalidad e Infinito*, podemos decir que una persona delante de otra no puede ser "el totalmente Otro", es decir, el inaccesible; pero tampoco puede estar tan cerca y abierto como para ser "engullido" por su interlocutor, perdiendo así su "otredad". Entonces hay que decir que la persona del otro debe ser accesible a la vez que preserva su trascendencia, su "otredad". En esta última frase se percibe una interesante tensión entre la accesibilidad de una persona y su sustraerse a la accesibilidad, es decir, su trascendencia. En la accesibilidad comprendemos el plano ontológico de la plenitud: gracias a sus dimensiones, la persona se sitúa permanentemente en el contexto de la manifestación, de la accesibilidad. Sin embargo, no todo está dicho con eso. También cuenta la trascendencia, de modo que una persona está, por así decirlo, "más allá de sus propias dimensiones" gracias a aquello a lo que sus dimensiones la abren. Su accesibilidad ontológica no es la única palabra, no es la última palabra.

3. La teleología como brújula del ámbito de la plenitud

El ámbito de plenitud, precisamente porque está bajo el signo de la libertad, encuentra su significado en la búsqueda de la finalidad de la persona: es un ámbito que se mueve y se entiende a la luz de la teleología. El término que lo califica, "plenitud", es incomprensible en ausencia de una finalidad. ¿En qué sentido podríamos considerar que algo lleva a la plenitud sin presuponer un criterio o un término final?

Debemos ahora hablar más directamente de la finalidad. Puede ser captada de dos maneras principales y complementarias: la de la persona que busca alcanzar la perfección a través de sus propias dimensiones, y la de la persona que busca poseer sus propias dimensiones más perfectamente, integrándolas mejor en su propia unitotalidad.

El primer camino se capta de modo espontáneo y es estudiado abundantemente por la ética. La persona humana, como agente moral, busca ese "bien" que la perfecciona. Sin un bien a la vista, nadie actúa, porque es sólo el bien, percibido bajo alguna forma, lo que nos atrae: *bonum est quod omnia appetunt.*

La segunda forma de captar la finalidad es, quizás, menos cercana a la experiencia ordinaria. Nos introduce de alguna manera en la tensión que existe entre las dimensiones en cuanto poseídas de forma permanente (*integridad*) y en cuanto capaces de ser poseídas de forma aún más perfecta (*plenitud*). Ciertamente el ideal de plenitud personal incluye la más alta integración de cada dimensión y de cada facultad en la unidad de la persona. Es lo que Robert Spaemann señala cuando escribe: «La mayoría de las veces nos experimentamos como "seres libres" cuando nos podemos identificar con nosotros mismos de tal forma que la posibilidad de distanciarse queda rebajada a la condición de posibilidad remota».[4] Esto no es otra cosa que la experiencia de "tenerse a uno mismo en las propias manos", ese dominio de sí mismo que otorga a cada persona seguridad, unidad, paz, alta capacidad operativa, facilidad para hacer el bien, sensación de plenitud. En cambio, un signo claro de crisis personal se vislumbra en las situaciones en que una dimensión de la persona "escapa" de la persona misma: su unidad parece agrietada, puesta en peligro, y produce graves consecuencias en términos de identidad y de capacidad operativa y relacional de la persona.

Si al adoptar la perspectiva de la plenitud se dice que la persona está llamada a identificarse con sus dimensiones, a integrarlas en sí

4. R. Spaemann, *Personas*, 209.

misma, es fácil comprender que esta identificación no es un punto de partida, una realidad ya alcanzada, sino un objetivo que hay que perseguir constantemente. Asumiendo que la persona ya tiene estas dimensiones dentro de sí misma, resuena ahora la llamada a poseerlas plenamente. En otras palabras, está llamada a lograr una integración más completa de ellas en su propia unitotalidad. El orden de la plenitud está llamado casi a fusionarse con el orden de la integridad, dándole a este último su última perfección. La persona puede decirse plena y realizada sólo cuando llega a poseer plenamente sus propias dimensiones.

Para concluir esta reflexión sobre la teleología que une la integridad y la plenitud, parece oportuno una aclaración acerca de la importante tarea existencial de "integrar" las dimensiones en la persona. A lo largo de nuestro discurso tendremos la oportunidad de reflexionar sobre la necesidad y los modos de "personalizar" las dimensiones, es decir, de integrarlas plenamente en la persona. Esto es algo que concierne directamente el plano de la plenitud, confiado en gran medida a la inteligencia y responsabilidad de la persona individual. El concepto de "integración" dice algo obvio, pero hay que tratar de entenderlo mejor. Para ello, intentaremos describirlo desde varias perspectivas.

– Desde la perspectiva de la finalidad, una dimensión se considera bien integrada cuando comparte la orientación existencial que la persona se ha dado a sí misma.

– En una perspectiva ontológica, la integración de una dimensión en la identidad personal aparece, negativamente, como la tarea de evitar una desintegración, una fractura en el interior de la persona, "un *dos* sin un *uno*". Positivamente, la integración tiene en su centro ese "en" que se opone a cualquier división: las dimensiones están *en* la persona y por lo tanto son *de* la persona. Si bien es cierto que el "en" cancela cualquier fractura interna en la persona, también nos permite afirmar que hay tensiones y dinamismos en la persona. Pensemos en primer lugar en el dinamismo ya varias veces mencionado entre el plano de la integridad y el plano de la plenitud. Una dimensión ha sido bien integrada cuando es acogida en el plano de la plenitud, puesto que ya existía en el plano de la integridad. Martín Buber estaba en profunda armonía con esto cuando escribió: «El hombre posee, de acuerdo con su carácter y con su situación, una triple relación vital. Puede llevar su índole y su situación a plena realización en la vida si convierte en esenciales todas sus relaciones vitales»[5]. Buber habla aquí de *relaciones*, mientras que nosotros hablamos de *dimensiones*. Sin embargo, lo que importa es que Buber ha expresado con fuerza el hecho de que las relaciones (las dimensiones), ya fundadas en el ser, están abiertas a un devenir. Así obtienen una especial esencialidad que expresamos con el concepto de "integración".

— En una perspectiva simbólica, la integración aparece como la posibilidad de comprender el significado de una dimensión y, por lo tanto, de poder relacionarla con uno mismo y saber cómo relacionarse con ella. Como diremos en el capítulo 6, el significado es ese conjunto de bienes, valores y verdades que tocan profundamente una dimensión, revelando su dirección y solicitando una acogida.

— Finalmente, desde una perspectiva existencial y personalista, es evidente que la integración revela que hemos llegado a un buen punto en el camino donde la autoposesión hace posible la autodonación. Si una persona es capaz de realizar la entrega de sí misma (autodonación) implicando una de sus dimensiones y abriéndose a la trascendencia, se puede

5. M. Buber, *¿Qué es el hombre?*, 107.

decir con certeza que tal dimensión está bien integrada en la persona. Y quizás esta perspectiva dinámica y existencial sea la que más cuenta porque se sitúa en el plano de la plenitud, indicando uno de los modos de mayor crecimiento de que es capaz la persona humana. En este sentido, la integración de una dimensión aparece también como un paso hacia una mayor singularización, entendida como un enriquecimiento de la identidad personal gracias al modo en que se entiende y asume una dimensión. Cuanto acabamos de decir vale como una explicación de lo que Buber quería indicar al afirmar que una relación (dimensión) puede llegar a ser *esencial* en y para la persona.

B. La autoposesión y la antropología de la persona

1. *La autoposesión como autopertenencia formal y como relación constitutiva*

Asumiendo ahora la perspectiva de la antropología contemporánea, tomemos *la interioridad* como punto de partida de nuestra reflexión.

Todo ser vivo tiene una interioridad de algún tipo, que le otorga un grado de autonomía. Gracias a ella el ser vivo se diferencia de su entorno y establece relaciones precisas con él. Pues bien, según el grado ontológico en el que se sitúa (plantas, animales, seres humanos), la interioridad del ser vivo es siempre más fuerte, se arraiga en una inmanencia más profunda y genera una autonomía más plena.

¿Cómo se revela en este campo de la interioridad la diferencia no sólo cuantitativa sino cualitativa que distingue a las personas de los animales? Se revela en *el modo en que las personas poseen su interioridad*. Reflexionemos sobre esto.

Un perro, por ejemplo, tiene una capacidad de conocimiento sensible: tiene sentidos externos e internos. Todo esto es parte de la interioridad que pertenece a su naturaleza canina. Es suya, y el perro la usa para su vida. Por otra parte, en el caso de la persona, ésta no sólo "tiene" una capacidad cognitiva como componente de su interioridad, sino que "la posee"[6]. El elemento nuevo consiste en que en la persona existe una *relación* entre ella y su facultad[7].

La diferencia marcada por esa relación se puede aclarar de varias maneras. Por ejemplo, es fácil ver que el conocimiento en la persona incluye la conciencia y la libertad. De hecho, a diferencia del perro, que a través de sus sentidos recibe un conocimiento, pero no se da cuenta de que tiene la capacidad cognitiva sensible, la persona "sabe que sabe": *es consciente* de su conocimiento[8]. La conciencia y la libertad indican que estamos frente a una interioridad diferente y superior. También podemos ver que la persona, cuando actúa, no queda prisionera del contexto de su acción y del momento en que actúa. De hecho, la persona actúa con vistas a un fin –la felicidad– que trasciende el horizonte del "aquí y ahora".

---

6. Este tema fue ampliamente desarrollado por X. Zubiri (cf. B. Castilla de Cortázar, «La persona, esa "gran realidad". Zubiri y el Personalismo», *Quién*, n. 1 (2015), 75-95, 89-91).

7. Se trata de una intuición que halla su fuente en el pensamiento de Kierkegaard, que escribió: «En la relación de dos términos, la relación entra como tercero, como unidad negativa, y los términos se relacionan a la relación, existiendo cada uno de ellos en su relación con la relación; así, por lo que se refiere al alma, la relación del alma con el cuerpo no es más que una simple relación. Si, por el contrario, la relación se refiere a sí misma, esta última relación es un tercer término positivo y nosotros tenemos el yo» (S. Kierkegaard, *La enfermedad mortal*, Luarna ediciones, Madrid 1996, 12-13).

8. Esta es la raíz del hecho de que las personas puedan tener una opinión buena o mala, optimista o pesimista, acerca de sus propias capacidades. Éstas nunca existen como propiedades invariables que todas las personas ejercitan del mismo modo por el simple hecho de ser personas.

En esto la persona se demuestra diferente de cualquier otro ser vivo no personal porque no está ciega ante el sentido profundo de las tendencias de su propia naturaleza. Al igual que el intelecto, la voluntad de la persona está "abierta", tiene una trascendencia, que en este caso apunta a un fin que no coincide con ningún objeto de este mundo.

Podemos usar dos términos para iluminar filosóficamente las ideas que acabamos de expresar. En el caso del animal se dice que posee su interioridad *materialmente*, es decir, como parte de su naturaleza, y en vista de un conjunto de operaciones prácticas. Pero en el caso de los seres personales se dice que la poseen *formalmente*, es decir, que la poseen de modo que pueden relacionarse con ella consciente y libremente. Sólo ahora es posible hablar de *autoposesión*[9].

Exploremos otro camino, siempre en el contexto de la antropología contemporánea. Si aceptamos las intuiciones del pensamiento existencial según las cuales "existir" implica "relacionarse", se deduce que la persona no sólo establece relaciones con las realidades que la rodean. Mucho más importante que esto es el hecho de que la persona *tiene una relación estructural y constitutiva en su interior*. Queremos decir esto: la persona no *es* su naturaleza, no coincide inmediatamente con ella, sino que *se relaciona* con ella. Esta es otra forma de decir que la persona *posee* su naturaleza.

Podríamos distinguir ahora la posesión de uno mismo como aparece en el plano de la integridad y en el plano de la plenitud. En el primer caso, tenemos una autoposesión estructural y estable: es precisamente esa "posesión de la propia naturaleza", que está en el corazón del concepto de la persona. Podríamos decir que la persona, según este primer tipo de autoposesión, siempre posee sus

---

9. Cf. J.M. Burgos, *Antropología: una guía para la existencia*, Ediciones Palabra, Madrid 2013, 117.

propias dimensiones. En cambio, en el segundo caso tenemos una autoposesión que habla más bien de la tarea de integrar las propias dimensiones en uno mismo. Para concluir estas reflexiones sobre la autoposesión es apropiado señalar tres cosas.

Reconozcamos ante todo que la persona humana nunca alcanza una posesión perfecta de su naturaleza. Para comprender la autoposesión de la persona humana es indispensable la distinción de los planos (el de la integridad y el de la plenitud). Acabamos de señalar que en el de la plenitud, la persona humana va alcanzando una autoposesión gradual, nunca lograda completamente, siempre en lucha con la tensión de la dispersión interna que lleva a una desintegración entre la persona y las dimensiones, entre la persona y la naturaleza.

La segunda cosa que deseamos destacar es también de gran valor antropológico. La autoposesión formal de la que está dotada la persona indica que su interioridad goza de *una inmanencia particularmente fuerte*. Y como la inmanencia y la trascendencia van siempre de la mano, ya que se corresponden, se deduce que la interioridad personal dotada de autoposesión formal está llamada en sí misma a abrirse a una trascendencia *cualitativamente más elevada* que los tipos de trascendencia que pueden alcanzar los seres no personales. Trataremos esto en un capítulo posterior.

La tercera cosa que conviene señalar es que, después de todo, hay algo que precede a la posesión de uno mismo: la *dependencia* de los demás, de los padres, y del Creador. La persona humana no se crea a sí misma. Por lo tanto, la posesión de sí mismo, siendo una característica esencial, no puede ser colocada en primer lugar, sino que la dependencia la precede siempre. En efecto, la dependencia no termina con el nacimiento o con la llegada a la mayoría de edad, sino que es un dato ontológico permanente de la persona humana.

2. *La autoposesión se completa en el don de sí*

Una vez establecido que la persona humana goza de una interioridad dotada de autopertenencia, es necesario afirmar el concepto complementario de *autodisponibilidad*: quien tiene la posesión de algo, puede usarlo libremente, dispone de él. Así pues, si el "interior" de la persona indica sobre todo el momento de la autopertenencia, la autodisponibilidad indica la posibilidad de manifestar esa autopertenencia en el "exterior", es decir, en lo que se refiere a la actuación en el mundo y con otras personas. Esto implica que dentro de ciertos límites la persona puede decidir cómo y hasta qué punto se manifiesta a sí misma en sus dimensiones.

En el caso de las personas, en lugar de hablar de "autodisponibilidad" o "autodeterminación", podemos usar un término acuñado por el personalismo, que parece más feliz y significativo: la *autodonación*. Gracias al hecho de que sólo la persona se posee formalmente a sí misma, sólo ella puede entregarse, donarse al otro de forma deliberada. Karol Wojtyla escribió: «tanto la autoposesión como el autodominio revelan una particular disponibilidad al "don de sí", al don "desinteresado". Solamente el que se posee puede también donarse y donarse desinteresadamente»[10].

La fenomenología de la autodonación personal es tan importante como la de la autoposesión. El fenómeno básico es el de "dar", en el que incluso los animales participan en cierto grado.

---

10. K. Wojtyla, «La estructura general de la autodecisión», en *El hombre y su destino*, Rialp, Madrid 1998, 171-185, 183. El énfasis sobre el desinterés suscita una reflexión aparte. Hay quienes consideran que el desinterés es *de iure* imposible en el ser humano. Considero que habría que matizar el contenido de ese "desinterés", distinguiéndolo de una falta de intencionalidad o una carencia de objetivo. Lo realmente inconcebible es un acto que no tenga un tipo de bien como objetivo. Y creo que la búsqueda de la propia perfección no es incompatible con el "desinterés" que Wojtyla postula.

Sin embargo, cuando el "dar" va más allá del momento en que se produce el acto de dar, convirtiéndose así en un signo de que el Otro no sólo es el receptor del don, sino una persona con la que se quiere entablar una relación, entonces se alcanza un nuevo grado: se empieza a verificar el don de uno mismo al otro. Este don alcanza su plenitud cuando su "contenido" es *la persona misma*: ella se convierte en un don para el Otro a través del compromiso, la receptividad, la colaboración, la atención. Todo esto también puede asumir formas de vida estable en las que la entrega mutua es el centro. La amistad y el matrimonio son quizás las dos formas más conocidas.

Como podemos ver, en la autodonación hay mucho más que una simple contraparte de la autopertenencia. En realidad, la autodonación *marca la plenitud de la persona como persona*, es decir, el punto máximo al que se puede llegar en el plano de la plenitud. La perfección específica de la persona consiste, de hecho, en su vocación de entregarse al Otro. Paradójicamente, la persona llega a ser ella misma sobre todo cuando se entrega y se dona a sí misma. Esta es una de las claves centrales del personalismo contemporáneo y de la filosofía dialógica. Nace de una visión donde han venido a confluir las aportaciones de la antropología contemporánea y la reflexión cristiana[11].

En estas dos expresiones encontramos la confirmación del hecho de que la autodonación es la plenitud de la autoposesión. Siendo correlativas y no opuestas, la perfección de una está ligada a la perfección de la otra.

Para concluir estas reflexiones, hay una hermosa síntesis del tipo de pensamiento antropológico que hemos comenzado a

---

11. En uno de sus principales documentos, el Concilio Vaticano II afirma que el hombre «no puede encontrar su propia plenitud si no es en la entrega sincera de sí mismo a los demás» (Constitución pastoral *Gaudium et Spes*, n. 24).

estudiar, articulado por uno de los maestros más brillantes del siglo XX:

> ¿Qué es, por tanto, la persona? No es una cosa, ni una cualidad de la vida, ni un grado de perfección, sino un modo de ser, el modo como existe lo que hasta aquí hemos considerado. El modo como el hombre es lo que es. Que no solamente lo es, sino que, al serlo, es dueño de sí; que lo que él hace no sólo lo causa, sino que lo tiene en propiedad, lo cual indica que es dueño de sí, dispone de sí[12].

La antropología de la autoposesión, basada en la dependencia y completada por la autodonación, será una parte importante del fundamento del discurso sobre las dimensiones que nos ocupará en la segunda parte de este libro.

3. La traducción antropológica del "en" mediante la antropología de la autoposesión

En el capítulo anterior establecimos que no es correcto pensar que la persona está detrás o debajo de las dimensiones, sino *en* ellas. Hay una tensión entre la persona y sus dimensiones, no una división.

Ahora tenemos que explicar mejor cuál es el significado antropológico de ese "en", que por el momento sigue siendo un elemento del lenguaje, una proposición que indica "el lugar donde algo está o sucede". ¿A qué experiencia antropológica se refiere ese "en"? ¿A qué clase de dinamismo da lugar? Y, más precisamente, ¿cómo se traduce ese "en" en el nivel de plenitud estudiado por la renovación antropológica del siglo XX?

La reflexión que ahora proponemos tiene una raíz histórica. Se remonta al contexto del pensamiento teológico cristiano de los

---

12. R. Guardini, *La existencia del cristiano*, BAC, Madrid 1997, 456-7.

primeros siglos. La reflexión sobre la Encarnación de Cristo trató de entender la forma en que Él, como Persona divina, asumió una naturaleza humana. Una de las explicaciones es la que gira en torno al concepto de "asunción": Cristo habría *asumido* una naturaleza humana. Esta naturaleza asumida (que consiste en un alma y un cuerpo humano, con todas sus facultades y poderes) tenía algo especial: era *anipostática*, es decir, sin *hipóstasis*, sin ese "quién" que siempre está presente en la persona humana. Por consiguiente, decir que el Hijo de Dios asume en su encarnación una naturaleza humana *anipostática* significa que la Persona divina del Verbo, para esa naturaleza humana, se convierte en el "quién" en el cual la naturaleza humana existe. Por lo tanto, podemos decir que el Verbo posee perfectamente esa naturaleza: es realmente suya, y por lo tanto es "verdadero hombre" (aunque no sea "persona humana": la Persona es sólo una, la Segunda Persona de la Trinidad).

En esta explicación teológica hablamos de una naturaleza humana perfectamente poseída por la persona del Verbo. Cristo, el Verbo Encarnado, no sólo es "verdadero hombre" sino "el hombre perfecto".

Para los fines de nuestra investigación, es importante comprender que la antropología de la autoposesión es una traducción antropológica del "en" ontológico que explica la conexión intrínseca entre la persona y las dimensiones.

Capítulo 5

El descubrimiento histórico de las dimensiones

A. El descubrimiento de las dimensiones de la persona

1. *Emmanuel Mounier y la analogía entre los volúmenes y las dimensiones*

En la historiografía filosófica contemporánea, el término "dimensión" está ligado al nombre de un filósofo francés de inicios del siglo XX: Emmanuel Mounier. Se le atribuye el mérito de ser el primer pensador en utilizar el concepto de "dimensiones de la persona" en el contexto de la antropología filosófica. Debemos recurrir al segundo capítulo de su obra *Revolución Personalista y Comunitaria* (1932-1935).

En ese momento había varios debates en curso. Por un lado, en Francia dos corrientes opuestas trataron de interpretar a la persona: el individualismo y el socialismo. Cada una reaccionó fuertemente contra lo que percibió como los excesos de la otra posición. Hacía falta un equilibrio. Por otra parte, algunos pensadores, atentos a no perder la tradición ontológica y al mismo tiempo sensibles a las novedades contemporáneas, que incluían la psicología y la percepción subjetiva de la persona, buscaban una manera de pensar conceptualmente la integración entre la persona como un dato estable que nunca se pierde y el desarrollo evidente al que está destinada la persona. Mounier, reflexionando sobre estos problemas, llegó a una intuición muy fértil que le permitió comprender cómo la persona estaba íntimamente tocada por una multiplicidad de dimensiones.

Para Mounier estaba claro que los elementos constitutivos de la persona, presentados a través del análisis ontológico de la tradición escolástica, no la definían de manera exhaustiva: la persona, además de ser una realidad ontológica sólidamente fundamentada y capaz de actuar, se revela también como un proyecto libre que debe realizarse a lo largo del tiempo. Esto es lo que Mounier llama "personalidad" en *Revolución Personalista y Comunitaria*[1]. Pero Mounier se cuida de no separar la "persona" de la "personalidad" ya que esto introduciría un dualismo antropológico. La persona ya no sería un término totalizante, y quedaría por averiguar en qué relación se halla la persona-totalidad con la "personalidad".

Otro dualismo que ya conocemos y que Mounier quiso evitar consiste en pensar la persona como un núcleo ontológico que está detrás o debajo de sus manifestaciones, generando un peligroso dualismo y una objetivización de la persona.

Consciente de todo esto, y manteniendo a la persona como una totalidad, Mounier quiso hallar un vínculo capaz de mantener a la persona unida a los nuevos horizontes abiertos por la antropología contemporánea. Inspirado por la geometría, como lo había hecho Cartesio más de tres siglos antes, Mounier captó una

---

1. Juan Manuel Burgos señala que Mounier da un paso de la *persona* (ontológica) a la *personalidad* porque los rasgos de la persona (entendida en el sentido clásico, ontológico) no definen completamente al hombre pues éste no es sólo un dato de hecho, sino también un proyecto que se hace realidad mediante el ejercicio de la libertad. Y para Mounier las tres coordenadas en torno a las que gira este desarrollo son las tres dimensiones (cf. J.M. Burgos, *El personalismo*, 61-62).

feliz analogía entre las tres dimensiones de un volumen geométrico y las dimensiones de la persona.

El núcleo del texto que nos interesa es éste:

La persona es el volumen total del hombre. Es un equilibrio en longitud, anchura y profundidad, una tensión en cada hombre entre esas tres dimensiones espirituales: la que sube desde abajo y la concreta en una carne; la que se dirige hacia lo alto y la eleva a un universal; la que se extiende en lo ancho y la dirige a una comunicación. *Vocación, encarnación, comunión*, tres dimensiones de la persona[2].

El razonamiento parte de esta premisa: en geometría, las "dimensiones" son siempre "dimensiones de…", que se comportan como *partes* de un todo que es la figura o el volumen. Esta premisa da lugar al siguiente razonamiento: así como el volumen geométrico es la totalidad de sus dimensiones, *la persona es también la totalidad de sus dimensiones*. Esta es la gran intuición de Mounier.

Sin embargo, un análisis más cuidadoso del texto de Mounier lleva a identificar otro contenido implícito. De hecho, entre las partes y el todo (ya sea que se trate de los cuerpos geométricos o de la persona humana) la relación se articula en dos afirmaciones esenciales:

– El todo *es más* que sus partes.
– El todo sólo *existe en* sus partes (o, inversamente, las partes sólo existen *en el todo*).

De esta manera obtenemos una versión final más profunda y equilibrada de la intuición de Mounier. Se puede declarar con dos frases que deben ser consideradas juntas:

– Como el volumen es más que sus partes, *la persona es más que sus dimensiones*.

2. E. Mounier, *Revolución personalista y comunitaria*, Biblioteca Promoción del Pueblo, Bilbao 1975, 67.

– Así como el volumen no existe sino en sus dimensiones, también *la persona no subsiste sino en sus dimensiones*.

En esta forma de concebir el vínculo entre la persona y sus dimensiones, el hecho de que la persona sea "más" que sus partes, pide una aclaración. ¿Qué significado hay que darle a ese "más"? La analogía con el volumen geométrico ofrece un primer esclarecimiento. Es correcta la afirmación escolástica según la cual "el todo es más que sus partes". En efecto, cuando el todo está *en acto*, las partes que lo integran existen precisamente como *partes del todo*. Se dice entonces que son partes *potenciales*. En cambio, cuando las partes están en acto (como en el caso de un reloj que ha sido totalmente desmontado), el todo está en potencia. No hay "reloj", sino sólo "partes de reloj" que podrían ensamblarse y formar un reloj. La analogía entre las dimensiones de la persona y las dimensiones del volumen geométrico nos permite llegar al menos hasta este punto.

Hay un segundo aspecto a considerar en la reflexión acerca del "más". Consiste en la importancia de no separar jamás la persona y las dimensiones. Afirmar que la persona es "más" que sus dimensiones no debe llevar a olvidar que la persona es siempre la totalidad y nunca una parte. La persona no es un "fundamento" o una "esencia" que esté de alguna manera "más allá" o "debajo" de sus dimensiones. Estas expresiones indican un dualismo inaceptable en la medida en que introducen una real diversidad entre la persona y las dimensiones.

Un tercer aspecto acerca del "más" surge gracias a la perspectiva del cambio. Se puede afirmar que la persona permanece en su identidad aunque se registren cambios en sus dimensiones. Pero en tal situación estamos hablando siempre de cambios accidentales. La persona siempre tendrá sus dimensiones y no existe sin ellas. O, dicho de otra manera, la persona existe siempre *en* sus dimensiones, en todas y en cada una de ellas.

Esta fuerte vinculación de la persona con sus dimensiones es otra de las ventajas de la antropología de las dimensiones. Actúa como contrapeso de cualquier comprensión demasiado abstracta de la persona, dándole un "aquí" y un "así" inequivocables. Enfatiza que la persona es siempre dada en la experiencia y en la autoexperiencia.

Pasemos a considerar otra temática de la reflexión de Mounier sobre las dimensiones. Esta quedaría incompleta si se limitara a su fase especulativa. El carácter social y práctico de su personalismo hizo que las reflexiones sobre la forma en que las tres dimensiones se integran en la persona desembocaran en una *propuesta operativa*. Y, de hecho, en lo que sigue del texto que hemos comentado, Mounier propone formas concretas de desarrollar las dimensiones de la persona. Nosotros entraremos en las consideraciones prácticas de las dimensiones en la segunda parte de este trabajo.

Conviene añadir que la teoría de Mounier, además de llevar aparejada una propuesta operativa, tiene un fuerte arraigo en la *experiencia*. Quienquiera que tenga un poco de conocimiento propio, percibe que hay "partes" de su ser que tienen una dinámica propia, es decir, que no son percibidas como simples extensiones del propio pensamiento y de la propia capacidad de decidir. La corporeidad, las fuerzas afectivas y los estados de ánimo, son sólo tres ejemplos de esas partes que cada persona percibe en sí, y sobre las que no ejerce un dominio inmediato. Además, cuenta la experiencia de que estas "partes" están sometidas a una tensión en relación al centro y a la totalidad de la persona. Si por un lado es claro que el ideal es el de lograr una integración existencial cada vez mayor de estas partes en la persona, nadie desconoce el riesgo de una desintegración creciente. Lo vemos, por ejemplo, en las personas dominadas por sus tendencias, por el cuidado exagerado de la salud, por la sexualidad desbocada, por la ansiedad ante el paso del tiempo, etc. De todas estas temáticas podremos ocuparnos en la segunda parte del libro. Por el momento, volvamos nuestra atención a la forma en que el pensamiento existencial contribuyó al descubrimiento de las dimensiones.

2. Max Scheler y Martin Heidegger: sus reflexiones sobre las dimensiones

Pocos años antes de la *Revolución personalista y comunitaria* de Mounier, dos famosos filósofos alemanes elaboraron sus visiones antropológicas: Scheler y Heidegger. Es oportuno comprender bajo qué aspectos pueden considerarse también ellos precursores del descubrimiento del concepto de "dimensión".

Max Scheler publicó en 1916 *El formalismo en la ética y la ética material de los valores*. Con esta obra pretendía oponerse a Kant en la forma de entender la ética. El sexto capítulo de esa obra contiene una profunda y ambiciosa reflexión sobre la persona. Scheler quería encontrar un camino intermedio entre el realismo y la concepción sustancial de la persona. Quería definir a la persona por su relación con el espíritu humano y no sólo por referencia a la unidad de cuerpo y alma. Más importante para nuestra reflexión, y en profunda armonía con el texto de Mounier que acabamos de discutir, es el hecho de que Scheler quería superar cualquier dualismo entre la persona y sus actos, afirmando así que la persona queda realmente tocada por sus actos. Scheler afirma que la persona cambia, pero no se convierte en "otro" (en el sentido de dejar de ser una persona para convertirse en otra cosa), porque la persona no está "detrás" de sus actos como un fundamento inmóvil pues «"varía" también la persona entera en y por cada acto – sin que su ser se agote en cualquiera de sus actos o "cambie" como una cosa en el tiempo»[3].

---

3. M. Scheler, *Ética*, 384.

Sin embargo, en la obra de 1916 Scheler no ofrece un desarrollo teórico de las dimensiones de la persona sobre la base de estos principios porque la suya es una reflexión que aborda los fundamentos de la ética y se centra en la relación entre la persona y los actos. Sin embargo, existe una analogía entre el binomio persona-actos y el de persona-dimensiones o el de persona-manifestaciones. Aquí nos limitaremos a señalar que Scheler contribuyó en gran medida a encaminar la reflexión fenomenológica en Alemania en un sentido no muy distinto al que Mounier seguiría algunos años después en el ámbito francés.

En el contexto de la fenomenología, Martin Heidegger está muy cerca de Mounier en algunas formas de concebir las dimensiones. En 1927 aparece *Ser y Tiempo*, una obra destinada a tener un impacto de primer orden en la filosofía contemporánea. Aunque el término "dimensiones" está ausente en ese texto, *el concepto* sí está presente. La forma en que Heidegger estudia al hombre (que se presenta aquí bajo la apariencia del *Dasein*) es ciertamente útil para enriquecer la comprensión de las dimensiones, ya que permite pasar de una visión de tipo personalista a una de tipo existencial. Volvamos por lo tanto nuestra atención a la breve introducción y al primer punto del § 9 de la obra maestra de 1927, donde quizás se puede obtener la presentación más concisa de la concepción heideggeriana sobre la relación entre la persona y sus dimensiones. Estamos en el punto en que Heidegger presenta el tema de la analítica del ser. Escribe:

> El ente cuyo análisis constituye nuestra tarea lo somos cada vez nosotros mismos. El ser de este ente es cada vez mío. En el ser de este ente se las ha este mismo con su ser. Como ente de este ser, él está entregado a su propio ser. Es el ser mismo lo que le va cada vez a este ente. De esta caracterización del Dasein resultan dos cosas:
> 1. La "esencia" de este ente consiste en su tener-que-ser. El "qué" (*essentia*) de este ente, en la medida en que se puede siquiera hablar

así, debe concebirse desde su ser (*existentia*). En estas condiciones, la ontología tendrá precisamente la tarea de mostrar que cuando escogemos para el ser de este ente la designación de existencia [*Existenz*], este término no tiene ni puede tener la significación ontológica del término tradicional existentia; existentia quiere decir, según la tradición, ontológicamente lo mismo que estar-ahí [*Vorhandensein*], una forma de ser esencialmente incompatible con el ente que tiene el carácter del *Dasein*. Para evitar la confusión usaremos siempre para el término *existentia* la expresión interpretativa estar-ahí [*Vorhandenheit*] y le atribuiremos la existencia como determinación de ser solamente al *Dasein*. La "esencia" del *Dasein* consiste en su existencia. Los caracteres destacables en este ente no son, por consiguiente, "propiedades" que estén-ahí de un ente que está-ahí con tal o cual aspecto, sino siempre maneras de ser posibles para él, y sólo eso. Todo ser-tal de este ente es primariamente ser. Por eso el término "Dasein" con que designamos a este ente, no expresa su qué, como mesa, casa, árbol, sino el ser[4].

Hay que interpretar este denso texto para sacar a relucir la comprensión de las dimensiones de la persona a la que se puede llegar desde la perspectiva existencial. Antes de ello, hagamos una advertencia: el texto citado hace énfasis sobre lo que hemos llamado el nivel de plenitud, mientras que el de la integridad casi no aparece, si bien nunca se lo niega. Pero vayamos al texto de Heidegger. Nos interesa entender tres elementos.

1. El Dasein, esencialmente inacabado, tiende a su plenitud

En la breve introducción, Heidegger vuelve a proponer una visión del Ser a la luz de lo que "somos... nosotros mismos". En el centro de esta visión hay una relación: *Dasein* "está entregado a su propio ser". De esta relación surge una tensión, por la cual el *Da-*

---

4. M. Heidegger, *Ser y Tiempo*, §9, 51.

sein no puede concebirse a sí mismo como una entidad completa y total: el *Dasein* no es una "simple presencia" incapaz de alcanzar un grado superior de perfección. La posibilidad de alcanzar una mayor perfección (la plenitud) se reitera al principio de la primera consecuencia: "La 'esencia' del *Dasein* consiste en su existencia". Para Heidegger no parece impensable que el *Dasein* tenga una naturaleza. Parece impensable, en cambio, que tal naturaleza esté desprovista de toda posibilidad, a la manera de un primer acto perfectamente cerrado, incapaz de generar dinamismos y potencialidades que, de existir, se situarían en un plano diferente. Para dar más fuerza a este concepto, al principio de la primera consecuencia Heidegger explica el significado del término "existencia", indicando que debe entenderse como algo que abarca la totalidad del Dasein, que siempre está en camino de hacerse.

2. Una forma imperfecta de entender las dimensiones

Dado que el *Dasein* está plenamente involucrado en ese "tener que ser", se descarta cualquier visión que lo reduzca a una entidad simplemente presente (*Vorhandenheit*), un ser cuyo núcleo es acabadamente completo, desprovisto de cualquier posibilidad esencial. Heidegger parece admitir que tal "simple presencia" podría tener "propiedades", incluso propiedades activas a modo de facultades o poderes operativos. Sin embargo, estas propiedades - hay que repetirlo - permanecerían desconectadas del núcleo esencial. Podemos decir que esas "propiedades" no ofrecen ninguna ayuda a la tarea de pensar el vínculo entre las dimensiones y la persona.

3. Una mejor manera de entender las dimensiones

Si es cierto que "la 'esencia' del *Dasein* consiste en su existencia" (es decir, en su tener que ser), Heidegger deduce que "los caracteres destacables en este ente no son, por consiguiente, 'propiedades' que estén-ahí", sino que deben ser concebidos de una nueva manera. Heidegger indica esta nueva forma caracterizándola como "maneras de ser posibles para él, y sólo eso". Esta es la forma en que Heidegger, incluso sin usar el término, piensa las dimensiones de la persona. Para él, las dimensiones serían *las "maneras de ser"* del *Dasein*: modos que conciernen a todo el *Dasein*, hasta su núcleo ontológico.

La adición del término "posibles" (Heidegger habla de esos caracteres como "posibles maneras de ser del *Dasein*") es importante. Parece aludir al hecho de que tales maneras de ser no se presentan desde el principio de la vida del *Dasein* con toda la plenitud de la que son capaces. Tienen la capacidad de lograr la autenticidad o, por decirlo con otros términos heideggerianos, deben llegar a situarse en el plano de la realidad *fáctica* y no sólo en el plano *factual* de los hechos. Entrevemos aquí, bajo el manto de la terminología heideggeriana, una distinción similar a la que hemos señalado repetidamente entre el plano de la integridad y el de la plenitud.

De estas reflexiones sobre el texto de Heidegger surge una comprensión de las dimensiones de la persona sorprendentemente cercana a la de Mounier. El existencialista alemán, así como el personalista francés, piensan en las dimensiones como algo que involucra plenamente a la persona. Admitiendo las distinciones entre la naturaleza y los actos, entre los elementos ontológicos siempre poseídos y el plano de la acción, en el que se puede crecer, las dimensiones aparecen como algo que siempre concierne a ambos planos. Así reafirmamos la conclusión a la que se llegó en el tercer capítulo: cada dimensión muestra a la persona *en su totalidad* aunque no la muestre *totalmente*[5]. Las dimensiones son

---

5. No se trata de un juego de palabras. En el plano de la integridad, la persona es una unitotalidad: o se muestra, o simplemente no se muestra. En cambio, en el plano de la plenitud la persona está siempre en vías de mostrarse más plenamente, sin que ningún modo de mostrarse pueda agotar sus posibilidades.

aquellas "partes" que, sin perder su condición de "partes", tienden a identificarse con la totalidad de la persona. Para concluir, cabría indicar otra afinidad entre Heidegger y Mounier. Así como éste hizo que el momento teórico fuera seguido por un momento operativo, en el que se propusieron formas adecuadas para desarrollar las dimensiones de la persona, Heidegger también contempla un momento propio de la decisión, que completa el momento teórico. Es característico del pensamiento existencial que las posibilidades ontológicas deban implementarse a través de la libertad. Ella toma el riesgo de implementar las posibilidades buscando la autenticidad, es decir, la plenitud en el plano existencial al que sólo tiene acceso la persona.

3. *Zubiri y su reflexión sobre las dimensiones del ser humano*

En el ámbito de la cultura filosófica hispanoparlante contemporánea, Xavier Zubiri es sin duda uno de los pensadores más profundos y originales. No pertenece al grupo de autores que inició la renovación antropológica contemporánea, pero se coloca entre quienes la continuaron de manera más inteligente.

En tres días de enero de 1974, a sus 75 años, impartió un curso que más adelante fue publicado[6]. En la presentación de su curso, Zubiri expresó su intención de explicar qué es una dimensión. Abordó esta tarea de modo breve. Su explicación abarca sólo 8 páginas. Su razonamiento parte de una perspectiva genética que le da un claro anclaje en la realidad. Se trata del hecho de que el hombre pertenece siempre a una *especie*[7]. Eso conlleva una code-

---

6. X. Zubiri, *Tres dimensiones del ser humano: individual, social e histórica*, Alianza Editorial, Madrid 2006.

7. Cf. R. Fúnez, «Acerca de tres dimensiones del ser humano», *Teoría y Praxis*, n. 11 (junio 2007), 89-114.

terminación: los demás hombres tienen un influjo sobre el individuo, que posee el esquema propio de la especie. Entre la especie y el individuo hay una relación particular. Zubiri precisa que esa codeterminación nacida del esquema de la especie no es algo extrínseco al individuo, sino algo fundado en la realidad misma del individuo: «A mi realidad no se le "añaden" los otros, sino justamente al revés: los otros se le pueden añadir precisamente porque mi realidad en cuanto tal está abriendo el campo del otro en tanto que otra persona»[8]. Es entonces cuando Zubiri afirma: «La manera precisa y formal como el Yo está afectado por el modo de ser de los demás es precisamente lo que yo llamo *dimensión*»[9].

Jordi Corominas sintetiza con acierto las notas más salientes del concepto de "dimensión" en Zubiri:

> La noción de dimensión [...] no sólo responde al intento de superar el esquema sustancia-accidentes por medio de un esquema estructural en el cual todas las notas forman un solo sistema, sino también el esquema habitual de interioridad-exterioridad, subjetivo y objetivo, mediante una consideración dimensional anterior a este tipo de divisiones. Además, le sirve muy bien para conceptuar la coimplicación de las partes sin confundirlas y sin desposeerlas de su especificidad y para integrar lo que en muchas antropologías se presenta como escindido o en niveles distintos de primariedad[10].

---

8. X. Zubiri, *Tres dimensiones del ser humano*, 15.
9. *Ibid.*, 16. Su reflexión sobre las dimensiones no va mucho más adelante. No justifica que las dimensiones sean tres, ni que éstas sean las que anuncia el título de su curso. El número de tres podría obedecer al simple hecho que tuvo tres jornadas de clase. Tampoco explicita Zubiri los autores que pudieron influenciar su pensamiento sobre las dimensiones.
10. J. Corominas, *Presentación*, en X. Zubiri, *Tres dimensiones del ser humano*, XIX.

En este texto se nota con más claridad la profunda sintonía entre el pensamiento de Zubiri y el de Mounier. Ambos conocen el esquema sustancia-accidentes, útil en muchos casos, pero perciben que no logra dar cumplida cuenta de la relación que existe entre la persona y varias realidades que le son propias como su historicidad o su vinculación con las otras personas.

4. El significado del término "dimensión" en nuestro tiempo

Desde que Heidegger desarrolló sus pensamientos en 1927, y desde que Mounier utilizó el término "dimensiones" explícitamente en el campo de la antropología en 1935, ha crecido el número de autores que recurren a ese concepto para unir el núcleo personal y sus manifestaciones características[11].

Más de setenta años después del texto de Mounier, el filósofo Italo Bertoni ofrece esta descripción sintética del concepto de dimensión:

> El significado original y típico de este término pertenece al orden geométrico. De hecho, se llama dimensión a cada una de las extensiones que deben ser necesariamente consideradas para evaluar las figuras o los sólidos (...). En los últimos decenios el término "dimensión" ha adquirido una extensión cada vez mayor, si no ilimitada, perdiendo inevitablemente el rigor de su origen geométrico. Se utiliza en el ámbito moral, social, político y psicológico. Hoy en

---

11. Es cierto que esta unión también ha sido pensada de otras maneras. De hecho, hubo muchos autores de la renovación antropológica contemporánea, antes y después de la obra de Mounier, que sintieron la necesidad de superar cualquier separación entre la persona y sus manifestaciones. Además de Scheler, Heidegger y Zubiri, podríamos recordar a Romano Guardini, con su teoría de la polaridad y su personalismo dialógico; a Viktor Frankl y su antropología dimensional; y a Julián Marías y su antropología de los vectores y la instalación de la persona.

día el término "dimensión" significa cualquier plano, grado, nivel o dirección en el que se puede llevar a cabo una investigación, una acción, un proceso (…). En psicología, el término dimensión se ha convertido en algo habitual, ya que las investigaciones en este campo han puesto de relieve la necesidad de estudiar el desarrollo de la personalidad no como una unidad compacta, sino como una articulación en varias dimensiones que, aunque estén interconectadas, tienen sin embargo un amplio margen de independencia mutua[12].

Este texto sintético nos permite identificar los principales elementos que encierra el concepto de "dimensión":

– El término "dimensión" pertenece originalmente a la *geometría*. Se dice, por ejemplo, que los cuerpos son tridimensionales. Para la geometría existe, por lo tanto, la necesidad de considerar las dimensiones para obtener una comprensión completa de la figura o el sólido.

– Cada dimensión geométrica es siempre una "dimensión de…" algo: de una figura o un sólido. Por lo tanto, las dimensiones *no existen como entidades separadas de la figura o el sólido al que pertenecen*. En otras palabras, las dimensiones *no son perfectamente objetivables*: no pueden ser distinguidas de la persona, ni de otras dimensiones, con la claridad con la que se distingue una cosa material de otra. La realidad de cada dimensión sólo se comprende bien en relación con aquello de lo cual es una dimensión.

– Si la dimensión se considera con referencia a la figura en la que existe, *da testimonio de la totalidad de la figura*. Las dimensiones son modos en los que la figura entera se vuelve accesible. Cada verdadera dimensión expresa y, por así decirlo, "traduce" a su manera la *totalidad* a la que pertenece.

---

12. I. Bertoni, «Dimensione», en *Enciclopedia filosofica*, Bompiani, Milano 2006, vol. 3, 2873.

Por ejemplo, en el caso de los cuerpos, experimentar su altura es ya, en cierto sentido, experimentar la totalidad del cuerpo. Y en el caso de las dimensiones personales, ¿quién puede ver sólo una de ellas sin ver la persona? Y, a la inversa, ¿quién puede ver a la persona sin ver también algunas de sus dimensiones?

– El término "dimensión" ha sufrido una *ampliación semántica*. Desde el campo original de la geometría, ahora se utiliza en muchas ciencias humanas.

– En particular, las disciplinas humanas, psicológicas y sociales hablan de las dimensiones de la personalidad. Procediendo de esta manera, dejan claro que la persona es una realidad *unitaria*, a la vez que es una realidad *compleja*. La persona está esencialmente ligada a sus múltiples dimensiones; por lo tanto, querer estudiar a la persona sin considerar sus dimensiones daría por resultado una imagen seriamente incompleta de la persona.

– La relación entre una dimensión y otra es tal que, por un lado, hay una implicación recíproca, mientras que, por otro, hay una relativa independencia de cada dimensión respecto de las demás. Un ejemplo de esto es que la historicidad sólo puede ser bien entendida gracias a la corporeidad, pero la corporeidad *no es* la historicidad.

– Finalmente, y aunque el texto de Italo Bertoni no lo diga explícitamente, recuérdese que el estudio de las dimensiones se realiza siempre desde una perspectiva: social, política, moral, filosófica, etc. Incluso dentro de la perspectiva antropológica hay espacio, como hemos visto, para una diversidad de perspectivas más especializadas: personalista, dialógica, existencial, etc. Por lo tanto, será importante preguntarse en todo momento desde qué perspectiva estamos afirmando esto o aquello. De hecho, una vez que la perspectiva haya cambiado, la interpretación de las dimensiones cambiará también.

B. La complementariedad de los dos enfoques antropológicos

Las dimensiones de la persona son una verdadera encrucijada, un tema que provoca el encuentro entre varias formas de concebir la antropología. Intentemos ahora articular mejor este importante diálogo atendiendo a dos importantes tradiciones: la escolástica clásica, de corte metafísico, y la renovación antropológica contemporánea. Nos daremos cuenta de que todo modelo antropológico tiene puntos fuertes y débiles[13]. Usarlos juntos, con discernimiento, parece ser el camino correcto.

1. Los aspectos en los que la antropología contemporánea es superior

En los capítulos anteriores hemos señalado varias veces que, mientras que la antropología clásica ha estudiado principalmente la persona atendiendo a su naturaleza, la antropología contemporánea se ha dedicado principalmente al estudio de la persona como persona. ¿Cuál es el significado de esta declaración?

Quien quiera entender a la persona como persona, no puede dejar de entrar en esta perspectiva en la que no todo es universal, no todo es predecible, no todo tiene que ver con estructuras ontológicas. No pretendemos poner en tela de juicio el plano de la *integridad,* donde la presencia de una naturaleza humana permite identificar órdenes y capacidades bien fundados y estructurados

---

13. V. Possenti, «Concezione sostanziale e concezione funzionale della persona», *Espíritu* LXII n. 146 (2013), 375-394; J.-M. Burgos, «El personalismo ontológico moderno. I. Arquitectónica», *Quién*, n. 1 (2015), 9-27.

de manera estable. Más bien, se trata de llegar a tocar lo que es específico de cada persona, su camino particular nacido de sus elecciones y articulado en ese conjunto variado y complejo de campos que el enfoque fenomenológico-existencial quiso estudiar. El enfoque antropológico metafísico no alcanza este grado de especificidad de la persona. En el mejor de los casos, la antropología clásica ve aquí la actuación de ciertas capacidades. Afirma que cualquier tipo de acción, si es tal, surge del marco de las facultades humanas. Ciertamente, la multiplicidad que encontramos en el plano de la acción concreta y existencial no surge de la nada: siempre es posible rastrear sus raíces. Y es en esta perspectiva que los antropólogos atentos a la tradición clásica señalan con razón que ésta no es ajena a los temas preferidos por los antropólogos contemporáneos. Todas las adquisiciones obtenidas por los caminos de la reflexión contemporánea pueden integrarse, en principio, sobre la base ontológica clásica. Pero el enfoque ontológico no logra recorrer el movimiento inverso, el que se mueve desde las raíces hacia las actuaciones más concretas. La complejidad de la existencia humana, tal como la ha descubierto la antropología contemporánea, no queda totalmente iluminada por los esquemas del metafísico[14].

Esas actuaciones y detalles constituyen el tema de estudio de las antropologías contemporáneas. Sólo éstas pueden darnos una idea de la estructura del mundo humano, existencial, culturalmente condicionado, interpersonal, cambiante, histórico... y de

---

14. «La metafísica tiene en la abstracción su fuerza y su debilidad; abstrayendo consigue construir conceptos formales válidos para toda la realidad, pero al mismo tiempo, pierde dimensiones singulares que se encuentran en los objetos concretos que considera y que pueden ser decisivas para una correcta comprensión de ellos» (J.M. Burgos, «La gnoseología de K. Wojtyla y la gnoseología tomista: una comparación», *Pensamiento*, vol. 71 (2015), 703-731, 712.

la forma en que la persona concreta (¡la persona como persona!) se mueve en él.

Viendo este tema más de cerca, tal estado de cosas no debe considerarse como un defecto de la antropología clásica. Río arriba está simplemente el hecho de que ambas corrientes parten de diferentes preguntas. La antropología clásica dominará mientras que la pregunta antropológica sea: "¿dónde está la persona?", o "¿Cuándo estamos en presencia de una persona y cuándo no?" De hecho, esa antropología ofrece una respuesta suficiente a estas preguntas indicando que hay una persona ahí donde hay un individuo de la especie humana porque la naturaleza humana se realiza en él. Pero en este caso sólo hemos captado el orden de la *integridad*, en el que podemos ahondar con la pregunta: "¿Cuáles son los elementos esenciales de la persona?"

En cambio, la pregunta que interesa a las antropologías contemporáneas suena más bien así: "¿*Qué significa* ser persona?". Lo que esta pregunta quiere saber no es cuáles son los elementos constitutivos de la persona, ni cuándo estamos ante una persona. La respuesta deseada deberá, más bien, encontrar la manera de expresar el modo de existencia específico que compete a la persona, y el valor que se deriva de ello. Así se habrá captado el orden de la *plenitud*. Todo ello implica que se haya entrado en la perspectiva del significado.

2. *Los aspectos en los que la antropología de la escolástica clásica es superior*

Es evidente que el enfoque clásico se ha desarrollado para llevar a cabo investigaciones sobre los fundamentos ontológicos de la realidad. Un fundamento de este tipo es parte del discurso que estamos tratando y no parece haber ninguna duda de que la antropología clásica tiene que ocuparse de ello. La razón humana puede ir más allá de la investigación fenomenológica y de cualquier otra investigación modal porque la fenomenología recorre el camino de los fenómenos hasta el umbral de la ontología pero apenas entra en él. La metafísica nos enseña que la persona goza de una estabilidad garantizada por la naturaleza presente en cada ser humano. «Todo ser humano es radicalmente persona. Lo es esencialmente, aunque accidentalmente no pueda ejercer su libertad. Originalmente el ser humano ya está constituido en su doble dimensión "corpóreo-espiritual", por lo cual es persona aún antes de realizarse personalmente»[15]. Las dimensiones individuales necesitan un fundamento metafísico. A veces esta necesidad se satisface antes de aplicar la fenomenología. Así sucede en algunos modelos antropológicos clásicos, que comienzan poniendo las premisas más generales. Con todo, en la actualidad nos parece más natural que el momento ontológico llegue al final, como la coronación de un camino de investigación que comienza con el análisis de la experiencia. En cualquier caso, el hecho de que el momento ontológico preceda o siga cronológicamente a una fase empírica, científica o de antropología modal, es algo que no debe preocuparnos porque el momento ontológico siempre será epistemológicamente superior a esas otras fases.

Además de garantizar una fundación, la antropología clásica realiza un segundo servicio: el de discernir entre la persona y la no persona. En realidad, si recordamos que entre persona, hombre e individuo humano existe una diferencia que afecta sólo al *significado* de las expresiones y no a su *denotación* común, compren-

15. L.F. Villegas, «Persona: una reflexión impostergable», *Sophia*, Junio 2007, 13-34, 18.

deremos que para identificar a una persona humana basta con identificar a un ser humano, a un miembro de la especie humana.

3. *La integración de los dos enfoques*

Se ha dicho que el pensamiento personalista contemporáneo comienza su discurso donde Santo Tomás había colocado las conclusiones de su antropología ontológica[16]. De esta manera se aclara que las diferencias entre la antropología clásica y la desarrollada por la renovación antropológica contemporánea pueden encontrar una integración que ayude al proyecto global de la investigación antropológica.

Ya sabemos que no podemos prescindir de una base para identificar a la persona. Pero tampoco podemos identificar a la persona con su fundamento. Esto equivaldría a perder todo "lo fundado", que en este caso es el devenir, la experiencia pluriforme, las dimensiones de la persona. Las antropologías contemporáneas, al menos en su primera fase, rara vez se han ocupado de realizar un trabajo de fundamentación completa. Por lo tanto, la contribución que pretenden ofrecer no está en el nivel de los fundamentos, sino en el de lo que se erige sobre ellos. Quienes se acercan a las antropologías contemporáneas deben tratarlas con justicia, preguntándoles en primer lugar qué es lo que quieren ofrecer, y no pedirles lo que no tenían intención de ofrecer.

Podría decirse que la antropología contemporánea no renuncia a la dimensión metafísica del hombre, sino que, en lugar de cultivarla directamente, la encuentra en su mayor parte como un fondo que acompaña tácitamente, casi como una sombra, a los fenómenos presentes en las dimensiones de la persona. A estos fenómenos la antropología contemporánea les dedica inmediatamente

---

16. Cf. T. D. Williams, *Who is my Neighbor?*, 120.

la atención. Nada impedirá elaborar el necesario "fundamento metafísico" de lo que está emergiendo en las intuiciones sobre la persona que surgen en las diversas vertientes de la renovación antropológica contemporánea.

Desde una perspectiva metodológica, hemos tenido la oportunidad de constatar que la antropología contemporánea no sigue el camino resolutivo por el que la metafísica llega a los principios constitutivos de la persona, para volver de ahí a los actos. Los autores contemporáneos prefieren el camino fenomenológico que consiste en captar con gran atención *en los variados fenómenos humanos* la presencia, nunca dada del todo, de aquella persona que, trascendiendo los fenómenos, se da a conocer en ellos porque a ella le pertenecen.

Capítulo 6

El significado

A. Breve esbozo de una historia del significado en la antropología

Nos hemos ocupado de la historia del concepto de "dimensiones de la persona", y hemos aclarado que la integridad y la plenitud son los dos planos fundamentales que interesan a las dimensiones. Hemos afirmado que la finalidad es la luz básica del plano de la plenitud. Pero hay otra perspectiva básica de ese nivel: *el significado*. Ya hemos anotado que la pregunta antropológica que más resuena en la sensibilidad contemporánea es ésta: ¿qué *significa* ser persona?

¿Qué se quiere decir con esto? ¿A dónde apunta la pregunta por el *significado* del ser persona? El concepto de "significado" es complejo y no está exento de riesgos. Pero por su importancia para la comprensión de las dimensiones de la persona, se impone la necesidad de dedicarle un capítulo.

1. Orientación inicial: el "significado" y la multiplicidad

El término "significado", al igual que el término "ente", *se dice de muchas maneras*. Nosotros precisaríamos: se dice en *muchos niveles*. Indicamos los tres más importantes:

- En el plano terminológico, no es fácil comprender la diferencia entre "significado" y otras palabras similares como "sentido", "símbolo" y "signo". ¿Son diferentes maneras de decir lo mismo?
- En el plano epistemológico, debemos recordar que el significado se trata en muchas disciplinas: lógica, filosofía del conocimiento, filosofía del lenguaje, estética, etc. Existe una disciplina, la semiótica, que se dedica enteramente al estudio de los signos y su significado en el contexto de la comunicación. La antropología contemporánea también ha reflexionado intensamente sobre el vínculo entre la persona y el significado.
- Por último, a nivel historiográfico, observamos que el "significado" ha sido tratado a lo largo de todas las épocas de la cultura occidental. Pero esto no se ha hecho siempre de la misma manera. Debemos notar que algunas discusiones llevadas a cabo desde la segunda mitad del siglo XIX continúan influenciando la forma de pensar sobre el significado. Y no debemos olvidar que el significado se colocó en el centro de la discusión filosófica entre 1960 y 1990, en lo que la historiografía filosófica conoce como el Giro Lingüístico (*Linguistic Turn*).

Nuestra reflexión sólo se sitúa parcialmente en este contexto. Se trata en primer lugar del significado como parte integrante del plano de la *plenitud antropológica* que pertenece a la persona.

2. El significado a la luz del dualismo cartesiano: ¿algo "añadido" a la realidad?

Un punto de partida para el debate epistemológico sobre el significado, que durante mucho tiempo ha pesado sobre la reflexión filosófica, se puede encontrar en una de sus formulaciones más conocidas. Se remonta a Nietzsche, quien sentenció: «No hay hechos, sólo interpretaciones»[1].

El ojo atento debe entender que donde Nietzsche habla de "interpretaciones", otros pueden hablar de "significados". Y oponer "hechos" a "interpretaciones" equivale a oponer "realidad" a "significados". Tal estado de cosas es muy afín a la oposición cartesiana entre el sujeto (*res cogitans*) y el objeto (*res extensa*), que se distinguen sin que nada los una de raíz. Los que aceptan este dualismo cartesiano sólo pueden pensar la realidad de manera empobrecida: como simple materia dotada de extensión. Y como para estos pensadores en la realidad no hay una causa formal o una finalidad, se hace imposible pensar que en la realidad exista algún nicho, algún grado de profundidad, en el que un "significado" pueda alojarse. De ello se desprende que cualquier "significado" o "interpretación" *sólo puede pertenecer al sujeto*: el significado será, por lo tanto, *una adición subjetiva* a la realidad material. La "adición" de un significado (es decir, la atribución de un significado a cualquier realidad) se considera entonces como una operación privada, no universal, e incluso arbitraria, realizada por el sujeto. Todo "significado" *se opone* a la realidad material, que es el único dato universal y objetivo, cuyo conocimiento sería la tarea perenne de cualquier investigación que quiera llamarse "verdadera" en un sentido fuerte.

Afortunadamente, esta oposición dualista entre la realidad y el significado ha sido en gran parte superada por varias corrientes antropológicas y gnoseológicas del siglo XX. Se ha llegado a entender que el significado no es algo *añadido*, sino algo *alcanzado*. Con esta última expresión queremos decir que el significado puede ser concebido como algo que surge del constante crecimiento de la comprensión de la realidad. El significado radica principalmen-

---

1. F. Nietzsche, *Fragmentos póstumos IV*, Tecnos, Madrid 2008, 7 [60].

te en la "realidad", pero espolea a la persona a llevar a cabo una tarea. A lo largo de este camino el significado emerge, es acogido y crece constantemente. Llegaremos así a entender el significado como *una parte esencial del plano de la plenitud que pertenece a la persona* – naturalmente, basado en el plano de la integridad. En otras palabras, la experiencia antropológica completa no es la que se compone sólo de la acción de los sentidos externos (oído, percepción...), sino aquella en la que se integra el significado, como sucede cuando se llega a *comprender* lo que se ha oído.

3. Las aportaciones de von Uexküll, Cassirer y Heidegger

¿Cómo se realizó en la historia la transición de un esquema dualista, en el que el significado caía necesariamente del lado de las "añadiduras" que hace el sujeto, a esquemas nuevos, no dualistas? ¿Y cómo se realizó la transición de una consideración del significado en el contexto casi exclusivo de la teoría del conocimiento, a una comprensión del significado *en clave antropológica*? Prestemos atención a algunos de los protagonistas de este cambio.

1. Del mundo físico único a la pluralidad de los mundos vitales: von Uexküll

Debemos comenzar con algunas noticias sobre los descubrimientos realizados por un biólogo, Jakob von Uexküll (1864-1944)[2]. Para explicar la anatomía y la vida de algunos insectos identificó una estructura que llamó "círculo funcional". Consiste en el hecho de que los órganos sensoriales y efectores de cada animal corresponden perfectamente al entorno en el que vive. Los

---

2. J. von Uexküll, *Andanzas por los mundos circundantes de los animales y los hombres*, Cactus, Buenos Aires 2016; L. Prieto, *El hombre y el animal. Nuevas fronteras de la antropología*, BAC, Madrid 2008, capítulo 3.

órganos sensoriales del animal perciben los signos de la presencia en el entorno de algo útil para su vida (por ejemplo, alimento, lugar de anidación, etc.), a lo que el animal reacciona con una acción precisa, asegurando así su subsistencia. Von Uexküll comprendió que hay una correspondencia entre las habilidades del animal y la estructura de su ambiente. Por eso habló de un "círculo funcional".

¿Qué podría atraer la atención de los antropólogos en estos descubrimientos biológicos de von Uexküll? Que con esta investigación se abrió una nueva perspectiva para pensar en el "mundo". De hecho, von Uexküll proponía una consideración del mundo que ya no partía de una perspectiva cosmológica sino biológico-vital. Demostró que cada ser vivo tiene "un mundo propio".

Von Uexküll llamó "mundo-ambiente" (*Umwelt*) a este mundo que tiene cada especie. También señaló que las "cosas" que forman parte del mundo-ambiente son precisamente *las que tienen un significado* para el animal. El animal nunca capta un "dato puro"; nunca percibe una "realidad objetiva" a la que *posteriormente* añade un significado. Por el contrario, el significado es precisamente, por así decirlo, *la visual* básica y única, el modo en que el animal "ve" cada realidad que forma parte de su mundo-ambiente.

En consecuencia, desde esta perspectiva aparecía cuán erróneo era decir que los vivos habitan y se abren indiscriminadamente a un único mundo común. Asumiendo la perspectiva de los animales individuales, se hizo necesario distinguir entre la perspectiva cosmológica tradicional ("el mundo como la totalidad de las realidades físicas") y la perspectiva biológico-vital que invitaba a reconocer tantos mundos-ambiente cuantas son las especies.

2. El simbolismo del mundo humano: Cassirer

El filósofo neokantiano de Marburgo Ernst Cassirer (1874-1945) hizo progresos siguiendo las huellas de von Uexküll. Le interesaba ver cómo los descubrimientos de von Uexküll podían afectar *al hombre*. Por lo tanto, señaló una diferencia importante: el círculo funcional del hombre y el de los animales *no es el mismo*. El círculo del hombre aparece sustancialmente "modificado"[3]. ¿En qué consiste esta modificación? Consiste en el hecho de que el círculo funcional humano no es automático como el de los animales[4]. En el caso del hombre no se pasa inmediatamente a la acción a partir de la percepción de las señales que vienen del mundo. El hombre no *reacciona* a los estímulos del medio ambiente como los animales: el hombre *responde* a ellos. Esto significa que el hombre logra "distanciarse" de los estímulos provenientes del mundo. Entre el momento de percepción de los estímulos y la respuesta hay una interrupción. Con ello, se abre un espacio *que deja en suspenso la dinámica del círculo funcional*. Es el espacio de la racionalidad y de la libertad, el espacio que hace que el hombre entienda su mundo de una manera específicamente humana: de una manera que Cassirer llama "simbólica". El símbolo es de hecho el término fundamental del enfoque filosófico de Cassirer. En su opinión, el círculo funcional humano es un círculo en el que el símbolo une las dos partes. La unión entre los estímulos y la comprensión resulta ser convencional. Esta es la intuición que permitió

---

3. Cf. E. Cassirer, *Antropología Filosófica*, Fondo de Cultura Económica, México D.F., 1968, capítulo 2.
4. Cassirer no indaga las causas de este hecho. En cierto modo él conserva la perspectiva funcional de von Uexküll. Nosotros podemos decir: ya que la interioridad humana es esencialmente diferente de la de los animales, es comprensible que el mundo ambiente que corresponde a tal interioridad sea esencialmente diferente.

a Cassirer afirmar que las cosas de las que está hecho el mundo humano, a diferencia del mundo ambiente de los animales, son cosas como el arte, la historia, la ciencia, la religión, la filosofía. Todas estas realidades son, para Cassirer, realidades simbólicas, componentes del mundo simbólico del hombre. Por esta razón, en su opinión, se podría entender por qué todos los grupos humanos a lo largo de la historia han desarrollado conceptos religiosos, históricos, artísticos, etc.

El punto que hay que entender es éste: debido al simbolismo, los pensamientos y acciones humanas introducen una *mediación* en el círculo funcional. Esto significa que todo lo que el hombre experimenta, cada relación con su mundo-ambiente pero también con él mismo, es "interpretado" simbólicamente en lugar de ser captado de modo puramente objetivo. En consecuencia, el hombre no está sometido a vivir procesos físicos o psíquicos de forma pasiva, sin comprenderlos, sin darles sentido. De hecho, sin esa mediación el círculo funcional humano quedaría incompleto y nunca llegaría a producir un resultado.

Como podemos ver, para Cassirer, como ya para von Uexküll, la interpretación simbólica (el momento de la mediación) no es algo que se añada a un "dato puro" objetivo previamente percibido. Lo contrario es cierto: la experiencia humana *incluye la interpretación* que es, por así decirlo, su "lógica" intrínseca.

Con von Uexküll y Cassirer se han dado algunos pasos muy importantes para una renovada comprensión del significado. A efectos de nuestra reflexión, deben mantenerse cuatro elementos:

- Hay una diferencia (no "separación") entre el mundo cosmológico y el mundo-ambiente de los seres vivos.
- El mundo de los seres vivos se entiende mejor cuando es visto desde la interioridad de los vivos.
- El mundo de cada ser vivo no aparece como un "mundo de datos" al que posteriormente se le añade un significado:

el mundo-entorno es un mundo en el que *el significado es el elemento básico.*

– El mundo específicamente humano es un mundo de significados accesibles a la razón humana, ya que corresponde a una interioridad racional.

Sin embargo, a partir de estos planteamientos sin duda valiosos y renovadores surge una dificultad a la que daremos respuesta más adelante. Por ahora nos bastará plantear esta incómoda pregunta: ¿de qué manera existe el significado o el símbolo en la realidad del mundo-ambiente, y no sólo en la interioridad del viviente? Podemos expresar la misma dificultad de otra manera: ¿acaso el mundo-ambiente no está compuesto de realidades físicas y biológicas, cuyo conocimiento objetivo sería deseable, aunque no podamos alcanzarlo porque nuestra interioridad lo ve todo a la luz de la mediación simbólica? Estas preguntas no recibieron respuesta por parte de Cassirer y von Uexküll pues ellos no sintieron necesidad de enfrentar la dificultad ya que en sus teorías echaron mano de la teoría kantiana de la *constitución.* Ellos suponen que el significado es algo constituido, y que la subjetividad humana "ve" la realidad a través de los significados que aplica. Es un tipo de inmanentismo gnoseológico que corta el acceso al conocimiento objetivo de la realidad.

3. La prioridad antropológica de la comprensión: Heidegger

Volviendo al panorama histórico que permitió la entrada de significado en la antropología, consideramos ahora la notable aportación de Martin Heidegger. Es bien sabido que él trabaja con la distinción entre dos áreas: la *óntica* y la *ontológica.* La perspectiva óntica es la que considera las cosas a partir de su presencia física: las cosas son "objetos" bien determinados con características propias. En cambio, la perspectiva *ontológica* –con el sentido que

Heidegger da a este término– es la que se ocupa de la búsqueda
del significado de las cosas. Sólo el hombre es capaz de hacer una
búsqueda ontológica porque él mismo es el "animal ontológico"
abierto al ser.

Quede claro que el hombre no es sólo "el animal ontológico",
un ser que pertenece por completo a la esfera ontológica y va más
allá de la esfera óntica; el hombre también tiene un lado óntico. Y
quede claro también que la búsqueda ontológica, como búsqueda
de sentido, no es una búsqueda diferente a la del ser, sino que revela la profundidad de ésta.

Intentemos ahora indicar una de las formas en que Heidegger
descubrió el arraigo del significado en el ser del hombre.

Uno de los análisis que Heidegger realiza en la primera parte
de *Ser y Tiempo* le lleva a cuestionar el fenómeno de la interpretación. ¿Qué es "interpretar"? Para Heidegger, la respuesta correcta
no puede ser la que fuera propuesta por varios autores desde el
siglo XIX, según la cual interpretar es un tipo específico de acción
intelectual que se ejerce en el estudio de los textos antiguos – textos que precisamente por la distancia temporal que los separa de
nosotros, no pueden ser entendidos directamente.

Heidegger muestra que la acción de "interpretar" tiene raíces
profundas en una estructura antropológica: la *comprensión.* Se trata de una estructura ontológica del *Dasein,* una estructura *siempre
activa,* que por lo tanto es mucho más radical que una simple
acción mental que se realiza puntualmente (por ejemplo, "leo esta
página", o "reflexiono sobre lo que he oído") y que luego deja espacio para otras acciones (por ejemplo, "recuerdo un texto similar").

Heidegger ve el "significado" como algo que va unido con la
comprensión. De hecho, el significado proporciona a la comprensión su estructura esencial. Quien comprende, siempre está hallando un significado. El hombre tiene esta imperiosa necesidad:
mantenerse "en el sentido-significado". El hombre nunca abando-

na la esfera de la comprensión y del significado porque si se colocara fuera de ella, su vida perdería su calidad humana, se convertiría en algo "sin significado", algo no vivible. Por lo tanto, Heidegger afirma que se comprende no sólo con la mente, sino también con las palabras, con las acciones, con las elecciones, con la existencia ordinaria. Lo que Heidegger está indicando con todo esto es, en el fondo, algo sencillo: mucho antes de que alguien intente comprender con claridad lo que es el "significado", mucho antes de que alguien intente darle una explicación filosófica, todos estamos ya "en el significado", vivimos en él, aunque hallemos dificultades en teorizarlo y definirlo.

Por supuesto, hay varias maneras de articular conceptualmente este "estar-en-el-significado". La *comprensión* se expresa verbalmente, casi condensándose, *en la interpretación*. Para Heidegger, la interpretación es la elaboración de las posibilidades proyectadas en la comprensión[5]. Pero ahondar en estas consideraciones es algo que no entra en nuestro estudio. Lo que es esencial para nosotros es señalar que con esta doctrina sobre la comprensión Heidegger ya no ha colocado el "significado" en el contexto del lenguaje o de alguna disciplina intelectual como la historiografía, sino en el contexto de la *estructura ontológica del Dasein*. Por consiguiente, la *antropología* es la disciplina que debe ocuparse de la reflexión principal sobre el significado. Muchos autores han seguido a Heidegger en la convicción de que es necesario situar la consideración del significado como parte integrante de la antropología.

---

5. Cf. M. Heidegger, *Ser y Tiempo*, § 32.

B. Bases para una comprensión antropológica del significado

1. De la persona como relación a la exigencia de significado

La base antropológica que asumimos para entrar en el tema de la comprensión del significado es la propuesta por Robert Spaemann. Recordamos que su definición articula la distinción entre persona y naturaleza afirmando que la persona se *relaciona* con su naturaleza pues la *posee*. ¿De qué manera ha de comprenderse esta relación de posesión cuando se aplica al tema del significado?

Para dar una respuesta es oportuno hacer un cambio de perspectiva antropológica, pasando de una visión ontológica y estructural a una visión fenomenológica y dinámica. La primera visión es la que concibe a la persona como un todo, dentro del cual se coloca la relación con su naturaleza, y nunca debemos perderla de vista. La segunda visión es la que surge al asumir la perspectiva subjetiva. Cada persona "se vive a sí misma", experimenta su propio ser y sus dinamismos, y procura ir comprendiendo la compleja realidad que ella misma es. Esta perspectiva es afín a la definición fenomenológica acuñada por Max Scheler: la persona es «la unidad de ser concreta y esencial de actos de la esencia más diversa»[6]. La estructura que subyace en esta definición es la que ve un "yo personal" como base y como observador de sus actos. Este "yo personal" vive la "exigencia de sentido". Nos referimos a que la persona siente la exigencia de saber quién es, cuál es el sentido de su vida, y qué valor posee. Esto es el camino regio del *significado*. En la medida en que el "yo personal" va elaborando una respuesta a tal exigencia, va forjando su *identidad*. Nos referimos aquí a la así llamada *identidad*

---

6. *El Formalismo en la ética y la ética material de los valores*, Revista de Occidente, Buenos Aires 1948, t. II, 73. Se trata de una definición acuñada a la luz de ese fino juego entre la inmanencia y la trascendencia que estructura los *actos* de la persona, y que es el trasfondo en que Coreth coloca sus observaciones.

psicológica. Ésta no sustituye a la identidad ontológica (lo que hemos llamado en este libro el nivel de la integridad) pues representa sólo su gradual apropiación a un nivel existencial.

El tema del "yo personal" merece una aclaración. Estrictamente hablando, no existe "un yo". Más bien, cada persona puede decir: *Existo yo*. La diferencia estriba en que al afirmar "Existo yo", ese "yo" es siempre la *totalidad* de la persona, experimentada por cada ser humano como algo propio. En cambio, hablar de "un yo" induce a pensarlo como algo objetivado, como una *parte* de un todo, una parte que de alguna manera está "dentro" del ser humano. Algunas filosofías han dado el paso de considerar a ese "yo" como el núcleo de la persona, como la "parte" que hace que una persona sea tal. No es difícil ver que estas decisiones generan una antropología dualista y atómica. Esa "parte" termina por ser considerado la *esencia* de la persona, la persona misma. En tal caso, "persona" y "yo" vienen a ser sinónimos. Pero si la "persona" resulta ser una parte, ya no se sabe bien cómo denominar la totalidad de ese extraño ser que antes llamábamos "persona", pero que ha quedado sin nombre.

Esta problemática entre los dos modos de considerar el "yo" se aclara cuando se distingue entre la *estructura psicológica* de la persona y los diversos modos de concebir su estructura ontológica. En efecto, la estructura psicológica es la que no puede prescindir de un núcleo consciente, que está en correlación con una multiplicidad de actos y de objetos internos o externos como el punto donde los percibimos de manera más o menos unificada. A esta estructura se le puede llamar "yo *psicológico*". Emerich Coreth lo llama "yo-centro", distinguiéndolo claramente de lo que él denomina "yo-totalidad"[7]. En sintonía con esta distinción, y

---

7. Cf. E. Coreth, *¿Qué es el hombre? Esquema de una antropología filosófica*, Herder, Barcelona 1976, 115-116.

por las razones antes aducidas, nosotros optamos por reservar el término "persona" para indicar la totalidad del ser humano. Y hablaremos del "yo psicológico" para referirnos a esa "parte" que funge como centro unificador de los actos psicológicos de la persona[8].

2. Perspectivas "objetivas" y "subjetivas" del significado

Nuestra reflexión sobre el significado, por ser antropológica, debe tener en cuenta la especificidad del objeto de nuestras investigaciones. Buscamos el significado *de la persona*, de sus dimensiones y del conjunto de fenómenos que le conciernen. Y es la propia persona la que lleva a cabo esta investigación. Por lo tanto, debemos considerar ahora la conexión *entre la persona y el significado*, tanto por parte del objeto (*a parte objecti*: la persona, como el objeto cuyo significado se busca) como por parte del sujeto (*a parte subjecti*: la persona, como el sujeto que busca el significado). Ambas partes, tomadas en conjunto, nos darán una visión completa de nuestro tema.

El significado, considerado *a parte objecti*, es decir, como "algo existente", aparece al menos tendencialmente *como una totalidad*. Esto quiere decir que el significado es una especie de síntesis de la bondad y la verdad que pertenecen a todo lo que existe, de cualquier manera que exista. Para ser aún más enfáticos, podríamos decir que, desde este punto de vista, el *ser* y el *significado* son casi sinónimos, en el sentido de que comparten el hecho de ser *dos*

---

8. Si el "yo psicológico" merece el nombre de "parte", hay que reparar en que «jamás viene dado directamente en sí mismo. Ni siquiera se le puede reconocer a modo de objeto o de contenido, sino que siempre viene dado en la realización consciente de forma atemática y desobjetivada» (cf. E. Coreth, *¿Qué es el hombre?*, 116).

perspectivas totalizantes[9]. El "ser" capta la totalidad de una manera absolutamente radical, casi sin tener en cuenta el hecho de que hay un sujeto humano que capta esta totalidad. El "significado", por su parte, tiende a avanzar hacia una comprensión cada vez más completa de esa totalidad, teniendo en cuenta la forma en que la persona se abre para captarla. Así vemos, una vez más, que la metafísica y la antropología coexisten de manera ordenada.

Ya que nuestro tema concierne el significado de la persona, podemos decir que éste no es otra cosa que la bondad y la verdad que pertenecen a la persona. El significado no es, por lo tanto, un "añadido", algo que se coloca "al lado" del ser de la persona, de su verdad o de su bondad, sino que es la síntesis de todo esto.

Con la expresión "la bondad y la verdad de la persona" intentamos abarcar todas las modalidades en que se presentan esos dos trascendentales. Sin pretender agotar esas modalidades, podemos decir que el significado, como manifestación del "bien", incluye en primer lugar las tres grandes modalidades del bien que conoce la tradición tomista: el bien en sí mismo (*bonum honestum*), el bien útil (*bonum utile*) y el bien que causa placer o deleite (*bonum delectabile*). También podemos sondear esas modalidades del bien recordando que el bien puede ser captado en términos de "valor". Desde este punto de vista, el significado abarca, por ejemplo, el valor de la verdad, el valor teórico y la dignidad, no menos que el valor afectivo, el valor moral, el valor existencial, el valor cultural y el valor religioso. Y debemos enfatizar el valor relacional que a menudo aparece en el significado. De hecho, no es raro que empecemos a entender una cosa o una persona cuando vemos cómo

---

9. En este punto me hallo en sintonía con Ernst Tugendhat, que escribe: «Lo que es el ser, lo que es el deber, lo que es una acción, etcétera, siempre remite precisamente a este aspecto del ser de los humanos, a su comprensión» (E. Tugendhat, *Antropología en vez de metafísica*, Gedisa, Barcelona 2008, 20).

se relaciona con otra cosa: una función, un propósito, un servicio... que, después de todo, siempre son modalidades del bien. Esto brilla de manera especial en el caso del valor intersubjetivo de la persona, cuyo significado se manifiesta por el hecho de que se relaciona como un "yo" con un "tú".

Consideremos ahora el significado *a parte subjecti*. Si hemos criticado la posición que ve el significado como nada más que un "añadido" subjetivo a la realidad, debemos reconocer la presencia de un núcleo de verdad en esa forma de pensar. Consiste en reconocer que *hay una intervención de la persona*. Ahora consideraremos esta intervención en su perspectiva cognitiva. De hecho, la persona es también el "sujeto" llamado a entender el significado. A este respecto, cabe señalar que, para la antropología contemporánea, el sujeto que comprende el significado es *la persona en su totalidad*, con todas sus capacidades. Volvemos a encontrar ese rasgo característico del significado: su tendencia totalizadora. Sólo que ahora aparece *a parte subjecti* (antropológicamente) y ya no *a parte objecti* (metafísicamente).

Si el sujeto que comprende el significado es toda la persona, se deduce que la explicación de cómo la persona comprende el significado no puede reducirse a una doctrina sobre el funcionamiento del intelecto humano. "Entender el significado de algo" es más amplio que "tener el concepto de algo". El principio de totalidad, del que estamos hablando, requiere que en la comprensión del significado intervengan varios elementos:

– Por parte de la inteligencia, intervienen actos de intuición que alternan o incluso se integran con actos de racionalidad[10].

---

10. Tal es la genial respuesta de Romano Guardini al problema del conocimiento de lo "viviente-concreto". Él teoriza la necesaria vinculación de concepto e intuición (cf. R. Guardini, *El contraste*, 75).

- Por parte de la voluntad (abierta a la afectividad), intervienen varios momentos de apreciación del bien y de los valores de cualquier tipo.
- Por parte de la libertad, intervienen elecciones y decisiones. Estos son actos indispensables para la plena aceptación de un significado[11].

Como se puede ver, la comprensión del significado de la persona se logra a través de una pluralidad de acciones y actitudes. Es un proceso que nos permite lograr progresivamente una mayor riqueza. Pero esto implica entrar en una nueva forma de estudiar el significado.

3. La perspectiva de la procesualidad del significado

Sólo el intelecto divino puede lograr la perfecta comprensión del significado de todas las cosas sin necesidad de varios procesos. A Dios se presenta de manera perfecta el ser, la verdad, el bien, el valor y el significado de todo lo que existe.

No es así para el hombre. Para nosotros es necesario hablar del significado como algo que se alcanza progresivamente a través de varios procesos que se extienden a lo largo del tiempo. Por lo tanto, ya se ha dicho anteriormente que la persona tiende a avanzar gradualmente hacia una comprensión cada vez más completa del significado. En cada punto de ese movimiento uno ya está "en el significado" (uno lo posee hasta cierto punto), sin poder llegar nunca a una posesión exhaustiva del mismo, más allá de la cual ya no sería posible avanzar. He aquí una primera posibilidad de captar la procesualidad del significado para la persona, vista *a parte*

---

11. Esta es una de las contribuciones más apreciables del pensamiento existencial, que subraya la exigencia de completar la fase cognitiva o eidética con una fase *decisional*.

subjecti, es decir, partiendo del hecho de que el significado debe ser captado por la persona humana, histórica y finita.

Se puede llegar a la misma conclusión reflexionando sobre la diferencia entre "saber" y "comprender". De hecho, "comprender" no es sinónimo de "saber", sino que es algo más amplio. Comprender algo no sólo significa conocerlo, en el sentido de poseer un concepto correspondiente. Significa captar todos los valores que pertenecen a esa cosa y saber acogerlos prácticamente en la propia vida. Por ello, es más correcto hablar de "entender un significado" que de "conocer un significado".

A la luz de cuanto hemos dicho se entiende mejor por qué la comprensión de un significado no se realiza en una sola acción de una sola facultad, sino a través de un conjunto de varias acciones ejecutadas por varias facultades, que progresivamente alcanzan una mayor riqueza. Como habíamos anotado poco antes, requerirá actos de intuición y de racionalidad; actos de la voluntad, de la libertad que decide, y de la afectividad. Por lo tanto, aparece legítimo y tal vez también necesario hablar del significado como *algo que se elabora* pues intervienen diferentes facultades, diferentes actos, diferentes momentos.

Para tener una visión más amplia de la procesualidad del significado, consideremos la perspectiva que se abre *a parte objeti*. La preciosa reflexión sobre el carácter no objetivo o "superobjetivo" de la persona hecha por el personalismo y la filosofía existencial ha ilustrado un aspecto de esta procesualidad. La imposibilidad de reducir las realidades personales al plano de las cosas no personales (meros objetos) significa que las realidades personales, al no ser objetivas, deben ser conocidas y comprendidas de manera cada vez más profunda. No pudiendo indicar de antemano un límite a tal profundización, nos damos cuenta de la procesualidad que aparece aquí. Jacques Lacan ha contribuido a esta reflexión sobre el carácter inobjetivo de la persona sugiriendo otra forma de captar la diferencia entre *significado* y *significante*. El hecho de que las realidades humanas (por ejemplo, la corporeidad) sean un *significante* y no un *significado* quiere decir para Lacan que hay tal exceso de *significado* en esas realidades, que no se pueden captar en un solo significado, ni siquiera en un número finito de significados[12].

En la misma línea se encuentra la reflexión de Robert Spaemann[13]. Él subraya el hecho de que la relación del hombre con la realidad que le rodea es *histórica*, queriendo decir con ello que, para el hombre, los significados de la realidad que lo circunda no permanecen inalterados a lo largo de los milenios, como ocurre en el caso de los animales. El intelecto humano no sólo está interesado en *utilizar* la realidad, sino que *quiere conocerla en sí misma*. Al comenzar a hacerlo, descubre que no puede agotar la riqueza cognitiva que está contenida en todo lo que le rodea. Siempre se puede avanzar en el conocimiento de la realidad. Por lo tanto, los significados, aunque posean un anclaje estable por ser "objetivos", se desarrollan históricamente.

La intuición de Lacan y la de Spaemann pretenden aclarar que el significado sigue siempre un proceso de asimilación de la riqueza semiótica y ontológica de la realidad. Esto puede ayudarnos a comprender que, si es cierto que la persona y todas las realidades del "mundo humano" están sujetas a esas variaciones de tiempo y de culturas, esta situación no debe entenderse como un camino hacia el relativismo, sino como una prueba de la riqueza de significado que se esconde en ellas.

Los aspectos del proceso de asimilación que acabamos de mencionar deben unirse al principio de la *tendencial totalización*

---

12. Cf. J. Lacan, *L'istanza della lettera nell'inconscio o la ragione dopo Freud*, en *Scritti*, vol. I, Einaudi, Torino 1974, 488-523.

13. R. Spaemann, "Los dos intereses de la razón", en *Sobre Dios y el mundo. Una autobiografía dialogada*, Palabra, Madrid 2014, 363-388.

que pertenece al significado. Entonces aparece claramente una característica muy usual del significado. De hecho, es frecuente que lo que inicialmente captamos como significado de la persona o de algo que tiene que ver con ella, sea algún aspecto de su bondad o de su valor. Nos sorprende, por ejemplo, la sagacidad con que una persona ha reaccionado en una situación difícil. Entonces decimos: "Viendo cómo reaccionó, creo que la conozco mejor" (donde "conocer" indica que se ha alcanzado una percepción del significado, que en este caso es una virtud mostrada por esa persona).

Ese incidente funciona como una ventana que nos permite echar un vistazo al significado de la persona. La entendemos mejor a través de un aspecto de su actuar. Es un aspecto de su bondad o de su habilidad lo que explícitamente cae bajo nuestra percepción de valor. Pero también captamos, aunque sea implícitamente, todo el significado de la persona porque no podemos separar ese aspecto inicial de otros aspectos de la verdad, la bondad, la unidad y, en última instancia, del ser de la persona.

4. La naturaleza y el significado humano

Siguiendo el hilo de nuestras reflexiones sobre la interacción entre la parte objetiva y la subjetiva, podemos abordar una pregunta importante: ¿cómo entra *la naturaleza humana* en este proceso a lo largo del cual se descubre y acepta el significado?

En nuestro tiempo no hay muchas antropologías que acepten hablar de la naturaleza humana. Pero en aquellos que lo hacen —y creemos que esto debe hacerse— ¿no aparece el riesgo de que la naturaleza determine el significado de las realidades humanas? En otras palabras, ¿aceptar el concepto de "naturaleza humana" significa que encontrar un significado no es otra cosa que encontrar algo que ya existe, completamente hecho, sólo esperando ser visto?

Una clave de respuesta radica en el hecho de que la naturaleza humana no es un obstáculo para la búsqueda de significado porque, lejos de determinarlo, ofrece más bien *una orientación* en su búsqueda[14]. Esta orientación debe ser entendida como algo abierto.

La diferencia entre *determinación* y *orientación* es útil para comprender el verdadero rol de la naturaleza humana en relación con el significado. Pero podemos recurrir a una segunda diferencia: la que existe entre la *lectura* y la *comprensión*. De hecho, la persona tiene la tarea de entender su propia naturaleza. Esta no se le ofrece como un texto ya claro, listo para ser "leído", y que proporciona indicaciones de aplicación inmediata. La naturaleza, como parte de la persona, participa de su racionalidad y de su condición subjetiva. Por lo tanto, la orientación que ofrece indica lo que es "conforme" a la persona, entendida como un ser capaz de reflexionar y comprometido en un incesante descubrimiento de su propio misterio.

Como vemos, la búsqueda de sentido no es una empresa arbitraria, que debe necesariamente tener lugar en un contexto de relativismo ético y ontológico. Hay criterios importantes para orientar la búsqueda de significado y discernir la validez de las conclusiones a las que se llegue. La naturaleza humana es, sin duda, el primer criterio. Pero hay otros que conviene mencionar. Uno es el hecho de que un gran número de dimensiones intervengan en la determinación del significado: entre más dimensiones intervienen, el significado se capta de modo más profundo. Otro criterio es que no se omita deliberadamente ninguna dimensión de la persona en el camino de elaboración del significado. Otro criterio más es la

14. Cf. G. Salatiello – J.G. Ascencio, Quale differenza fra uomo e donna? Ciò che dice la filosofia, in Istiuto di Sutdi Superiori sulla Donna, *Significare il corpo: limite, incontro e risorsa*, APRA, Roma 2017, 35-55, 47-48.

conformidad con la mejor tradición cultural actual. Un último criterio es dado por las leyes de la polaridad, desarrolladas por Romano Guardini (lo veremos en el próximo capítulo): un significado antropológicamente sólido está siempre en el área intermedia entre dos extremos, entre dos polos opuestos.

5. Algunas conclusiones

Concluimos estas reflexiones sobre la base de la comprensión antropológica del significado proponiendo algunas fórmulas sintéticas.

– El significado es precisamente la forma en que el bien y la verdad, en todas sus formas, se asumen cuando se captan *en el plano personal de la comprensión*. El significado es, por lo tanto, el nombre antropológico que reciben el bien y la verdad cuando son entendidos y recibidos de manera cada vez más profunda, como corresponde a la interioridad personal.

– El significado implica un proceso. Se presenta, por lo tanto, como algo inagotable, irreducible a una idea "clara y distinta".

– Este proceso halla una condición de posibilidad en el "intervalo" del círculo funcional propio del hombre, según la observación de Cassirer.

– La naturaleza humana no determina el resultado de este proceso, pero ciertamente lo funda y ofrece una orientación teleológica para su desarrollo.

Como se puede ver, desde la perspectiva que hemos presentado, el significado cae dentro de la analogía de la verdad y la bondad. En otras palabras, cuando estos dos trascendentales del ser alcanzan el plano de la persona como tal, se manifiestan de una manera nueva e intensiva (*quidquid recipitur, ad modum re-*

cipientis recipitur): la verdad y la bondad *se manifiestan como significado*. Y este modo de manifestación es quizás el punto más alto, el modo más rico, que puede alcanzar la verdad, la bondad y todo lo real en sus múltiples formas. Es un camino del que sólo es capaz la persona humana, dotada de una interioridad racional y libre. Por lo tanto, el significado de cualquier realidad puede ser captado en términos de "valor": valor de verdad, valor teórico, valor ontológico, valor afectivo, valor moral, utilidad, practicidad, valor existencial, valor interpersonal, valor religioso, etc.

Hemos llegado así a una forma de entender el significado que es precisa y bien fundada filosóficamente. Nos acompañará a lo largo de este trabajo. Y sabemos que tal comprensión del significado implica una interacción entre el sujeto y el objeto, gracias a la cual uno y otro se perfeccionan.

Una consecuencia importante de lo que acabamos de establecer es la superación de la posición moderna que veía una adición subjetiva en ese "más" del significado que, comparado con el "dato objetivo", aparecía dentro del sujeto como fruto de las acciones de éste – nos referimos a acciones como la constitución kantiana, la "donación de sentido" husserliano (*Sinngebung*) o la interpretación entendida a la manera del nihilismo nietzscheano.

Ahora sabemos que el significado no es necesariamente un añadido subjetivo. Más bien, puede ser el fruto de esa comprensión intensiva de la realidad cuyos rasgos fundamentales acabamos de indicar. De esta manera se comprueba algo que ya habíamos señalado: el significado no es algo *añadido*, sino algo *alcanzado*. Por consiguiente, el paradigma gnoseológico básico también cambia: ya no hay que pensar en términos de una subjetividad que añade elementos a una realidad que carecía de ellos; ahora es posible pensar en el significado en términos de una subjetividad que, utilizando sus múltiples potencialidades, es capaz de obtener una comprensión cada vez más profunda de la riqueza de la realidad[15].

C. La cuestión del significado y su valor para la antropología contemporánea

Una vez establecidos los principales aspectos teóricos para la comprensión del significado, debemos ahora tratar de integrar nuestros resultados en algunos campos del contexto antropológico esbozado en los capítulos anteriores. Quienes se preguntan sobre el significado de sus propias dimensiones o más aún sobre el significado de su ser personal, no sólo "saben algo", sino que *entran en un aspecto central del orden de la plenitud*. Sabemos ya que este orden implica que la persona comprende, valora y puede integrar en su vida el sentido de sí misma y de todo lo que le concierne. Ahora debemos reflexionar sobre esto.

1. El significado en el contexto de la autoposesión formal de la persona

El tema del significado completa la antropología de la autoposesión y también la de la autodonación. Estas dos no pueden ser entendidas sin incluir la cuestión del significado.

¿Por qué la persona se siente irrevocablemente comprometida con la búsqueda del significado de sí misma y de todo lo que le concierne? ¿Cuál es la relación entre esta búsqueda de significado y

---

15. Tal vez se trata de una de las tareas que la renovación antropológica contemporánea no ha abordado suficientemente. El personalismo y el pensamiento existencial no logran discutir con acierto acerca del *sentido del ser* sin ponerse la pregunta acerca del *ser del sentido*. Esto podría abrir una nueva vía de diálogo con la gran tradición ontológica del pensamiento occidental.

la antropología de la autoposesión? Una respuesta aparece a través de la comprensión de los presupuestos de la autoposesión formal. Observamos dos elementos. Por un lado, como sabemos, la persona no se identifica simplemente con su propia naturaleza. Más bien, tienen una relación con su propia naturaleza y con sus dimensiones. Esa relación significa que las posee, las trasciende y las asume.

Por otro lado, la experiencia ordinaria nos dice que se puede y se debe buscar un sentido de todo lo que la persona es, de todo lo que vive y siente. La persona no aparece a los propios ojos como un hecho cuya existencia simplemente hay que constatar. Es, sí, un hecho real, pero al mismo tiempo –y esto es aún más importante– una realidad cuyo significado debe ser investigado. A sus propios ojos, la persona aparece como una pregunta que espera ser respondida. Y en ciertos momentos esta pregunta se vuelve apremiante, ineludible. Es una necesidad vital, una necesidad de desarrollo personal. A nadie le parece que constatar hechos sea suficiente para vivir.

En consecuencia, a la persona la totalidad de la realidad le parece, por así decirlo, "duplicada". Con esto queremos decir que no basta con señalar que algo existe. Sentimos la necesidad de entender su significado. Cuando lo entendemos, sentimos que la realidad se ilumina gracias a su significado. Podemos decir, por lo tanto, que este plano del significado incluye en sí mismo y perfecciona el plano de los "hechos", completándolo con lo que no aparecía inicialmente: su significado. Sólo cuando se ha captado el significado podemos hablar de un mundo que es apropiada y completamente humano, completamente verdadero. Entonces, y sólo entonces, somos capaces de relacionarnos bien con esa realidad cuyo significado hemos descubierto. Entonces podemos *integrarlo* en lo que somos y en lo que queremos llegar a ser. No importa si se trata de una realidad constitutiva de lo que somos (nuestra naturaleza, una dimensión nuestra, un acto nuestro) o de lo que nos rodea. En una palabra, para poder integrar algo en nuestra autoposesión, *tenemos que entender su significado*. Por lo tanto, puede decirse que la posesión formal de la que es capaz la persona compromete a la persona en la tarea de entenderse a sí misma.

¿Qué significa tener un cuerpo, una inteligencia, una vida temporal? Más aún, ¿qué significa que yo exista? ¿Qué significa existir como hombre o mujer, en este preciso momento, en medio de este preciso grupo humano? ¿Cuál es el valor de la cultura que poseo? ¿Cuál es el significado de la existencia de los otros? Hasta que la persona llegue a dar una respuesta satisfactoria, todas estas dimensiones permanecerán no bien poseídas, no bien integradas. Permanecerán como realidades con la que la persona se encuentra dotada, pero cuyo significado aún no se ha entendido. Y por lo tanto no ha alcanzado aún la perfección personal que es posible alcanzar en esta vida. Esta perfección incluye el dar respuestas (primero a uno mismo y luego a los demás) a esas preguntas, y ser capaz de vivir en la verdad y el bien que esas respuestas indican[16]. Entonces se puede decir que la persona se posee a sí misma con razón. Sus propias dimensiones y sus propias experiencias no serán "simples datos" sino riquezas íntimamente comprendidas y personalizadas, que se colocan en el orden de la plenitud.

Hemos hablado de la obtención del significado como un proceso que involucra a la persona. Y dijimos que, teleológicamente, este proceso apunta a la integración completa de las dimensiones en la persona.

---

16. Se debe distinguir entre una respuesta *implícita* (presente en la vida ordinaria y en la praxis de cada persona), una respuesta *explícita* (fruto de la maduración reflexiva de la persona - cf. *Fides et Ratio*, n. 30), y una respuesta *filosóficamente formulada* (fruto, esta última, de la reflexión filosófica).

Por último, está claro que la autoposesión y la donación de sí mismo se condicionan mutuamente. Si de alguna manera la posesión de sí mismo goza de cierta primacía, ya que es una condición de la donación de sí mismo, también hay que admitir que ésta no alcanza su perfección sin la autodonación. Ya hemos señalado que *sólo el que se entrega se posee completamente*. En esta relación entre la autoposesión y la autodonación está implícito el significado. De hecho, nadie puede donarse a otra persona sin tener alguna comprensión de la propia identidad (autointerpretación) y sin tener alguna idea de la identidad del otro. Von Balthasar lo explica señalando que para *dar-se* es necesario *decir-se*, esto es, es necesario autoposeerse también en el orden del significado[17]. En este punto alcanzamos una clara visión del vínculo intrínseco entre el significado, la autoposesión y la autodonación.

2. El significado como "traducción existencial" de la verdad y el ser

Podemos completar un aspecto importante de lo que hemos dicho en el párrafo anterior notando que la persona es constantemente llevada a preguntarse: "¿Qué significa esto?" Es la pregunta que brota de la persona cuando se enfrentan a realidades complejas o abstractas que parecen superarla.

Esta experiencia nos revela que la búsqueda de sentido es un requisito de la condición y situación existencial de la persona. De hecho, cada persona tiene una visión del mundo (*Weltanschaunng*) que consiste en un conjunto de conceptos y valores con los que maneja su existencia habitual. Estos son, por supuesto, conceptos y valores cuyo significado la persona entiende, y que por lo tanto le resultan inmediatamente claros en el plano existencial.

17. Cf. H.-U. von Balthasar, *Epílogo*, 71-80.

Las cosas que de alguna manera encajan en esa visión del mundo no generan especiales problemas para la persona. Por el contrario, las cosas que la persona no puede entender con esa visión del mundo le resultan extrañas, oscuras, distantes, existencialmente incomprensibles, e impiden la autoposesión. Por lo tanto, si a la persona se le presenta la necesidad de relacionarse con una de esas realidades "extrañas", formula la pregunta: "¿Qué significa?" A través de esta pregunta, la persona intenta, por así decirlo, hacer una "traducción existencial" de la extraña realidad en términos cuyo significado le resulte comprensible.

Puede tratarse de una "traducción" de tipo *conceptual*. En este caso, la realidad extraña revela su significado cuando podemos encontrar, entre nuestros conceptos, algunos que corresponden o al menos se parecen a los que nos resultaban oscuros. O puede ser una traducción de tipo *operativo*. Podemos entender el significado de la cosa extraña cuando entendemos lo que se debe o no se debe hacer con esa cosa. La lista puede continuar, porque hay tantos ámbitos en los que pueden ocurrir tales "traducciones" son tan numerosos como los ámbitos que existen en la visión del mundo que nos resulta existencialmente clara.

Capítulo 7

Características generales de las dimensiones

A. Los principales dinamismos de las dimensiones

1. Un breve esbozo histórico

Es posible afirmar que la filosofía moderna ha propuesto modelos ontológicos y gnoseológicos bastante formalizados, derivados de una filosofía esencialista. Piénsese, por ejemplo, en las filosofías de Leibniz y Spinoza. El *lado dinámico*, aunque no del todo ausente, ciertamente no estaba en el centro. Es comprensible que los nuevos vientos que buscaban una renovación antropológica mostraran una mayor atención a este aspecto. Nos detendremos en tres casos ejemplares.

Una de las bases que permitieron tal recuperación del dinamismo consiste en la forma de interactuar con el gran sistema hegeliano. ¿La *Fenomenología del Espíritu* de Hegel es realmente un gran dinamismo, o sólo una enorme apariencia? Kierkegaard comprendió que al menos un tipo importante de dinamismo estaba ausente: el que concernía al hombre individual en tensión hacia su propia realización. Este hombre no fue tocado internamente por el dinamismo dialéctico hegeliano. En todo caso, ese dinamismo lo implicaba sólo de modo externo.

Para revertir esta situación, una de las acciones decisivas de Kierkegaard fue evitar la separación entre el individuo como tesis y la antítesis a la que se oponía. Sabemos que para Kierkegaard la relación no está sólo en el exterior del hombre. La relación no aparece sólo cuando una antítesis se le opone, sino que *también está dentro del hombre*. Kierkegaard afirma que el "yo" del hombre es «una relación que se refiere a sí misma, y haciéndolo, a otra»[1]. Esta expresión señala que la relación concierne al "yo" en su relación consigo mismo, no menos que en su relación con el otro. Se trata de un *et-et*: el uno *y* el otro. En su aparente simplicidad, esta intuición de Kierkegaard es una base segura para garantizar un dinamismo que concierne al individuo de modo totalizante.

Otra novedad ha aparecido en la oposición de Kierkegaard a Hegel. Se trata de la transformación de la dialéctica hegeliana, regida por leyes absolutas. Fueron apareciendo modalidades más flexibles y adaptadas a la auténtica existencia humana. Nos referimos a la idea de la "polaridad" que toca a todos los seres vivos. Quizás la versión más madura de esta idea es la alcanzada en una obra de Romano Guardini publicada en 1925 con el título de *La Oposición Polar*. En ella Guardini, alejándose de la contradicción hegeliana (*Widerspruch*), afirmaba que el tipo de dialéctica propia de los vivos era más bien la de la oposición polar (*Gegensatz*). Para que la relación entre dos elementos se considere una verdadera oposición polar, Guardini enseñó que debían darse estas características[2]:

- Vistos en su *significado* (es decir, semánticamente), los polos son *autónomos*. Cada uno tiene su propio significado. El uno no puede reducirse al otro. Uno no puede derivarse del otro.

1. S. Kierkegaard, *La enfermedad mortal*, 13.
2. Cf. R. Guardini, *El contraste*, 126-128.

– Sin embargo, en la realidad (es decir, concretamente), los polos no pueden *existir* por separado. En los seres vivos, los polos existen el uno gracias al otro, uno a favor del otro, uno en función de la plenitud del otro. Separarlos implicaría condenar a los seres vivos a la desintegración existencial.

– Su tensión no genera un tercer elemento. Los polos no se sintetizan, como sucede de alguna manera en el sistema de Hegel. Tampoco se piensa que la tensión deba resolverse encontrando una estabilidad, una *aurea mediocritas* – ese punto intermedio que Aristóteles teorizaba entre dos extremos viciosos.

Lo interesante para nuestros propósitos es que entre los polos no se establece una situación estática sino *una relación dinámica*. El principal tipo de movimiento que Guardini descubrió es el "ritmo"[3]. Se trata inicialmente de una especie de movimiento pendular, un paso continuo y más o menos regular del predominio de un polo al predominio del otro. No se trata sólo de un movimiento encerrado en la forma pendular carente de dirección, pues está dotado de una «ordenación a un fin y una meta, la teleología del proceso»[4].

Un ejemplo puede ser la relación entre la acción y la contemplación. Vistos en su significado, ambos polos tienen una clara identidad. Sin embargo, en realidad la existencia de la acción (nos referimos a la acción correcta) no es concebible sin el apoyo de la contemplación. Y la contemplación, a su vez, no es comprensible en la realidad excepto como algo alimentado por la acción y que prepara a ella. Pues bien, el "ritmo" que se establece entre la contemplación y la acción es tal que la persona individual debe

3. Cf. *ibid.*, 147-150.
4. *Ibid.*, 148.

dedicarse más intensamente a una y luego a la otra. Haciendo esto, avanza hacia su meta como persona en el nivel de la plenitud. También en la escuela fenomenológica hay una recuperación del dinamismo. Esto puede verse, entre otras cosas, en la forma de entender el fenómeno de la expresión. Consiste en que una interioridad es capaz de manifestarse externamente. Estamos en presencia, no de una apariencia, sino de una interioridad que se muestra en el exterior. Este dinamismo sigue el eje dentro-fuera, que se ha utilizado ampliamente para el análisis fenomenológico.

El *et-et* de Kierkegaard sobre la relación, la oposición polar de Guardini y el eje dentro-fuera de la fenomenología son tres modelos surgidos en el contexto de la recuperación del dinamismo. Las tres pueden aplicarse a las dimensiones.

2. El dinamismo principal: la "situación en la que todos ganan" de la interpersonalidad

Ahora debemos enfrentarnos a una pregunta incómoda: los tres modelos que acabamos de recordar ¿son suficientes para iluminar completamente el dinamismo de la persona y de sus dimensiones?

Ciertamente el *et-et* es importante, pero pertenece más bien al orden de la integridad: no explica inmediatamente el dinamismo, sino que es uno de sus presupuestos estructurales. Lo mismo sucede con el eje dentro-fuera. Por último, la polaridad es sin duda una contribución de primer orden a la comprensión del dinamismo personal, y hay que señalar que no es fácil encontrar una forma más aguda de entender el dinamismo de ciertos fenómenos humanos. Sin embargo, el hecho de que describa el dinamismo a modo de "ritmo", como un vaivén, implica siempre que no se puede alcanzar una presencia máxima de ambos polos al mismo tiempo.

Estos breves indicios de corte crítico nos obligan a preguntarnos: ¿es posible encontrar algún modo de dinamismo aún más rico, capaz de llegar a la persona como tal y, por tanto, de resaltar su máxima capacidad dinámica? Creemos que es posible dar una respuesta positiva a esta pregunta. El camino que debemos tomar ahora se inspira en ciertos aspectos del pensamiento dialógico de Martin Buber, que ahora intentaremos interpretar siguiendo algunas consideraciones de Hans-Urs von Balthasar y de Alfonso López Quintás[5], eximio discípulo de Romano Guardini. Este último ha comprendido bien el hecho de que el eje dentro-fuera siempre se piensa en perspectiva de la interioridad de una persona viva: es decir, se piensa a la luz de una subjetividad que se abre a lo que está delante. Siendo esto así, ¿qué sucede si, en lugar de situarnos en la perspectiva de la subjetividad, entramos en la esfera específica de la interpersonalidad, es decir, si pasamos de la perspectiva del "yo" a la del "nosotros"? ¿Qué sucede en el encuentro intersubjetivo, sabiendo que cada esfera (subjetividad, interpersonalidad, etc.) está dotada de leyes específicas y posibilidades ofrecidas a la libertad?

El descubrimiento al que llegamos es el siguiente: cuando entramos en el ámbito de la relación dialógica o intersubjetiva del tipo yo-tú, cesa lo que en el plano del eje dentro-fuera se manifestaba como una alternativa ("si se está fuera, no se está dentro; y si se está dentro, no se está fuera"). La alternativa cesa porque se transforma y se manifiesta de una manera sorprendentemente nueva. En el ámbito de la interpersonalidad dialógica se da la paradoja que los que van más "afuera" van, por esa misma razón, más "adentro", como hicimos notar en el capítulo anterior. Ir más

---

5. Cf. A. López Quintás, *Metodología de lo suprasensible*, Editora Nacional, Madrid 1963, 115-122, 320-343; ID., *Cuatro personalistas en busca de sentido: Ebner, Guardini, Marcel, Laín*, Rialp, Madrid 2009, 65, 80, 92, 101.

"fuera" de la subjetividad significa ir más "dentro" de la esfera intersubjetiva que se ha creado; y también significa ir más "dentro" de la propia subjetividad.

Esto nos permite entender de qué manera la persona que elige darse a sí misma, en su "salida de sí misma hacia el otro", sólo aparentemente sale "fuera de sí misma" en el sentido de *perderse*. Lejos de perderse, acrecienta su autoposesión formal. Este hecho puede aclarar una de las expresiones más sugerentes de Martin Buber: «El ser humano se torna Yo en el Tú»[6].

Como podemos ver, de las alternativas que estaban en un nivel subjetivo, ahora el "adentro" y el "afuera" se hacen composibles; es más, cada uno se convierte en la condición de posibilidad del otro: un "afuera" más intenso corresponde a un "adentro" más intenso. En otras palabras, hay que decir que en el plano interpersonal una mayor inmanencia corresponde a una mayor trascendencia. Ambas direcciones constituyen el fenómeno de la vida personal. Tenemos aquí un caso emblemático de lo que podríamos llamar una "situación en la que todos ganan" (*win-win*). Resulta importante señalar ahora que el mayor dinamismo del que es capaz la persona es precisamente el que se da cuando la persona entra en esta situación en la que todos ganan.

Recapitulando, enunciemos las principales modalidades dinámicas que podemos utilizar para entender las dimensiones:

– A nivel estructural, siempre están marcadas por un *et-et*.
– Desde una perspectiva subjetiva, es útil considerar el dinamismo de cada dimensión a la luz del movimiento que se realiza siguiendo el eje dentro-fuera.
– Cada dimensión también presenta un movimiento de tipo polar, conocido como "ritmo".

---

6. M. Buber, *Yo y Tú*, Caparrós editores, Madrid 1998, 31.

– Finalmente, la forma más completa en que las dimensiones muestran su dinamismo es la de la "situación en la que todos ganan", característica del plano intersubjetivo: cuanto más fuerte es el movimiento de la trascendencia, más fuerte es el movimiento de la inmanencia.

Esta visión general será útil ahora para alcanzar una visión aún más completa. De hecho, todo dinamismo tiende a la plenitud. Podemos preguntarnos cómo aparece esa plenitud a la que tiende el dinamismo de las dimensiones. Esto es lo que debemos exponer ahora.

B. Los ámbitos personales como expresión completa de las dimensiones

1. La "teoría de los ámbitos" de Alfonso López Quintás

Si pensamos en las dimensiones como estructuras que permiten a la persona abrirse a una esfera específica de trascendencia, podemos utilizar la metáfora del "puente".

Las dimensiones están llamadas a convertirse en "puentes" útiles para comunicar las dos orillas de un río[7]. El puente tiene dos puntos de apoyo, uno en cada orilla del río. En el lado de la persona (la orilla de la inmanencia), las dimensiones son estructuras integrales capaces de alcanzar una plenitud gracias a su dinamismo. Y en la orilla opuesta (la de la trascendencia), hay realidades específicas a las que se dirige la acción de la persona. Cada dimensión apunta a una o varias de esas realidades. De este modo se establece una relación de *congenereidad* entre la persona,

---

7. Al hablar de las dimensiones como puentes, cabe distinguir entre su consideración en el plano de la integridad (esos "puentes" ya existen o al menos son posibles, pero no hay claridad en varios aspectos) y en el de la plenitud (se alcanza una comprensión de su sentido y se logra una mayor personalización).

dotada de sus dimensiones esenciales, y el mundo al que se abre la persona.

¿Qué significa esta congenereidad? Significa que la persona tiene en sí misma, como parte de su estructura, aquello a lo que se abre, y que constituye una parte de su mundo. Por ejemplo, la persona es corpórea, y en el mundo hay realidades corpóreas. La persona es histórica, y en el mundo existe el tiempo, la historia. La persona es sexuada, y en el mundo existe la sexualidad. La persona es relacional, y en el mundo hay otras personas. La persona es cultural, y en el mundo existe la cultura. La persona es religiosa, y el mundo mismo está cargado de una trascendencia que remite en última instancia a Dios[8].

Como se ve, la totalidad de las realidades a las que la persona se abre gracias a sus dimensiones esenciales se integra en el único horizonte global que solemos llamar "mundo humano" o simplemente "la realidad".

Ahora debemos reemplazar la metáfora del "puente" por una concepción propiamente filosófica. Se trata de los "ámbitos personales". Nos limitaremos a indicar algunas de sus características, según la propuesta de Alfonso López Quintás[9].

La afirmación básica es simple: una esfera personal es esa nueva totalidad que se genera cuando una dimensión despliega toda su capacidad junto con el objeto al que se dirige.

Comencemos nuestro estudio llamando la atención sobre estos "objetos". No se trata de cualquier tipo de realidades, sino que

---

8. Hemos mencionado aquí las seis dimensiones categoriales. En este mismo capítulo mencionaremos más adelante otros tipos de dimensiones. También para ellos vale esta reflexión sobre la congenereidad.

9. Cf. *El triángulo hermenéutico. Introducción a una filosofía de los ámbitos*, Publicaciones Universidad Francisco de Vitoria, Madrid 2015; ID., *Descubrir la grandeza de la vida. Nuevo proyecto formativo*, Editorial Verbo Divino, Madrid 2004.

tienen la característica de ser objetos "abiertos" porque también ellos, de manera similar a las dimensiones, son capaces de desplegar un dinamismo particular. Y de hecho lo despliegan precisamente junto con las dimensiones.

Sobre la base de estas realidades "abiertas", López Quintás ha distinguido tres "grados de realidad".

Grado 1: Estas son las realidades que podemos usar como queramos. Son realidades "cerradas", simples "objetos" que aparecen ante nosotros. Hacia ellos ejercemos una relación de dominio, de uso. Por ejemplo: un pedazo de papel que hallamos ante nosotros, que podemos doblar, romper o quemar a placer.

Grado 2: Las realidades de este grado son las que requieren de nosotros una implicación, hecha de respeto y colaboración si queremos tratarlos "por lo que son". Son, de hecho, las realidades "abiertas" de que hablábamos antes. Al relacionarnos con ellas *estamos entrando en un campo específico*. Un signo de esta entrada es el hecho de que se presentan ciertas posibilidades y riesgos. Respondemos a ellos aceptando implementar nuestra respuesta creativa. Por ejemplo, si una partitura musical está escrita en ese pedazo de papel (realidad de grado 1), y un músico la encuentra, esa partitura se revela una realidad "abierta": si el músico la respeta, si la entiende como lo que ella es, la partitura le da la posibilidad de tocar una pieza musical. Como se ve, con respecto al grado 1, se requiere un cambio de actitud para acceder al grado 2.

Las personas pertenecen siempre a la realidad del grado 2. Son, en efecto, el caso emblemático. Siempre exigen que se las conozca y se las respete. Las personas son realidades "abiertas" no sólo porque abren posibilidades (como las realidades no personales de grado 2), sino porque pueden actuar por iniciativa propia.

Grado 3: Presupone una relación con realidades "abiertas". Lo que cambia aquí respecto al grado anterior es el nivel de compromiso. Si el grado 2 requiere respeto, el grado 3 requiere que la relación con las realidades abiertas se inspire en los valores más altos. De esta manera accedemos a la plenitud de las posibilidades que muchas realidades nos abren. Estos valores son la unidad, la verdad, la bondad, la justicia y la belleza. Modelar la relación con una persona según lo que pide y ofrece el valor de la unidad significa, por ejemplo, aceptar entrar con ella en la esfera de la amistad o el amor. Estas áreas permiten el máximo de libertad, creatividad y significado.

Retomemos el ejemplo de la partitura musical, mostrando ahora los tres grados. El músico no trata de manera arbitraria el trozo de papel en el que está escrita la partitura (supera el grado 1) sino que acepta obedecer la partitura (entra en el grado 2) y, tocando la música, experimenta el valor de la belleza musical (también alcanza el grado 3).

Entre las ventajas de esta forma de interpretar la realidad está el haber dejado claro que el sentido de la vida se alcanza en los ámbitos que la interpersonalidad nos abre, sabiendo aceptar sus posibilidades en los niveles superiores. Como se puede ver en la presentación general de la teoría, estas posibilidades son mucho más que meras "oportunidades" de hacer algo o de lograr algún propósito útil. Las posibilidades más importantes que queremos destacar aquí son: que la persona *se conozca a sí misma como persona*; que la persona *pueda donarse a* sí misma al otro en el contexto del encuentro interpersonal; que la persona *alcance los valores más altos* de los que sea capaz.

2. Una mirada a la persona y a la realidad a partir de los ámbitos personales

Por "ámbito personal" entendemos la totalidad que surge cuando una "realidad abierta" (realidad de grado 2 o 3, según el esquema de López Quintás) es alcanzada adecuadamente por una persona que opera a través de sus dimensiones.

El ámbito personal así creado nos proporciona lo que es quizás *el marco más completo que podemos utilizar para comprender una dimensión*. Siguiendo el principio metafísico de que "todo se vuelve conocible en la medida en que está en acto", se deduce que cada dimensión se nos muestra de la manera más clara cuando su dinamismo se activa al máximo. Esto no es todo. La teoría de los ámbitos personales representa la perspectiva más elevada que se puede alcanzar: no la perspectiva de la subjetividad que se abre a la realidad, sino la de la totalidad misma (el ámbito personal) que se genera por el encuentro entre la persona dotada de dimensiones y la realidad abierta alcanzada por la persona. Ahora comprendemos que, gracias a sus dimensiones, la persona se relaciona con su mundo y avanza así hacia su plenitud, manifestando su apertura y sus posibilidades.

Conscientes de que hemos llegado a un punto de vista de particular amplitud, indicaremos algunos elementos que se aclaran a partir de esta cumbre teórica.

El primer elemento es una advertencia. Las personas son realidades que pertenecen al grado 2. Sin embargo, debido a su corporeidad, las personas están sujetas al riesgo de ser tratadas como realidades que pertenecen al grado 1. En este caso cualquier ganancia aparente, cualquier liberación aparente, será una pérdida y un engaño. Como se puede ver, los ámbitos personales no se implementan automáticamente de manera correcta. Están abiertos a grandes ganancias, a que las mejores posibilidades sean actuadas, pero también a grandes pérdidas cuando no se entienden y se tratan de la manera incorrecta. Heidegger lo entendió bien cuando indicó que *Dasein*, en sus acciones, puede «conquistarse, o perder y no conquistarse en absoluto o conquistarse sólo "aparentemente"»[10].

10. M. Heidegger, *Ser y Tiempo*, § 9.

El segundo elemento se refiere directamente a la relación de la persona con sus dimensiones. Ya sabemos que las dimensiones son algo esencial para la persona. No existe persona humana sin esas dimensiones. Pero esta afirmación no debe llevar a pensar que la relación de la persona con sus dimensiones sea algo totalmente fijo y determinado, cerrado a importantes variantes. En efecto, hay que reconocer la diferencia entre el plano ontológico y el plano existencial. En el plano existencial, la persona mantiene con sus dimensiones una *relación* abierta a un más y a un menos, a modalidades muy variadas. La persona es capaz de apropiarse de manera cada vez más perfecta de sus propias dimensiones, alcanzando así su maduración y su plenitud personal. Dicho de otra manera, la persona es capaz de "personalizar" ulteriormente sus dimensiones, integrándolas mejor en su unidad existencial. En virtud de esta relación entre la persona y sus dimensiones no es suficiente afirmar que la persona posee tal o cual dimensión (por ejemplo, decir "soy corpóreo" o "soy sexuado"). Hay que aclarar qué tipo de relación tiene la persona con cada una de las dimensiones que le pertenecen[11].

El tercer elemento introduce una aclaración sobre lo dicho anteriormente. De hecho, la tarea de integrar existencialmente las dimensiones ya poseídas como parte de la integridad, se presenta como un gran camino de crecimiento lento y gradual hacia la integración más completa. No faltará la experiencia del vaivén del "ritmo" teorizado por Romano Guardini. Así como a veces sentimos que algunas de nuestras dimensiones nos parecen "leja-

---

11. Esta relación se puede explicitar, por ejemplo, de manera histórica, indicando el modo como se ha aprendido a vivir y a interpretar una relación. O también de modo sincrónico, indicando el significado que la persona atribuye en el momento presente a una dimensión en el plano personal, afectivo, existencial y teórico.

nas", hasta que las sentimos casi "no nuestras", opuestas a nuestro auténtico núcleo personal, otras veces nos sentimos tan cerca de alguna de nuestras dimensiones que casi podemos "verternos" en ella, llegando a sentirnos profundamente identificados con ella y con el ámbito personal que ella genera. Por supuesto, este vaivén en su dinamismo común no alcanza necesariamente los extremos de total desidentificación y completa identificación que acabamos de describir, a menos que se trate de enfermedades de la psique humana. Normalmente, su movimiento fluye más serenamente, pero siempre revela la distinción (no "separación") que existe entre la unitotalidad de la persona y cada una de sus dimensiones.

Notemos ahora que estos dos movimientos que hemos presentado, el camino de crecimiento gradual y el vaivén, no suceden por separado, sino que en cierto modo se integran. Tienden a generar "estilos" de personas, que podemos tipificar aludiendo a dos modos existenciales. Veámoslos uno al lado del otro, lo cual nos ofrecerá una rápida introducción a las seis dimensiones principales que trataremos más adelante.

El primer modo existencial deriva de la falta de integración de las dimensiones en la persona. El resultado es una comprensión superficial, funcional y quizás utilitarista de las dimensiones, en las que la persona no se siente involucrada. Así, la corporeidad aparece como la posesión de un cuerpo que puede ser utilizado o modificado a voluntad; la interpersonalidad aparece como el hecho de tener que estar entre personas; la sexualidad aparece como un impulso al ejercicio de la genitalidad; la historicidad aparece como el verse arrastrados por el paso del tiempo; la culturalidad aparece como la posesión de ciertos conocimientos que nos han llegado por casualidad porque han sido transmitidos por quienes nos han precedido; la religiosidad aparece como una incómoda imposición de normas y preceptos que se apoyan en un atávico miedo de lo desconocido.

En cambio, el camino correcto nos muestra una visión muy diferente. Para los que entienden las dimensiones como partes personales y saben actuarlas bien en los ámbitos personales, la corporeidad será un "saberse corpóreo", "aceptarse encarnado", en contacto con un mundo de realidades corporales; la interpersonalidad será una vocación para "entrar en comunión con los demás"; la sexualidad será un "saber relacionarse con el otro como verdadero hombre o como verdadera mujer"; la historicidad será una "experiencia del propio devenir", construyendo la propia historia junto con un grupo humano; la culturalidad será una apertura al cultivo personal, aprovechando la sabiduría heredada como patrimonio de un grupo humano; la religiosidad será el modo de vivir una relación personal con Dios que ilumina el significado de toda la existencia y abre hacia la eternidad.

C. Las dimensiones: su número, su tipología, y cómo estudiarlas

1. ¿Cuáles son las dimensiones de la persona?

La interioridad, la temporalidad, la comunicación, la unicidad, la afectividad, el diálogo, la intimidad, la esperanza, la cultura, la religiosidad, la angustia, la libertad, la espiritualidad, la creatividad, el lenguaje, la capacidad simbólica, el devenir, la dignidad, la capacidad lúdica, el reconocimiento, la vocación, el actuar, la historicidad, el compromiso, la corporeidad, la sexualidad, la socialidad, la capacidad de aprender, la ira, la modestia, la trascendencia, la mortalidad… Estos temas y muchos otros que parecen acompañar al concepto de "persona" abarrotan la mente de quienes se preguntan sobre las dimensiones de la persona. ¿Cuáles son las dimensiones verdaderas y cuáles pertenecen en cambio a otras categorías antropológicas (por ejemplo, a las "características", las "partes esenciales", los "elementos estructurales", los "accidentes propios" u otras más)? Nos parece que el camino recorrido hasta ahora nos ha dado criterios suficientes para abordar esta cuestión. Teniendo en cuenta todo esto, y sin olvidar la tradición filosófica reciente (recordemos que Mounier indicaba tres dimensiones, y Zubiri indicaba otras tres[12]), presentamos a continuación los criterios principales que hemos utilizado para discernir lo que es y lo que no es una dimensión de la persona. En efecto, nos parece que la naturaleza del tema impide que se haga una *deducción* estricta de las dimensiones a partir de la persona. Queda, entonces, el camino del *discernimiento* acerca del número de las dimensiones.

Este discernimiento ha de llevarse a cabo sobre la base de una criteriología bien definida. Se trata de ir un paso más allá de una lista de las dimensiones que sea de tipo simplemente intuitivo[13].

12. La tendencia a reducir a tres el número de las dimensiones ha pasado a varios autores como Abelardo Lobato, que propone la corporeidad, la espiritualidad y la personalidad (cf. A. Lobato, *Dignidad y aventura humana*, 65ss.); y Ramón Lucas Lucas, que propone la corporeidad, la historicidad y la intersubjetividad (cf. R. Lucas Lucas, *El hombre, espíritu encarnado*, Atenas, Madrid 1995, 203-249).

13. La lista más lograda que hemos hallado es la siguiente: «Siete son, a mi modo de ver, las dimensiones esenciales del hombre como persona mutuamente implicadas, (fundadas en la primera las otras seis): *Homo religatus* por su respecto creatural constituyente originario; *Homo dialogicus*, por su esencial respecto de socialidad a los otros (cuyo fundamento originario no es otro que la dimensión corpórea o reiforme del "hombre", en la necesaria disyunción constituyente de la diversidad más radical de la persona humana, varón, mujer); *Homo sapiens*, por su constitutiva apertura al orden trascendental; *Homo viator*, por su libre autorrealización ética heterónoma; *Homo faber et oeconomicus*, por sus relaciones de dominio cuasi-creador al cosmos infrahumano mediante la ciencia y la técnica; *Homo historicus*, por su libre autorrealización en sociedad, desde la temporeidad propia de su condición psicosomática; y finalmente, *Homo ludicus*, que en virtud de su condición "tempórea" –por la que asume consciente y libremente la duración temporal propia de lo material– precisa de espacios "festivos" de distensión y de más intensa contemplación de la Belleza» (J. Ferrer Arellano, *Metafísica de la relación y de la alteridad. Persona y relación*,

El criterio principal viene dado por el hecho de que cada dimensión debe respetar el principio metafísicamente superior: *la persona misma*, el "alguien" que es "más grande" que todas sus dimensiones. La persona, a través de sus dimensiones, se abre, actúa, y avanza hacia su plenitud[14]. A este "alguien" pertenecen las dimensiones, y de ese "alguien" las dimensiones son inseparables – lo cual resulta en que una dimensión no se puede objetivizar de modo perfecto, al modo de una idea cartesiana "clara y distinta".

De este criterio principal derivan otros dos criterios: toda dimensión debe revelar la totalidad de la persona, y debe ser una "parte personal" de la unitotalidad de la persona[15].

Se añaden otros cuatro criterios más, que se colocan, como los anteriores, en la línea de la relación entre la persona y sus dimensiones:

– Toda dimensión debe tener un fundamento en la integridad de la persona y jugar un rol en su camino hacia la plenitud.

– Debe estar en sintonía con la antropología de la autoposesión y de la autodonación.

EUNSA, Navarra, Pamplona 1998, 46, nota 66). Hay gran valor en esta lista, pero carece de una justificación o de una criteriología que pueda asegurar su valor filosófico.

14. Interpretando la posición de Guardini, quien sostenía que la persona, lejos de ser generada por sus dimensiones, es su presupuesto (cf. *Mundo y Persona*, 201), Alfonso López Quintás explica que la persona goza de la condición "superobjetiva" (es decir, que está por encima de la condición de "objeto", de modo que ningún concepto puede expresarla por completo), mientras que las dimensiones caen en mayor medida bajo la perspectiva objetiva (cf. *Romano Guardini y la dialéctica de lo viviente. Estudio metodológico*, Ediciones Cristiandad, Madrid 1966, 132-139).

15. En el capítulo 3 ya anotamos que esto implica que cada dimensión, por ser una "parte personal", tiende a identificarse con la totalidad de la persona, pero debe siempre referirse a la persona como a ese "todo" en el que se integra.

- Debe generar "ámbitos personales" donde se apliquen los dinamismos, especialmente el dinamismo "donde todos ganan".
- Debe revelar una auténtica tensión entre la inmanencia y la trascendencia.

Se añaden dos criterios más, que tienen que ver con la relación que existe entre las dimensiones:

- Por una parte, es una relación de *interdependencia*: las dimensiones se condicionan recíprocamente[16].
- Por la otra, hay una *relativa independencia* de cada dimensión, lo cual posibilita que se dedique a cada una un estudio específico.

Para concluir este momento en que hemos concretizado mucho de lo que hemos tratado anteriormente, ofrecemos una tercera definición de las "dimensiones de la persona"[17]. Las dimensiones *son aquellas estructuras personales que abren a la persona al mundo, y por las cuales la persona, al ponerlas en práctica, se trasciende a sí misma y encuentra al mismo tiempo su propia plenitud e integración.*

2. ¿Las dimensiones presentan un orden?

1. Los tres grupos generales de dimensiones

Aplicando el principio de analogía, podemos distinguir diferentes *tipos generales* de dimensiones, todas ellas entrelazadas de alguna manera. Este es otro aspecto del discernimiento acerca del número y tipología de las dimensiones.

---

16. Mounier señala con acierto que al aislar una categoría de la persona (en nuestro caso, una dimensión), separándola de las otras, la desviamos, la deformamos (cf. E. Mounier, *El Personalismo*, 78).

17. Esta tercera definición completa, bajo un nuevo aspecto, la definición que habíamos ofrecido en el capítulo 3.

Situándonos en la perspectiva teórica más amplia posible, nos parece que podemos organizar todas las dimensiones de la persona en tres géneros:
- Dimensiones *categoriales*.
- Dimensiones *trascendentales*.
- Dimensiones *transversales*.

Las dimensiones *categoriales* son estas seis[18]: *corporeidad, historicidad, sexualidad, interpersonalidad, culturalidad y religiosidad*. Los criterios que nos llevaron a identificarlas, y el significado general que les damos, ya se han indicado. Trataremos estas dimensiones en profundidad en la segunda parte de este libro.

Las dimensiones *trascendentales* son aquellas que actúan como fundamento inmediato de las dimensiones categoriales. Por lo tanto, cada una de las dimensiones categoriales las presupone de muchas maneras. Se puede decir que las dimensiones trascendentales son características profundas de la persona misma, no diferentes del modo en que el *proprium* actúa en la lógica, que es casi intercambiable con la esencia. Sin pretender agotar su número, podemos indicar como ejemplos de estas dimensiones trascendentales el significado, la moralidad, la autoposesión y la autodonación, la espiritualidad, el amor, la racionalidad y el lenguaje. El término "trascendental" que utilizamos para distinguirlas sólo sirve para indicar que estas dimensiones "trascienden" las dimensiones categoriales, pues son su fundamento próximo. La *libertad* es tal vez el ejemplo más claro de las dimensiones trascendentales[19]. En esta

---

18. El estudio de estas seis dimensiones categoriales ha sido lo que nos llevó a identificar las dimensiones trascendentales y transversales, que presentan características diferentes.

19. Tal vez por este motivo ha sido tan estudiada por autores existenciales desde Kierkegaard hasta Sartre. Leonardo Polo la llamó «el primer trascendental personal» (L. Polo, «Libertas trascendentalis», *Anuario filosófico*, 25 (1993/3), 703-716, 711).

investigación no podemos emprender un estudio pormenorizado de cada una de estas dimensiones, con la excepción del significado, al que ya hemos dedicado un capítulo. Las dimensiones *transversales* son aquellas que "atraviesan" todas las dimensiones categoriales y se manifiestan en ellas, pero sin ejercer un rol de fundamento como sucede con las dimensiones trascendentales. Estas dimensiones pueden satisfacer varios de los criterios antes mencionados, pero ante otros criterios presentan problemas. Ejemplos de estas dimensiones transversales son el simbolismo, el trabajo, la creatividad y la afectividad. Su importancia no puede esconderse. Siendo internas a las dimensiones categoriales, hemos tenido que mencionarlas varias veces, y seguiremos haciéndolo en los capítulos posteriores cuando convenga.

Reiteramos que esta distinción de las dimensiones en tres géneros no significa que existan o actúen por separado. Por el contrario, hay una profunda relación entre los tres géneros. Se condicionan mutuamente, así como las seis dimensiones categoriales están en relación mutua, implicándose y condicionándose. Sin embargo, motivos metodológicos y prácticos requiere que nos limitemos al estudio de las seis dimensiones categoriales. Lo que se ha tratado en los capítulos anteriores se aplica directamente a ellas, mientras que a los otros dos géneros sólo se aplica por analogía. Esto obedece también al hecho de que las dimensiones categoriales se prestan a ser estudiadas con los métodos y perspectivas elaborados por la renovación antropológica contemporánea, mientras que las dimensiones trascendentales y las transversales requieren, para su estudio, un acercamiento parcialmente diverso.

2. *El orden de las dimensiones categoriales*

Veamos ahora la cuestión de la organización de las dimensiones en una perspectiva diferente. Nos preguntamos si se puede encontrar o establecer un orden entre las dimensiones categoriales. ¿Es posible hallar un "hilo conductor" para ordenar el conjunto de las dimensiones? ¿Muestran algún orden intrínseco?

Reconociendo la posibilidad de seguir otros enfoques, el orden que seguiremos parte de la posibilidad de organizar las dimensiones categoriales en *dos bloques*. En el primer bloque, entran la corporeidad y la historicidad. En el segundo bloque, entra la interpersonalidad, la sexualidad, la culturalidad y la religiosidad.

La distinción entre el primer y el segundo bloque se establece a la luz de dos principios antropológicos y ontológicos. El primer principio es el hecho de que hay dimensiones cuya manifestación al sujeto es más inmediata, por lo que se descubren más rápidamente[20]. Gozan de una primacía gnoseológica. El segundo consiste en que en el plano de la integridad las dimensiones del primer bloque ya tienen una raíz en acto, mientras que las del segundo bloque están presentes de manera prevalentemente potencial.

En el *primer bloque*, la primacía pertenece a la *corporeidad*. Es, en cierto sentido, la primera y fundamental alteridad que encontramos en la estructura de la persona: alteridad que es interna y constitutiva de su identidad ya que el cuerpo humano introduce en la persona la dualidad (no "el dualismo") y la diversidad. Por lo tanto, la corporeidad se convierte en una especie de "representante" de todas las demás dimensiones. Se puede decir que en la corporeidad todas las demás dimensiones hallan su arraigo y están de alguna manera prefiguradas. La forma en que se vive la corporeidad "anticipa" la forma en que se viven las dimensiones restantes.

---

20. La filosofía clásica habla de los principios evidentes *quoad nos*, que son conocidos por todos. Los distingue de los principios o elementos conocidos *per se*. Estos, a pesar de su mayor importancia ontológica, se dan a conocer sólo al cabo de un largo camino de reflexión.

Espacio y tiempo tienen siempre una estrecha conexión. Por ello a la corporeidad sigue la *historicidad*, que explicita y representa el hecho que la persona siempre debe ser pensada dentro de un devenir dinámico en vista de su realización plena. Así como la corporeidad nos hace reconocer en el hombre una *totalidad en acto*, la historicidad nos hace reconocer en ella una *totalidad potencial* pues, según la lección del pensamiento existencial, la persona *es* también sus posibilidades.

El *segundo bloque* pertenece de manera más directa al orden relacional y dialógico que se coloca en el plano de la plenitud. En el orden relacional, la finalidad está representada por el "tú" que es, para cada persona, la máxima expresión de la trascendencia a la que la persona está abierta. Por lo tanto, la dimensión de la *interpersonalidad* tiene la primacía de este segundo bloque. De ella deriva la luz principal que ilumina y ordena las otras dimensiones, indicando su plena verdad y su pleno significado[21]. Por ello, se colocan aquí otras tres dimensiones: la sexualidad, que cuenta con un arraigo en la corporeidad; la culturalidad, que tiene importantes relaciones con la historicidad y la interpersonalidad; y la religiosidad, que está ligada a la culturalidad y la interpersonalidad.

La sexualidad, al igual que la historicidad, se sitúa cerca de la corporeidad, cualificándola de diferentes maneras y manifestando que la persona corpórea encuentra en la reproducción uno de sus objetivos estructurales. La corporeidad actúa como la "materia" que da arraigo a la sexualidad, lo cual podría justificar su colocación en el primer bloque.

Por supuesto, reconocemos que las relaciones entre las dimensiones corren en diferentes sentidos, sin limitarse a lo que acabamos de esbozar. Desde cada dimensión todas las demás son visibles, y

---

21. Es claro que la iluminación que provee la interpersonalidad revierte también sobre la corporeidad y la historicidad.

ninguna deja de recibir una importante clave de comprensión de las demás. Sin embargo, con la estructura de dos bloques, estamos reconociendo que, entre todas las correlaciones y dependencias posibles y legítimas, dos relaciones tienen una prioridad: la que parte de la *interpersonalidad*, que es luz para comprender el significado final de todas las dimensiones; y la que parte de la *corporeidad*, que ofrece el anclaje ontológico más seguro.

3. La base ontológica y la analogía de las dimensiones categoriales en el plano de la integridad

La corporeidad, vista desde una perspectiva metafísica, aparece como la única dimensión directamente constituida sobre la base de los dos coprincipios ontológicos esenciales del ser humano: el alma y el cuerpo, unidos sustancialmente. Esto significa que la corporeidad está siempre presente en acto. En este mundo no hay persona humana sin un cuerpo real y verdadero. Esto nos lleva a concluir que la corporeidad, en el plano de la integridad, está constituida de manera sólida, con poca necesidad de ser completada o perfeccionada a ese nivel. Un discurso similar debe aplicarse también a la historicidad ya que se deriva de la corporeidad.

En cambio, cuando llegamos a considerar las dimensiones que forman parte del segundo bloque e intentamos determinar el modo en que existe su integridad, resulta difícil especificarlo[22]. Sobre todo si asumimos una perspectiva histórica y en vez de examinarlas a partir del ser humano adulto las consideramos a partir del proceso de la ontogénesis, el camino se hace arduo. Debemos

---

22. Abelardo Lobato percibe esta situación y opta por colocar la corporeidad en el orden del ser, mientras que la intersubjetividad queda asignada al orden del devenir (cf. A. Lobato, *Dignidad y aventura humana*, 65-79, 175-209).

afirmar que incluso en su nivel de integridad estas dimensiones no están exentas de un proceso de formación.

En consecuencia, cuando se considere el plano de la plenitud, el proceso de personalización que compete a ese nivel se colocará sobre el proceso precedente, engarzándose con él en varios puntos. Esto lleva a hipotizar que el proceso total puede conocer muchas formas diferentes, y nunca estará a salvo de muchas imperfecciones. Sobre la base de la capacidad fundamental, intervendrán muchos factores de varios órdenes: social, cultural, físico, biológico, de aptitud personal, etc.

4. ¿Cómo se estudia una dimensión?

En una conferencia en 1955, Hans-Georg Gadamer declaró que el verdadero mérito de las obras maestras en el campo de las ciencias humanas no consistía en enfatizar los métodos seguidos y multiplicar las notas a pie de página con datos bibliográficos. El mérito radica en *saber plantear las cuestiones pertinentes*, las que dan una pista de lo que tendrá sentido someter a una investigación ulterior y que puede aclararse en el progreso del conocimiento[23].

Esta advertencia de Gadamer muestra su valor cuando llega el momento de determinar cómo debe estudiarse una dimensión. Habría tanto que decir sobre cada una, que se corre el riesgo de perderse. Gadamer nos obliga a reflexionar: de todas las preguntas posibles, ¿cuáles son las más pertinentes, las que llevan la realidad a revelarse? Además, tenemos claro que la amplitud de la investigación que estamos llevando a cabo impone que el número de preguntas sea limitado. Nuestra tarea no es llevar a

23. H.-G. Gadamer, «Che cos'è la verità?», *Rivista di filosofia* XLVII (3/1956), 251-266, 259.

cabo una investigación exhaustiva de todas las dimensiones bajo todos sus aspectos. Debemos centrar nuestra atención en la tarea de comprender lo que es una dimensión, señalando sus principales características. Asimismo, debemos sentar las bases de una práctica que pueda conducir a la integración de las dimensiones en la persona.

En consecuencia, y sabiendo que a menudo tendremos que añadir elementos de diversa índole, las preguntas que parecen más importantes para afrontar el estudio de cada dimensión son las siguientes:

– ¿Sabemos partir de una *fenomenología* que nos ponga en contacto con los datos básicos y que sea capaz de poner de relieve lo que en una dimensión aparece como perteneciente estrictamente a la persona, en contraposición a lo que la persona tiene en común con plantas y animales?[24]

– ¿Tenemos un contexto suficiente que nos permita comprender el modo en que una dimensión ha sido comprendida a lo largo de la historia?[25]

24. Me apresuro a indicar que las diversas "fenomenologías" que se hallan en los capítulos siguientes no han de ser entendidas en el sentido altamente técnico de la fenomenología husserliana. En una página emblemática, Juan Martín Velasco afirma que la fenomenología puede entenderse también *de una manera más amplia,* que se distingue «por su insistencia en una "comprensión" del hecho que, partiendo del respeto de su especificidad, renuncia a explicarlo por reducción a cualquier otro tipo de fenómeno» (J.-M. Velasco, *Introducción a la fenomenología de la religión,* Trotta, Madrid 1976, 46). Es así como ha de ser entendida la fase fenomenológica que elaboraremos en cada capítulo.

25. Los esbozos históricos que aparecerán a menudo al tratar cada dimensión no pretenden ser completos. Tratar con un mínimo de justicia todas las épocas historiográficas para cada dimensión es un cometido que supera los márgenes impuestos a esta obra. Se notará un privilegio por la época contemporánea pues es en ella donde surge el concepto de "dimensiones de la persona".

– ¿Podemos distinguir bien entre lo que en una dimensión aparece como un "simple hecho", y lo que aparece como una realidad existencial llena de significado, encaminada hacia una plenitud?

– ¿Podemos describir los rasgos esenciales del *proceso* a lo largo del cual una dimensión se integra gradualmente en la persona, y es poseída existencialmente por ella?[26]

– ¿Podemos entender los fundamentos y los rasgos característicos del ámbito personal en que cada dimensión encuentra su pleno desarrollo?

– Estudiando el ámbito personal generado por cada dimensión, ¿podemos indicar las posibilidades más importantes que se abren, y los principales riesgos que acechan?

Deseo reiterar que lo que propongo es ante todo una reflexión de antropología filosófica. Reconozco que sería deseable llevar a cabo una lectura interdisciplinar de las dimensiones. En particular, la interacción con la psicología, la pedagogía, las neurociencias y la sociología podría ser enriquecedora. Pero cada pensador debe reconocer cuál es su propio nicho. Desde él intentará lanzar su mirada hacia los horizontes que se le abren, respetando lo que otras disciplinas puedan aportar.

D. Aclaraciones conclusivas

Habiendo sentado las principales bases teóricas comunes a todas las dimensiones de la persona, quisiera aclarar críticamente algunos temas relacionados con el orden de las dimensiones.

---

26. Es lo que denominamos el "movimiento (o proceso) de personalización" de las dimensiones, tomando una expresión de Emmanuel Mounier (cf. E. Mounier, *El Personalismo*, 29).

Esto ayudará a comprender la complejidad en la que están implicadas las dimensiones y el tipo de reflexión necesario para entenderlas[27].

¿Por qué se propuso el grupo general de las "dimensiones trascendentales"? Intento explicarlo proponiendo una reflexión sobre la libertad, esperando que ilumine las otras dimensiones trascendentales. En su más clara manifestación, la libertad se muestra como el *libre albedrío*, del que cada individuo humano tiene experiencia. Sobre esta base comienza la búsqueda de su raíz metafísica. Santo Tomás encontró la raíz del libre albedrío en el concurso de la voluntad y la inteligencia[28]. Los autores de la renovación antropológica contemporánea, precedidos por Schelling y Kierkegaard, han comprendido que la respuesta tomista no agota el discurso sobre la libertad. Si es cierto que se manifiesta en las potencias superiores, también es cierto que la persona misma es el auténtico sujeto de la libertad. Ésta aparece como un presupuesto de la existencia humana, ya que la búsqueda de sentido y el desarrollo histórico en vista de la plenitud presuponen siempre una libertad constitutiva de la persona. A efectos de nuestra reflexión, pensamos que la libertad no debe entenderse como una dimensión en sí misma, sino como un presupuesto de todas las dimensiones debido al entrelazamiento y casi coimplicación que existe entre la naturaleza humana, la persona y la libertad. La libertad deja su huella en todas las dimensiones de la persona, en el sentido de que todas ellas se basan en la libertad personal y la amplifican.

---

27. Las aclaraciones que ofreceré no agotan esta compleja problemática. Las presento a modo de preguntas sueltas, y casi a título de ejemplo de muchas otras cuestiones críticas que, si tuviera que declararlas una por una, entorpecerían el estilo a la vez sistemático y argumentativo que he querido seguir.

28. Cf. *S.Th.*, I, q. 83, a.4.

¿La *interioridad* es una dimensión? Se la puede considerar una dimensión *transversal*. En realidad viene a ser el lado inmanente de todas las dimensiones categoriales, transversales y trascendentes. Su fundamento último viene a coincidir con el lado inmanente de la religiosidad, como se explicará en el capítulo 13. Pero la experiencia de la interioridad tiene que ver también con la estructura psicológica y afectiva de la persona humana.

¿Son la misma cosa la *corporeidad* y la *sexualidad*? No es así, pero es imposible captar su diferencia a través de un procedimiento de orden físico o biológico. Todo cuerpo humano es sexuado: cada célula del cuerpo es masculina o femenina. Si se piensa en una perspectiva físico-biológica, la corporeidad y la sexualidad parecen coextensivas. En cambio, una verdadera distinción aparece tras una consideración antropológica, atenta *al aspecto formal* bajo el cual una dimensión se relaciona con el elemento trascendente al que está dirigida. Si la corporeidad nos abre al "mundo en general" (tiempo, espacio, otros cuerpos), la sexualidad nos abre específicamente al "mundo personal", es decir, a otras personas en cuanto que están marcadas por la diferencia sexual. Por lo tanto, la corporeidad y la sexualidad son dimensiones formalmente diferentes y merecen una reflexión separada.

¿Son la misma cosa la *interpersonalidad* y la *socialidad*? Si para designar una de las dimensiones nos referimos a la tensión entre el individuo y la comunidad, parece posible situar en ella dos realidades diferentes: la interpersonalidad y la socialidad en general. Aristóteles dice con razón que el hombre es por naturaleza un "animal político", un ser vivo destinado a existir en el contexto de la sociedad humana. La diferencia es que en uno y otro caso se trata de temas de distinta índole. En la interpersonalidad, la persona se encuentra con sujetos reales, ontológicamente parecidos a ella. Aquí existe una relación real yo-tú. En cambio, en la vida social, la sociedad es sólo un sujeto moral. La persona no se coloca frente a la sociedad como se coloca frente a otra persona concreta. Por lo tanto, hay una razón de tipo formal para distinguir las dos dimensiones.

¿La *historicidad* y la *temporalidad* (temporeidad) son la misma cosa? Reconociendo la diversidad de formas en que se ha abordado esta cuestión, conviene recordar que la terminología filosófica que se adopta al hablar sobre los "modos del tiempo" ha recibido un influjo determinante a partir de la reflexión de Heidegger en *Ser y Tiempo*. En el capítulo 9, dedicado a la dimensión de la historicidad, tendremos ocasión de distinguir entre ambas, y de notar que para Heidegger la *temporeidad* es la modalidad fundamental. Sin embargo, en el uso común de la antropología contemporánea ha prevalecido el término "historicidad" para indicar el modo en que el ser humano está esencialmente vinculado con el tiempo. Nos atendremos a esta convención.

Parte II
Las seis dimensiones categoriales de la persona

Capítulo 8

La corporeidad

A. Historia del cuerpo y de la corporeidad

Nos acercaremos gradualmente a la corporeidad siguiendo la vía de la historia. No es fácil indicar el camino que la filosofía ha seguido para reflexionar sobre el cuerpo y la corporeidad. Nos limitamos a mencionar algunos datos que nos parecen más importantes en función de nuestra investigación sobre la corporeidad como dimensión de la persona.

1. El cuerpo en el pensamiento antiguo[1]

El pensamiento antiguo ve al hombre como un ser vivo situado dentro de la esfera total del mundo/cosmos. Por lo tanto, el pensamiento clásico ha elaborado en gran medida la relación primaria entre el hombre y el cosmos, presuponiendo la relación alma-cuerpo.

---

1. Los siguientes pensamientos están inspirados parcialmente en H.-U. von Balthasar, *Teodramática 2. Las personas del drama: el hombre en Dios*, 330-338.

La relación entre el hombre y el cosmos es de reciprocidad, de iluminación mutua en diferentes planos, articulados de muy diversas maneras. Piénsese en la necesaria armonía, defendida por Sócrates en su *Apología*, entre las leyes de la naturaleza y las leyes *políticas* (las de la *polis*, la ciudad-estado del antiguo mundo griego). La misma *polis* fue concebida por algunos filósofos griegos como área de mediación entre el cosmos inferior de los seres inanimados y la esfera superior de los dioses. Piénsese, finalmente, en la constitución aristotélica del hombre: toda virtud humana se basa en las buenas disposiciones naturales, que, sin embargo, sólo alcanzan su plenitud bajo la guía del espíritu. El hombre aparece en todos estos casos como un ser fronterizo[2], situado como está en el punto de intersección entre la esfera de las realidades corporales y la de las realidades espirituales.

También podemos decir que el hombre, gracias a su cuerpo, es una síntesis de los elementos, tensiones y dinamismos que se encuentran dispersos por todo el cosmos. Por eso el mundo griego ha pensado en el hombre como un *microcosmos*. Y aparece como tal en primer lugar en el nivel metafísico, es decir, en consideración a su propio ser, a causa de la diversidad de elementos, miembros y niveles que lo constituyen como ser vivo. El hombre es también un microcosmos en el plano intencional, en virtud de su capacidad cognitiva específica: se dice que el hombre "es" todo el cosmos porque es capaz de conocerlo todo. Este es el significado del dicho aristotélico "el alma es de alguna manera todas las cosas" (*anima est quodammodo omnia*)[3].

---

2. En griego, "frontera" se dice *horizon*, de donde surge nuestra palabra "horizonte".

3. Aristóteles, *De Anima* III, 8, 431 b 21.

2. El cuerpo en la modernidad

El desarrollo de la anatomía moderna ha contribuido en gran medida a acelerar la ruptura entre la antigüedad y la modernidad[4]. Andrea Vesalio publicó en 1543 el *De humani corporis fabrica*, un tratado que contenía trescientas láminas en las que vertió todo su conocimiento del cuerpo humano obtenido a través de la disección de cadáveres. La *Fábrica* (así fue llamado comúnmente ese texto) difundió la comprensión del cuerpo como una estructura perfecta. Este texto halla su expresión filosófica en el *Tratado sobre el Hombre* de Cartesio (1634), donde el cuerpo humano es interpretado a la luz del funcionamiento de una máquina.

En el plano epistemológico, la duda metódica practicada por Cartesio juega un papel importante. Esta duda, que teoriza la ruptura del vínculo entre el hombre y el mundo, y lleva a dudar sobre la existencia del mundo. Esto es algo impensable antes de la modernidad. De hecho, en el mundo pre-moderno, la presuposición siempre activa era la relación entre el hombre y el mundo, su estrecha congenereidad. A partir de Cartesio, en cambio, la presuposición general es el conocimiento que el "yo" tiene de sí mismo en la reflexión. El "yo" se conoce a sí mismo y a sus pensamientos. Ir más allá de los pensamientos, estableciendo una conexión entre los pensamientos y la realidad, es un salto que Cartesio consideró injustificado en la tercera de sus *Meditaciones Metafísicas*. Así se produce una doble fractura: entre el "yo" y su cuerpo, y entre el sujeto y el mundo. Por lo tanto, la modernidad tiende a definir cada uno de estos tres ámbitos por separado. El "yo" sería algo completo en sí mismo, independientemente del

---

4. No considero aquí las aportaciones medievales y renacentistas, pues son inferiores respecto al impacto que ha tenido la modernidad en nuestra visión de la corporeidad.

cuerpo. Lo mismo ocurre con el cuerpo y el mundo: cada uno existe por separado. Estando así las cosas, el estatuto *humano* del cuerpo del hombre queda comprometido. Para el dualismo cartesiano, el cuerpo es simplemente *materia extensa*, a la manera de todos los demás cuerpos, y no muestra otros rasgos característicos.

3. El descubrimiento de la corporeidad en la era contemporánea (I): la contribución de Husserl

Necesitamos situarnos en la segunda década del siglo XX para ser testigos del verdadero descubrimiento de la corporeidad[5]. En el tercer capítulo del segundo volumen de *Ideas*, de 1913, y en el quinto capítulo de las *Meditaciones Cartesianas*, de 1931, Husserl trató de superar el dualismo cartesiano entre la simple materialidad del cuerpo (*res extensa*) y el pensamiento (*res cogitans*). Trabajando en este proyecto, Husserl tuvo el mérito capital de distinguir entre dos sentidos del "cuerpo": *Körper* y *Leib*. Debemos examinar esta distinción más de cerca porque es el punto de partida para la comprensión de la corporeidad.

Al situarse en la perspectiva de la "corriente de la conciencia" orientada hacia la realidad y destinada a darle un sentido, Husserl señala que es posible distinguir dos formas de entender el cuerpo.

– El primer camino es el del *Körper*, es decir, el "cuerpo-objeto", un objeto medible entre muchos otros, del que la anatomía puede ocuparse. La relación del *Körper* con el mundo exterior es la misma que se verifica en las reacciones y los reflejos fisiológicos, según las leyes de causa y

---

5. Cf. A. Xolocotzi – R. Gibu, (coordinadores), *Fenomenología del cuerpo y hermenéutica de la corporeidad*, Plaza y Valdés, Madrid 2014.

efecto. Este modo de relación se remonta siempre al esquema moderno que opone sujeto y objeto.

— La segunda forma de entender el cuerpo es la del *Leib*, el "cuerpo vivido" o "cuerpo personal" que cada uno experimenta como su *propio cuerpo*. Su forma de relacionarse con el mundo no se da en términos de causa y efecto, sino en términos de *intencionalidad*. Esto nos permite reconocer la conexión entre el sujeto y el objeto, en lugar de separarlos. De hecho, el sujeto se sabe "abierto" al mundo, "expuesto" a él, presente en él[6].

La diferencia que acabamos de mencionar permite establecer otras diferencias entre *Körper* y *Leib*. El *Körper*, como realidad física que es, encuentra su límite espacial en la piel. En cambio, el *Leib*, realidad viva y por lo tanto intencional, "va más allá de la piel" porque se constituye según el esquema dentro/fuera que lo ve como un puente hacia un mundo de realidades, de significados, de valores, de posibilidades, capaz de desplegar su potencial en ámbitos personales.

Intentemos comprender esta diferencia desde otro lado. La perspectiva moderna y dualista opone sujeto y objeto; por lo tanto, siempre presentará el mundo como algo separado del sujeto. El mundo siempre aparece colocado "delante" del sujeto. En cambio, la perspectiva fenomenológica intencional del *Leib* hace que el sujeto se perciba a sí mismo "en medio del mundo", relacionado permanentemente con él de muchas maneras gracias a su corporeidad viva y material.

---

6. «El fenómeno fundamental de la autoexperiencia humana es que nos hallamos de antemano en medio de una realidad, en medio de las cosas y de los hombres con los que tratamos, que influyen en nosotros y con los que estamos en múltiples relaciones. Nuestra existencia está referida al mundo, tanto al mundo de las cosas y de los objetos como, ante todo y sobre todo, al mundo humano personal» (E. Coreth, *¿Quién es el hombre?*, 83).

Señalemos ahora otras diferencias entre *Körper* y *Leib*. Este último goza de una prioridad sobre el primero, en el sentido de que el *Leib* «se siente y se posee subjetivamente antes de cualquier clasificación categórica y de la distinción entre sujeto y objeto, entre conciencia y realidad, entre yo y los demás»[7]. Esto significa que el *Leib* es el lugar donde se integran en una sola corriente el conocimiento que el sujeto tiene de sí mismo, el conocimiento que tiene de su propio cuerpo vivo y el conocimiento que tiene del mundo al que está abierto gracias al cuerpo vivo.

Lo que acabamos de decir sobre el *Leib* es acertado pero corre todavía el riesgo de hacerlo ver como un "algo" distinto del sujeto que lo percibe, o como una entidad recóndita que de alguna manera ha de descubrirse. Esto surge sólo por el hecho de que la reflexión antropológica debe "nombrar" y "caracterizar" todo lo que estudia. Pero a un nivel prerreflexivo, anterior a todo esfuerzo filosófico, hallamos que como sujetos vivientes nos experimentamos como corpóreos, como cuerpos vivos en los que se da una interioridad. Es este el nivel que Husserl intenta captar primariamente cuando habla del *Leib*.

Guiados por la fenomenología husserliana hemos establecido algunas diferencias entre las dos formas de entender el cuerpo. Consideremos ahora dos consecuencias.

Habiendo superado el dualismo moderno como la separación de lo corpóreo y lo espiritual, y habiendo alcanzado una nueva comprensión de la corporeidad, la antropología contemporánea ha descubierto que estas dos áreas se vierten la una en la otra. Muchas de las características de la persona "pasan al cuerpo", convirtiéndolo en un cuerpo *humano*, es decir, imbuido de subjetividad y de espiritualidad, tocado por la racionalidad; y en cierto sentido

---

7. P. Miccoli, *Corpo dicibile. L'uomo tra esperienza e parola*, Urbaniana University Press, Roma 2003, 110.

también "pasan al mundo", constituyendo un "mundo humano" específico que existe sólo gracias al hecho de que la persona humana existe. El movimiento opuesto también sucede: muchas cosas pasan del mundo y del cuerpo a la persona. En primer lugar, la persona misma es vista a la luz de su situación encarnada: se hace impensable decir "persona" sin referirse a su condición corporal. El cuerpo, entendido como *Leib*, está "del lado del sujeto". La persona aprende a redescubrir la corporeidad en sí misma, y se redescubre a sí misma en su corporeidad. El eje dentro/fuera encuentra aquí una clara aplicación, ya que la relación mundo-persona funciona en ambos sentidos: de la persona hacia el mundo, y del mundo hacia la persona, pasando siempre por el camino de *Leib* que pertenece a uno y al otro. Esta es la primera consecuencia.

La segunda consecuencia es el paso del *aut-aut*, propio de la modernidad ("o cuerpo, o sujeto"), al *et-et* de la antropología contemporánea (cuerpo + mundo + sujeto). Ya hemos encontrado este *et-et* como una estructura que abre al hombre al dinamismo.

Antes de dirigir nuestra atención a otros autores y otras corrientes de pensamiento que han trabajado sobre la base de los descubrimientos husserlianos, hay que aclarar una cosa: hay una *diferencia* entre *Körper* y *Leib*, pero no una *oposición* y mucho menos una *contradicción*. Al valorar lo que Husserl y otros filósofos han dicho sobre *Leib*, no estamos diciendo que no haya *Körper* sino sólo *Leib*, ni que todo lo que se dice sobre el *Körper* sea falso o negativo. Sólo estamos ampliando la comprensión del cuerpo para que se entienda como una dimensión de la persona. Nuestro cuerpo, aun siendo vivo y subjetivo, es también verdaderamente un cuerpo físico en medio de muchos otros cuerpos físicos dotados de extensión, y pasible de un estudio "objetivo". Esta diferencia, que no es contradictoria, se comprende fácilmente por el hecho de que la experiencia que tenemos del *Leib* como cuerpo subjetivo es complementaria a la que tenemos del *Körper*, cuerpo objetivo. Tenemos evidencia de ello en que no puede haber un "cuerpo visto" (nos referimos aquí al propio cuerpo) sin un "cuerpo que lo vea"; de la misma manera, no hay "cuerpo tocado" sin "cuerpo que lo toque"[8].

4. El descubrimiento de la corporeidad en la era contemporánea (II): Marcel y Merleau-Ponty

Husserl fue el pensador que más contribuyó al descubrimiento de la corporeidad. Un evento similar tuvo lugar en el ámbito francófono. Aquí hablaremos de dos pensadores franceses: Gabriel Marcel (1889-1973) y Maurice Merleau-Ponty (1908-1961).

Gabriel Marcel merece un reconocimiento especial por sus originales reflexiones sobre la corporeidad, que ya habían comenzado antes de la primera guerra mundial y más tarde en otras obras como *Homo Viator*. Marcel trata de abrir un camino hacia el misterio de la persona a partir de la experiencia y siguiendo varios métodos[9].

Una de las vías que sigue en su reflexión es el esfuerzo por identificar una tensión en la que se encuentra la persona o algunas de sus dimensiones. Así ha comprendido que el cuerpo personal se encuentra en la tensión entre el ser y el tener. De hecho, el verbo "tener" se aplica principalmente a las cosas poseídas. Pero en el caso del cuerpo, el verbo "tener" debe ser modificado y repensado a la luz del verbo "ser" porque indica un tipo de posesión que ya no implica una clara diferencia entre posesor y entidad poseída.

Por otro lado, el cuerpo pertenece a la persona y al mundo. Decir "el cuerpo es mío" es, para Marcel, hallarse en la tensión entre dos afirmaciones: que el cuerpo "no es yo", y que "no es no-yo".

---

8. Cf. J.V. Arregui - J. Choza, *Filosofía del hombre*, 143.

9. Para las siguientes reflexiones, véase en especial G. Marcel, *Diario Metafísico*, Ediciones Guadarrama, Madrid 1967, 13-18; 102-104; 203-205.

Otra de sus intuiciones sobre el tema consiste en haber comprendido que el cuerpo es el "mediador absoluto". El cuerpo es esa *inmediatez* que está en la raíz de cualquier *mediación*, haciéndola posible. Gracias a la inmediatez del cuerpo en relación con el "yo", tenemos una mediación que hace posible la existencia de experiencias como "tener", "usar" y "poder hacer". Todas estas son acciones que nos ponen en contacto con las cosas del mundo y con las otras personas, y que presuponen una mediación universal llevada a cabo por el cuerpo de un modo tan discreto que sólo lo percibimos mediante la reflexión filosófica.

Un nuevo impulso a la investigación sobre la corporeidad llegó cuando la base fenomenológica y personalista se añadió a la contribución del pensamiento existencial y la psicología gracias a la obra de Maurice Merleau-Ponty. Su *Fenomenología de la Percepción* (1945) fue una contribución de primer orden a la comprensión de la corporeidad. Él sigue la estela de la reflexión de Husserl afirmando la irreductibilidad del cuerpo a *Körper*.

Detengámonos en un punto de la reflexión de Merleau-Ponty sobre la corporeidad: la intencionalidad propia del cuerpo vivo. Si para Husserl la intencionalidad siempre se situó en el contexto del trabajo reflexivo de la conciencia, para Merleau-Ponty la intencionalidad se coloca en un nivel anterior: precisamente, *el del cuerpo*. De hecho, para el pensador francés, la conciencia implica una relación con las cosas *mediante el cuerpo*.

¿De qué clase de "intencionalidad" está dotado el cuerpo? Merleau-Ponty responde que se trata de una "intencionalidad funcional", propia del cuerpo vivo que "desde siempre" ha experimentado el mundo como un "todo", cualitativamente unificado, a modo de una suma de objetos que se van hallando y conociendo poco a poco. De nuevo según Merleau-Ponty, esta experiencia del mundo como totalidad cualitativa es el vínculo fundamental y constante que une el mundo y el "yo". Este vínculo será así el trasfondo en el que se situará toda unión lograda a través de la conciencia reflexiva.

Como se puede ver, la intencionalidad funcional del cuerpo es prerreflexiva. Precede todos los modos en que, a través del juicio consciente, se articula la unidad entre el sujeto y el objeto (o el "yo" y el mundo).

Por supuesto, Husserl ya era consciente de esa unidad, pero para él estaba constituida por la conciencia. En cambio, Merleau-Ponty afirma que la fuente de esta unidad no es la conciencia sino *el cuerpo*, dotado de una intencionalidad original. Por lo tanto, hay una distinción entre la "intencionalidad funcional" propuesta por Merleau-Ponty, enraizada en el cuerpo vivo, y la "intencionalidad permanente" descubierta por Husserl, que es propia de la conciencia.

La importancia de considerar el cuerpo a la luz de la "intencionalidad funcional" reside en la posibilidad de identificar, por así decirlo, una vía que perfecciona la que había sido propuesta por Husserl. De hecho, la intencionalidad funcional invita a entender la distinción entre el "cuerpo-objeto" (*Körper*) y el "cuerpo-sujeto" (*Leib*) a partir del cuerpo vivo, situado un paso más allá de cualquier distinción entre objeto y sujeto.

B. Fenomenología de la corporeidad

1. *Josef Pieper y su propuesta de la fenomenología del cuerpo*[10]

Las dimensiones tienen dos lados principales: el lado inmanente (por el cual son parte de la persona) y el lado trascendente,

---

10. Al comenzar a elaborar esta primera fenomenología conviene recordar el sentido *amplio*, no técnico (husserliano), en que propondremos la fenomenología de algunas dimensiones.

que es aquello a lo que la persona está abierta gracias a cada dimensión. Ahora debemos entender de qué manera ocurre todo esto en el caso de la corporcidad. Debemos aclarar también cuál es la especificidad de la corporeidad de la persona, como diferente de la corporeidad de otros seres vivos. Nos guiará en esto la mano experta de Josef Pieper[11], que se sirve del principio de la analogía de los conceptos, y de la diferencia de los grados de ser. El punto de vista que Pieper elige para elaborar esta fenomenología es "la relación", que examina en sus diferentes grados.

El grado más bajo de relación se refiere, por ejemplo, a dos piedras que se encuentran una al lado de la otra. Aquí la relación no dice nada más que "contigüidad". No afecta realmente a ninguna de las dos piedras.

Un grado superior es el de una planta que toma del terreno las sustancias útiles para su crecimiento. Si en el caso de las piedras el concepto de "relación" indica sólo proximidad local, en el caso de la planta podemos ver una "relación" más estrecha con el terreno, que es su "entorno". La planta influye en su entorno, y esto afecta a la planta. La "relación" no es sólo local. El radio de interacción entre la planta y su suelo determina un "ambiente relacional", no muy diferente del "mundo ambiente" (*Umwelt*) que ya hemos estudiado en el capítulo 6.

El principio que Pieper aplica es éste: la "relación", en el sentido fuerte (como en el caso de la planta, y no como en el caso de las dos piedras), sólo existe cuando hay un fundamento adecuado: una entidad dotada de una *interioridad viva*, gracias a la cual puede haber una relación entre un interior y un exterior. La fuerza relacional de cada entidad viene dada *por su capacidad de*

---

11. Cf. J. Pieper, *¿Qué significa filosofar? Cuatro lecciones*, en *Obras*, tomo 3 (*Escritos sobre el concepto de filosofía*), Ediciones Encuentro, Madrid 2000, 40-54.

interioridad, y esto se corresponde con una trascendencia de igual nivel. Esto se ve en el "mundo ambiente" de la planta, que es el resultado de su relación con un pequeño terreno en el que crece y del que obtiene alimento.

Si esto es cierto, hay un segundo principio se deriva: que el grado de interioridad del que está dotado un ente nos hace descubrir el correspondiente "mundo-ambiente". Por lo tanto, un animal tiene un "mundo ambiente" mucho más amplio que el de la planta. El caso del animal es, por lo tanto, válido como un tercer grado en el que puede tener lugar una relación.

¿Cuál es la situación del ser humano? Su interioridad está marcada por el espíritu. El espíritu tiene una fuerza relacional tan alta que está abierto a la *totalidad del ser*. En otras palabras, el hombre es el único ser vivo cuyo mundo ambiente no tiene ningún límite potencial. El ser humano ve a las entidades como entidades, y no sólo como cosas útiles o como objetos que lo rodean. En línea de máxima nada escapa a la capacidad relacional que se deriva del tipo de interioridad de que está dotado el hombre.

Parece apropiado señalar que el espíritu humano por sí solo no es suficiente para explicar que el hombre esté abierto a la totalidad de la realidad. Hay que tener en cuenta a la corporeidad. El hombre no es un espíritu puro, sino un *espíritu encarnado*. Es correcto decir que *es un ser corpóreo*. Y esto indica que la corporeidad es una dimensión del hombre. La corporeidad humana aparece como ese complemento esencial que permite al espíritu humano ejercer su acceso permanente al tipo de mundo que le corresponde.

2. La prioridad y la riqueza de la perspectiva fenomenológica

Ahora cambiamos de registro. Echemos un vistazo más teórico a nuestro tema. Trataremos de entender el cuerpo tal y como lo ven diferentes disciplinas[12]. Cada una genera una doctrina bien estructurada sobre el objeto de su estudio, que en este caso es el cuerpo. Esto es útil para comprender la diversidad de perspectivas epistemológicas utilizadas para el estudio del cuerpo como dimensión de la persona. De hecho, aunque todas son legítimas, no todas estas perspectivas son igualmente útiles para los fines de la reflexión que estamos llevando a cabo.

– La *anatomía*, no menos que la física y la biología, se ocupa del "cuerpo". En este caso, "cuerpo" significa un organismo complejo que puede ser tocado, medido. Esta perspectiva se denomina "de la exterioridad objetiva", y es quizás la más accesible a la experiencia directa. Coincide con el *Körper* que teorizó Husserl.

– La *metafísica*, cuando se aplica a la persona, distingue entre el cuerpo como un coprincipio esencial y el cuerpo como una realidad viva, informada por el alma. La perspectiva seguida por la metafísica se llama "de la exterioridad subjetiva". Concibe al cuerpo como un coprincipio potencial que desempeña el papel de "materia", y que recibe su acto del coprincipio formal llamado "alma".

– La *antropología cultural* y otros enfoques similares (sociología, psicología) pueden seguir una perspectiva llamada "de la interioridad objetiva". Comprende el valor simbólico, estético y social que las diferentes culturas atribuyen al cuerpo. Según esta perspectiva, el cuerpo también aparece como una construcción simbólica y cultural. Siempre tenemos que ver con una cierta representación concreta del cuerpo, reconocida socialmente[13].

---

12. Cf. J.V. Arregui - J. Choza, *Filosofía del hombre*, 127-128.

13. Entendemos que el valor simbólico del cuerpo, sin un fundamento capaz de orientarlo, no se librará fácilmente del riesgo del relativismo.

– Por último, la *fenomenología* de Husserl y de Scheler sigue otra perspectiva, llamada "de la interioridad subjetiva". Comprende al cuerpo en la forma en que lo experimenta la interioridad consciente, es decir, como un cuerpo vivo (*Leib*). Al mismo tiempo, la fenomenología nos ayuda a entender que el cuerpo aparece como una realidad intencionalmente abierta al mundo: la corporeidad conecta permanentemente a la persona con los mundos interpersonales físico y humano.

Teniendo en cuenta estas cuatro perspectivas epistemológicas, podemos establecer un orden, ya que no todas ellas captan el cuerpo de una manera radical. Hay dos perspectivas que pueden servir de base a otras: la metafísica, que capta el cuerpo como co-principio intrínseco de la persona; y la fenomenológica, que capta la corporeidad como una dimensión de la persona. Lo sabemos: sólo la corporeidad, al ser una "parte personal", tiene esa relación estrecha con la persona, que se manifiesta en ella. Por lo tanto, "corporeidad" es un término que corresponde al cuerpo tal como lo estudia la fenomenología, y que no compete directamente a las otras tres formas en que se estudia el cuerpo. El cuerpo no es una "parte" de la persona, sino un modo fundamental de su ser y de su existir[14].

En resumen, para entender la corporeidad como una dimensión de la persona es necesario asumir la perspectiva epistemológica fenomenológica, que lanza sobre la corporeidad una mirada cualitativa, fenomenológica-personal y dinámica, y no anatómica, empírica, sociológica o metafísica.

---

14. Cf. E. Sgreccia – A. Spagnolo – M.-L. Di Pietro (a cura di), *Bioetica. Manuale per i Diplomi Universitari della Sanità*, Vita e Pensiero, Milano 2002, 159.

El enfoque fenomenológico de la corporeidad nos revela que ella "entra en todas partes"[15]. De hecho, dada la inseparable unión con la persona y el mundo, la corporeidad aparece como el *mediador absoluto* y el *recurso básico*[16]. Intentemos explicitar en términos generales esta omnipresencia antropológica de la corporeidad considerando los principales órdenes personales:

– En el orden de *ser*: entra el cuerpo porque somos corpóreos.

– En el orden del *tener*: entra el cuerpo porque ejercemos una posesión sobre el cuerpo, y es a través del cuerpo que somos capaces de poseer otras cosas.

– En el orden de *las relaciones*: el cuerpo es el mediador de nuestra relación con el mundo; estamos abiertos al mundo a través del cuerpo[17]. El cuerpo es el vínculo de conjunción permanente entre la persona y el mundo, en virtud de su doble pertenencia: a nosotros, que somos "espíritus encarnados", y al mundo, ya que el cuerpo es una de las "cosas" que existen en el mundo físico y en el "mundo humano".

– En el orden del *poder hacer*: el cuerpo es el instrumento principal para actuar en el mundo y transformarlo, y para que la persona actúe sobre sí misma.

---

15. Nos referimos a la corporeidad entendida como *Leib*, cuerpo subjetivo o corporeidad vivida.

16. Se trata de dos expresiones de Gabriel Marcel. Otros filósofos han acuñado expresiones análogas. F.J.J. Buytendijk habla de la "presencia"; D. Le Breton habla de la "carne del ser-en-el-mundo"; B. Welte habla del "mediador del ser"; H. Conrad-Martius habla de la "excarnación".

17. Simone de Beauvoir ha intuido una consecuencia de esta realidad, que ya va iluminando la diferencia entre el hombre y la mujer: «Dado que el cuerpo es el instrumento que tenemos para relacionarnos con el mundo, el mundo se presenta muy diferente en función de que lo vivamos de una manera u otra» (S. de Beauvoir, *El segundo sexo*, Cátedra, Madrid 2015, 94).

- En el orden del *conocimiento*: el conocimiento del mundo exterior obtenido a través de los sentidos del cuerpo se articula con el conocimiento del propio cuerpo, que a su vez se une al conocimiento de uno mismo[18].

- En el orden *simbólico*: el cuerpo no sólo "es", sino que tiene un significado que hemos de entender. Por lo tanto, el cuerpo siempre está involucrado en esa interpretación de sí mismo que el hombre siempre hace. En otras palabras, el hombre no se limita a "ser corpóreo", sino que responde de varias maneras a la pregunta: ¿cuál es el significado de tener un cuerpo?

- En el orden religioso de la *salvación*: en el ámbito de la fe cristiana es bien conocido el dicho de Tertuliano *caro cardo salutis* (la "carne", la corporeidad, es la bisagra de la salvación[19]). Lo que se salva no es sólo "el alma", sino toda la persona, incluida su corporeidad.

Esta "omnipresencia" del cuerpo ayuda a comprender lo que significa "ser corpóreo". Al mismo tiempo, estas últimas reflexiones nos ofrecen una especie de "mapa" de la totalidad de los ámbitos personales a los que estamos abiertos gracias a la corporeidad. A través de ella, cada persona se encuentra en un contacto original con todos las órdenes que le conciernen y con los que tendrá que lidiar a lo largo de su vida.

---

18. Cf. J.-V. Arregui – J. Choza, *Filosofía del hombre*, 133. Esto se explica mediante la cinestesia y la cenestesia. Los receptores cinestéticos (deriva del griego *kinesis*, movimiento) son los que perciben el movimiento y la colocación del cuerpo. La cenestesia (deriva de *koinos*, común) es la sensibilidad que informa al ser humano acerca de la situación general del cuerpo, con una tonalidad afectiva: cómo se halla el cuerpo, y por tanto cómo se halla la persona.

19. Cf. *Catecismo de la Iglesia Católica*, 1015.

La corporeidad   207

C. El proceso de personalización de la corporeidad

Sabemos que en el plano de la *integridad* la unidad de la persona con el cuerpo es un hecho establecido, un dato metafísico que
no admite variaciones. En filosofía suele llamarse "unidad sustancial". No le falta nada, y sólo se disuelve con la muerte. Pero en el
plano de la *plenitud*, y especialmente en perspectiva antropológica,
la unidad entre el cuerpo y la persona es algo que debe desarrollarse. Aquí hay espacio para un crecimiento. Para distinguir esta unidad de la "unidad sustancial", la llamaremos "unidad existencial".
Y llamamos "integración" al proceso por el cual se obtiene esta
maduración de la unidad existencial entre el cuerpo y la persona[20].
Este proceso forma parte del conocimiento que la persona tiene de
sí misma, es decir, de su identidad existencial, lo que tiene que ver
con el horizonte de significados que la persona alcanza. Veamos
algunas etapas de este proceso.

1. Etapas iniciales: "hacer cosas" con el cuerpo, en el mundo

La etapa inicial del proceso que apunta a alcanzar la unidad existencial que el "yo" debe lograr con su propio cuerpo[21]. El cuerpo
aparece en la conciencia del niño, no como un objeto, sino *como
un conjunto de posibilidades físicas*. El cuerpo se presenta como la

---

20. Ahí donde es posible una deseable "unidad existencial", es igualmente posible su opuesto negativo. Es lo que llamaríamos una "desintegración existencial". Esta puede asomar ahí donde una persona rechaza su
propio cuerpo bajo algún aspecto o se disocia de él – como en el caso de
personas que sufren anorexia o bulimia. Es análogo el caso de personas
que, sometidas a tortura, se disocian de su cuerpo hasta llegar a un estado
de insensibilidad a los golpes. Tim Guénard llegó a afirmar que los golpes
recibidos ya no lo tocaban (cf. T. Guénard, *Más fuerte que el odio*, Gedisa,
Barcelona 2010, 68).

21. Cf. J.-V. Arregui – J. Choza, *Filosofía del hombre*, 142-143.

raíz de lo que se puede hacer[22]. Las experiencias iniciales son siempre experiencias "encarnadas": sensaciones, acciones, afectos. Cada niño recibe una enseñanza primaria que consiste en "aprender a hacer cosas con el cuerpo". Al principio, lo que el niño puede hacer es muy poco: ponerse de pie o sentarse, caminar, tomar las cosas en la mano, mover las cosas, moverse a un ritmo, etc. Todo esto le da al niño la confianza en sí mismo que crece con la seguridad de *poder actuar en el mundo*, es decir, de poder hacer cada vez más cosas con su cuerpo, entrando en relación con el mundo físico y con el mundo personal formado por su familia y compañeros. El niño aprende gradualmente el significado "intencional" y "operacional" del cuerpo. Y gracias a este progreso el niño se abre a ese mundo básico formado por los ambientes más cercanos a él, como el hogar y la escuela.

A medida que esa enseñanza se consolida, el niño toma mayor posesión existencial de su cuerpo. Alcanza una certeza fenomenológica de su intimidad subjetiva o, para decirlo de otra manera, de su identificación con su propio cuerpo. Esta toma de posesión está llamada a madurar continuamente, y puede estar sujeta a cambios a lo largo de la vida. La aceptación del propio cuerpo debe continuar según siga manifestando novedades con el paso del tiempo y con el conocimiento de nuevos ambientes. De hecho, también habrá experiencias que se opongan a esa identificación con el propio cuerpo: experiencias, precisamente, en las que el cuerpo parecería "escapar" en parte al control del espíritu, comportándose como "otro"[23]. El cuerpo no se sujeta del todo a esa autoposesión exis-

---

22. Paul Ricoeur ha señalado que el "yo puedo" no presupone un "yo quiero" o un "yo decido", mediante los que el cogito cartesiano vendría a colocarse nuevamente a la base del conocimiento del propio cuerpo. El "yo puedo" goza de una originalidad (cf. P. Ricoeur, *Sí mismo como otro*, Siglo veintiuno editores, México D.F. 1996, 106-137).
    23. Cf. J. De Finance, *Cittadino di due mondi. Il posto dell'uomo nella creazione*, LEV, Vaticano 1993, 135.

tencial que el niño está madurando a través de las cosas que "hace" con su propio cuerpo.

Paolo Miccoli presenta una visión similar[24]. Tomando la perspectiva del conocimiento del mundo que el niño está empezando a obtener, explica que no se trata de un conocimiento puramente cognitivo y lingüístico (aprender el nombre de las cosas para poder decir algo sobre ellas). Más bien, el conocimiento básico del mundo ocurre con la ayuda del cuerpo, debido a la implicación total del experimentador en modalidades expresivas congruentes como, por ejemplo, mamar la leche materna, señalar la luna con el dedo, subirse a la silla para tomar ese objeto que le intriga. Antes de decir "mano" y "agua", el niño entra en contacto con esas realidades, estimulado por la curiosidad y la observación.

Siguiendo a estos autores afirmamos que las modalidades iniciales de su relación con el mundo vienen dadas por las cosas que el niño aprende a "hacer con el cuerpo". El conocimiento del propio cuerpo se funde inmediatamente con el conocimiento del mundo. El mundo se presenta al niño como el horizonte de su "poder hacer". Esto se refiere a una unidad vital entre el yo y el mundo, previa a toda dicotomía intelectual entre el sujeto y el objeto[25].

2. Etapas de reflexión no teórica y teórica

La vida continúa. En el niño de ayer, hoy convertido en adolescente, la capacidad de reflexión va aumentando. Su autoconciencia se vuelve más atenta al impacto que su presencia causa en los demás. Se da cuenta de que siempre está bajo la mirada de los demás.

24. P. Miccoli, *Esperienza e significato del "corpo appartentivo"*, en *Corpo dicibile*, 114
25. Cf. J.-V. Arregui – J. Choza, *Filosofía del hombre*, 141.

Aquí hay otro descubrimiento: el del cuerpo como una *manifestación o comunicación permanente* de la propia persona. El hecho de que el cuerpo tenga "su propio lenguaje" y que siempre esté "hablando" y "revelando a la persona" a través de gestos u otras señales, es algo que la persona experimenta cada vez más. A través del cuerpo cada uno está permanentemente incluido en el mundo interpersonal.

Continuando su maduración y profundizando en la experiencia de su propia interioridad, la persona puede dar un paso hacia la reflexión, alejándose de la unidad prerreflexiva que le une al mundo a través del cuerpo. Las interpretaciones teóricas del cuerpo comienzan a presentarse, y se articulan dentro de las visiones filosóficas de la realidad con las que el adolescente tiene contacto[26]. Esta etapa reflexiva del proceso de personalización apunta, en línea de principio, a *confirmar* la etapa existencial, no a sustituirla ni a enajenar su valor. Pero esta confirmación no es algo que siempre se logre. Caben múltiples errores y confusiones que complican la relación entre las dos etapas.

Es sólo en este momento, y no antes, que puede surgir la idea moderna, propuesta por Cartesio, según la cual el sujeto es una entidad separada, un *cogito* cerrado en sí mismo, que sólo más tarde tratará de alcanzar la realidad extramental. No se trata de una comprensión de la situación original, sino de una interpretación altamente cuestionable.

Es claro que esta interpretación no es la única posible. Hay visiones mucho más adherentes a la realidad: la tomista, la husserliana, la merleaupontiana, para limitarnos a los nombres ya vistos. Emmanuel Mounier ha escrito lo siguiente, dando testimonio de una interpretación madura de la corporeidad: «No puedo pensar

---

26. Recordemos lo diferentes que son las cuatro perspectivas epistemológicas que pueden estudiar el cuerpo.

sin ser, ni ser sin mi cuerpo: él me expone a mí, al mundo, a los demás, por él me libro de la soledad de un pensamiento que no sería más que pensamiento de mi pensamiento»[27]. El texto expresa con tino la unidad existencial alcanzada en una etapa reflexiva y teórica de su propio camino de maduración.

D. El simbolismo del cuerpo

Para la persona, el cuerpo nunca será un "simple dato": será también un campo con una profundidad insondable. En los apartados anteriores ya han surgido elementos importantes sobre esta profundidad, que se recogen en torno al *significado* del cuerpo. Hemos dicho que nos abre a un mundo específico, y que gracias a él la persona interactúa con otras personas y con la realidad. Ahora debemos añadir que la profundidad de la corporeidad también tiene que ver con el simbolismo del cuerpo. Recordamos que el simbolismo es una de las *dimensiones trasversales*. En las reflexiones que siguen se expondrá de qué modo existe una la relación especial entre la corporeidad y el simbolismo que la atraviesa, y que encuentra en ella su fundamento inmediato.

1. Símbolo, persona y cuerpo

La persona humana es el único ser capaz de entender los símbolos y hacer símbolos[28]. Cassirer enseñó importantes lecciones

---

27. E. Mounier, *El personalismo*, 34.
28. Los símbolos y los signos no son la misma cosa. Hablando de los signos, se suele decir que hay signos naturales, como el humo, que es un signo de fuego; y hay signos artificiales, como las señales de tráfico. En ambos casos, el vínculo que une los dos componentes del signo (señal del tráfico – acción que el conductor debe ejecutar) sólo es accesible para el hombre. Además, distinguimos entre signos y símbolos por el hecho de que el signo tiene una relación

sobre ello. De hecho, los símbolos no son "cosas de la naturaleza" ni se reducen a "estructuras del lenguaje"[29]. Siempre se requiere la intervención de la persona, sobre todo para entenderlos. En efecto, como señala Paolo Miccoli, la persona es el intérprete primario de sí misma y de la realidad circundante. Como *homo loquens*, la persona consolida la relación entre signo y significado, colocándose como un tercer elemento irreprimible de la estructura del símbolo que se da sólo en vista de una intención interpretativa[30]. Lo que permite a la persona reconocer e interpretar los signos es su propia constitución como "espíritu encarnado". La persona puede hacer y entender los símbolos porque ella misma es un símbolo. Y lo es en virtud de la relación que existe entre su cuerpo y su alma. Esta relación es algo original, en virtud de la cual toda persona conoce y a partir de la cual obra, habla y reflexiona[31]. El cuerpo es la analogía del alma en el orden de lo visible[32].

Si cada cosa es ella misma, y al mismo tiempo es alusión a otras cosas (metáfora), resulta que el cuerpo es una de las cosas más alusivas o más metafórica de todas: es una metáfora del alma y del cosmos. La metáfora y el simbolismo están inseparablemente conectados con el hombre. El cuerpo, *revelando la persona, es su símbolo fundamental*. Con Lacan, podemos decir que el cuerpo es el *significante* primario de la persona, el productor fundamental de

con un único significado, mientras que el símbolo se refiere a una pluralidad de significados.

29. Con Ferdinand De Saussure, afirmamos que el lenguaje tiene una estructura simbólica, hay que afirmar que antes de esto, el lenguaje es una estructura humana.

30. Cf. P. Miccoli, *Corpo dicibile*, 178.

31. Nadie aprende a entender frases como "se requiere tacto para esto", "hay que tener los pies en la tierra", "esa persona no distingue la mano derecha de la izquierda". Son frases cuyo significado metafórico se entiende inmediatamente gracias a la experiencia de la propia corporeidad.

32. Cf. R. Guardini, *Formazione liturgica*, Morcelliana, Brescia 2004, 59.

sus significados. Donde el cuerpo está activo, donde "hace cosas", demuestra su capacidad de generar significados. Pensemos en un apretón de manos, o en las mil maneras de sentarse o acostarse; en las maneras de comer, en las formas en que los hombres y mujeres se relacionan, en los mil gestos a través de los cuales hacemos presente a los demás nuestros estados de ánimo, nuestros deseos, nuestras intenciones. En todo esto el cuerpo personal es el gran hablante, la fuente de los significados.

2. El cuerpo entre la naturaleza y el simbolismo

En nuestro tiempo hay una tendencia que propone ver el cuerpo como una construcción simbólica. No es raro encontrar expresiones como esta: «El cuerpo es una construcción simbólica, no una realidad en sí misma. De ahí la multitud de representaciones que tratan de darle sentido, y de ahí su carácter heterogéneo, inusual y contradictorio, de una sociedad a otra»[33]. ¿Qué podemos decir sobre esto?

Esta perspectiva no reconoce que en el cuerpo se unen un elemento natural y otro simbólico. Ciertamente, una interpretación epistemológica capaz de captar la naturaleza del cuerpo, y no sólo su lado simbólico, sólo es accesible desde una perspectiva metafísica. Y es evidente que muchas culturas nunca han tenido la oportunidad de enriquecer su comprensión del cuerpo a través de una visión metafísica. Quien haya estudiado sólo antropología cultural, y no antropología filosófica, difícilmente podrá ver en el cuerpo algo más que las interpretaciones simbólicas presentes en las diferentes culturas[34].

---

33. D. Le Breton, *Antropologia del corpo e modernità*, Giuffrè, Milano 2007, 11.
34. Es verdad que la visión antropológica y metafísica tiene una dimensión hermenéutica y se sirve de símbolos. Pero, a diferencia de las interpretacio-

He aquí, pues, un punto en el que el conocimiento de la filosofía se vuelve importante para evitar un tipo de relativismo cultural. Sólo gracias al discernimiento filosófico es posible comprender que no todo lo que concierne al significado del cuerpo es una construcción cultural; que no todo es simbolismo sujeto a cambios según tiempos, culturas y lugares. El cuerpo es también una realidad objetiva, dotada de una naturaleza, que es una manifestación esencial de la persona. Considerado como *Körper*, y todavía más como *Leib*, el cuerpo humano siempre tiene un valor objetivo, que exige ser completado a través de la interpretación (el valor simbólico).

El valor natural y el valor simbólico no son dos registros separados, sino dos partes o aspectos del cuerpo humano completo. Ricardo Horneffer señala que cuando ya no se entiende a la persona, el cuerpo *ya no es un símbolo de nada*[35]. Se reduce a ser una realidad opaca. En el mejor de los casos, el cuerpo se convierte en un "símbolo de sí mismo" o, más frecuentemente, en un testigo de los procesos culturales que se ejercen sobre él. El cuerpo, como fenómeno sin conexión esencial con la persona, rápidamente se convierte en una realidad ambigua, en una pantalla donde se proyecta cualquier interpretación. En este contexto resulta difícil acceder al cuerpo como dimensión de la persona.

nes simbólicas culturales, la filosofía propone una interpretación reflexivamente segura y bien fundada. Su valor veritativo resulta superior, por tanto, a las visiones culturales que no se sirven de una mediación filosófica fuerte. Es por ello que la filosofía puede discernir el valor de las interpretaciones culturales, pero no al revés.

35. Cf. R. Horneffer, *El cuerpo como símbolo*, en A. Xolocotzi – R. Gibu (coordinadores), *Fenomenología del cuerpo y hermenéutica de la corporeidad*, 217-226, 224.

Capítulo 9

La historicidad

A. La historia y la historicidad en el pensamiento filosófico a través de los siglos

Sólo daremos algunas pistas históricas aquí, siguiendo el sencillo esquema de las cuatro fases de la cultura occidental que presentamos en el primer capítulo[1]. Nuestra atención se dirigirá pronto hacia la modernidad, que fue un período en el que la historicidad casi fue perdida, y hacia su redescubrimiento en el período contemporáneo.

La época clásica tenía una aguda conciencia de la temporalidad, adquirida en la experiencia de la mortalidad. Era frecuente la frase "recuerda que morirás" (*memento mori*). La temporalidad se veía como una consecuencia natural de la finitud humana, y el tiempo se experimentaba como una realidad cíclica en la que había poco espacio para la novedad. Los estoicos, por ejemplo, pensaban que después de 3000 años comenzaría de nuevo un ciclo en que se repetiría toda la historia de la humanidad.

---

1. Para una visión del tiempo y de su significado en otras culturas, cf. K. Lippincott et al., *El tiempo a través del tiempo*, Grijalbo Mondadori, Barcelona 2000.

El período cristiano acogió la concepción hebrea que veía en el tiempo un *proceso lineal* hacia una conclusión metahistórica. Los hebreos comprendieron que el tiempo no podía ser una repetición cíclica. Además, la libertad humana tiene una influencia decisiva en su capacidad de escuchar a Dios o de negar esa escucha. Para el pueblo judío, el tiempo nunca representó una magnitud cerrada sino algo abierto. Por lo tanto, con los judíos, el *tiempo* se convierte en *historia*. El cristianismo hereda estas novedades e introduce, entre otras cosas, la clara distinción entre el tiempo, la eviternidad y la eternidad: los hombres, los ángeles y Dios tienen cada uno su propio tipo de "historicidad".

Separándose de la cosmovisión cristiana, la *modernidad* occidental utilizó a menudo un modelo de hombre que dejaba poco espacio a la historicidad: el modelo cartesiano del sujeto crítico (*res cogitans*) llamado a alcanzar verdades "eternas" e invariables como las de la matemática.

No muy lejos de tal visión está la idea de que Newton y Kant tenían del tiempo como realidad "absoluta". El tiempo para Newton era un flujo uniforme e ininterrumpido, como un inmenso contenedor vacío (o una serie de contenedores vacíos que llegan a nosotros en perfecta sucesión), que puede llenarse indistintamente con cualquier evento. Para Kant, el tiempo era una categoría trascendental de la sensibilidad interna, útil para ordenar los eventos según el esquema del antes y el después. Estas dos concepciones están en la base de las reflexiones sobre la naturaleza del tiempo hechas durante la era moderna y durante el idealismo.

Mientras estas convicciones permanecieron vigentes, el tiempo y la historia siempre se colocaban "del otro lado" del sujeto: sólo podían presentarse como "objetos". Por lo tanto, si el hombre estaba sujeto a la historia, era sólo en virtud de que era un ser vivo destinado a morir por tener un cuerpo. Además, sólo podía haber un tipo de tiempo: ese gran flujo que, siempre avanzando de la misma manera, arrastra y desgasta todo.

Poco a poco, sin embargo, las cosas cambiaron. El romanticismo alemán comenzó a valorar las instancias que el racionalismo había despreciado: las tradiciones, la diversidad de idiomas, los sentimientos, la historia. Con el idealismo de Hegel la historia de la filosofía alcanzó el rango de ciencia filosófica, contrarrestando así las síntesis racionalistas del siglo XVIII, que no incluían ninguna referencia al desarrollo histórico de las ideas. Entre finales del siglo XIX y principios del XX hubo fuertes cambios. Uno de ellos fue la larga discusión sobre las bases de la historiografía. Se pensaba que esta disciplina era una ciencia exacta, es decir, un área sujeta a un conocimiento cierto y metódico. En el debate acerca del fundamento y del método de la historiografía participó un gran número de pensadores como Schleiermacher, Nietzsche, Dilthey, Bergson, Heidegger y Gadamer, y ha conducido lentamente a una revisión profunda de todos los presupuestos relativos a la relación entre el hombre y la historia.

Uno de los problemas presentes en este contexto era el siguiente: queriendo hacer de la historia una ciencia autónoma, era importante revisar su dependencia de la herencia judeocristiana. Muchos se preguntaban cómo era posible pensar la historia sin adoptar el "presupuesto mesiánico" del movimiento de la historia hacia un punto final de orden metahistórico, religioso. Hegel había ofrecido una respuesta interesante. Sustituyó el presupuesto de la conclusión metahistórica que venía de Dios por un nuevo presupuesto. Se trataba de la conclusión de la historia que venía del hecho de que el Espíritu, completando la parábola de su proceso, se convertiría en Espíritu Absoluto. Sin embargo, la caída del hegelianismo hizo inaceptable esta respuesta y reabrió el problema de cómo entender una realidad –la historia– cuya totalidad no nos es dada. Muchos se preguntaron si debía admitirse que había llegado el "fin de la historia", entendiendo esta expresión como el fin del largo periodo en que se quiso hallar *una sola narración* de la historia, una versión única y perfectamente objetiva de la misma, y que de ahora en adelante habría que dar espacio a una pluralidad de narraciones históricas, siempre abiertas.

Como se puede ver, las discusiones sobre la base de la historiografía han sido complejas. Pero se llegó a comprender que la historia, mucho antes de ser algo que se refiere a los libros y al pensamiento teórico, concierne a la vida y al ser del hombre mismo. Se entendió que la *historia* no se reduce a la *historiografía* (escribir la historia, hacer ciencia de la historia). La historia es algo más rico y más cercano al hombre y a las culturas humanas. En otras palabras, si el hombre es capaz de escribir la historia y hacer la historia, esto se debe al hecho de que *el hombre mismo es histórico*[2].

La historia toca al hombre entero: no sólo su cuerpo que envejece, sino también su propio ser, como veremos más adelante. La historia toca las facultades humanas, que tienen un modo de proceder histórico. De hecho, el libre albedrío se ejerce no sólo en elecciones de pequeño calibre sino en elecciones con carácter de "proyecto". Para que perduren en el tiempo, éstas requieren la confirmación mediante otras elecciones, revelando así una dimensión histórica. Por su parte, la inteligencia tiene una forma histórica de entender la realidad y de expresarla teóricamente, como lo ha demostrado la hermenéutica filosófica contemporánea.

Por lo tanto, el hombre no debe comenzar su reflexión sobre el tiempo considerándolo de modo absoluto, como lo hicieron Kant y Newton, sino desde las nuevas formas de entender la histori-

---

2. Heidegger subraya esta idea en *Ser y Tiempo*, § 72. El problema de la historia no se zanja con la discusión sobre la historiografía, que la coloca en la posición del objeto. La historia, en realidad, es algo que *precede* a la historiografía porque es algo que afecta a la fenomenología del ser.

cidad descubiertas por los pensadores contemporáneos. De esta manera, se ha venido a entender mejor el misterio del sentido antropológico del tiempo. Los pensadores de la renovación antropológica quisieron profundizar en la relación de múltiples cosas con el tiempo: el tiempo y el hombre; el tiempo y la verdad; el tiempo y el valor; el tiempo y la cultura. Un gran número de teorías nacieron de estos planteamientos. Pero todo esto pertenece a la historia de la filosofía, mientras que aquí tenemos que ceñirnos sólo la dimensión antropológica de la historicidad.

Otro elemento importante para entender el tiempo surge de la respuesta kierkegaardiana a la concepción hegeliana del tiempo. Basándose en su concepción del "Único", la elección de la fe, la angustia y los estados de existencia, Kierkegaard reintrodujo la distinción agustiniana entre el *tiempo cósmico* (el único tiempo que conocían Hegel y los modernos) y el *tiempo antropológico*[3]. Más adelante tendremos ocasión de reflexionar sobre en este segundo tipo de tiempo.

B. Fase fenomenológica de la historicidad

1. *La especificidad de la historicidad humana en perspectiva fenomenológica*

La historicidad manifiesta su diversidad según los grados jerárquicos del ser. Recorriendo estos grados con una mirada fenomenológica captaremos cuál es la novedad que pertenece a la historicidad del ser humano en la escala de la temporalidad.

Las entidades sin vida no tienen una relación formal con el tiempo. Están "en el tiempo" pero "el tiempo no está en ellas". Es

---

3. Cf. M. Buber, *¿Qué es el hombre?*, 46-48. Heidegger utiliza una distinción similar en *Ser y Tiempo*, § 65.

externo a ellas, en el sentido de que no las toca formalmente. Del tipo de movimiento que es propio de los ritmos de la naturaleza se deduce el "tiempo cósmico", entendido como un flujo constante de instantes similares entre sí. En resumen, se puede decir que las entidades sin vida están "en el tiempo", pero no se puede decir que sean "temporales".

Con las plantas comienza el fenómeno de la vida y la relación entre el interior y el exterior. Por lo tanto, aunque el interior de la planta es incapaz de percibir el tiempo, es posible decir que la temporalidad comienza a tocarla al menos como la duración del tipo de movimiento intrínseco que es propio de la vida: nacimiento, desarrollo, decadencia, muerte. Por lo tanto, además del aspecto cuantitativo del tiempo ya presente en las entidades sin vida (tiempo cósmico), la planta comienza a tener una temporalidad con un aspecto cualitativo, que es la afirmación o el decaimiento de la vida vegetal. Se trata de una parábola temporal bien definida, que comienza, sube, alcanza su punto alto y comienza a decaer. El paso de esta sucesión de momentos vitales se rige por las leyes de la biología.

Los animales están dotados de una conciencia sensible. A la temporalidad propia de la vida vegetativa, los animales añaden la "distensión temporal" que implica una cierta referencia al pasado y al futuro. La memoria propia de los animales indica el comienzo de un sentido del "pasado", y los condicionamientos de la misma memoria se abren a la expectativa de eventos que aún no están presentes, poniendo así un fundamento al sentido del "futuro".

Con el hombre, las cosas cambian radicalmente. Al tiempo cósmico de los cuerpos no vivos y al tiempo vital de las plantas y animales, el hombre añade una nueva cualidad: la *historicidad*. Ya hemos dicho que en los seres no personales sólo hay temporalidad, no historicidad. El concepto de "historicidad" indica la temporalidad *cuando es asumida por una naturaleza como la del hombre*[4]. En otras palabras, el tiempo que toca al hombre, el tiempo como dimensión del hombre, se llama historicidad.

En este punto es posible añadir una aclaración. La persona individual, siendo el sujeto que da fundamento a la historicidad, no es el único sujeto. La plenitud de la persona incluye la referencia al grupo humano. Este grupo, cualquiera que sea su tamaño (tribu, grupo local, sociedad local, sociedad nacional, estado, civilización), también puede considerarse como sujeto que funda la historicidad. Por lo tanto, la historicidad concierne a la persona individual, pero no de modo que se excluya su pertenencia al grupo. La referencia a la persona individual se hace para indicar el fundamento último de la historicidad.

Podemos preguntarnos en qué se diferencia la historicidad humana de la temporalidad cósmica. ¿Cuál es la "novedad específica" que el hombre presenta en la fenomenología de su historicidad? Digamos que esta novedad consiste principalmente en tres cosas. En primer lugar, que la libertad toma un rol importante como factor esencial de la historicidad. En segundo lugar, que la historicidad implica una nueva forma de ser: la del proyecto personal, que indica las posibilidades que se quiere implementar para alcanzar una plenitud existencial. Finalmente, que la temporalidad cósmica es infinita, es un tiempo ilimitado, mientras que la historicidad humana es finita a causa de la condición mortal.

Con la libertad, la persona es capaz de dar inicio al proyecto según el cual quiere configurar su existencia. Gracias a la liber-

---

4. El término "asumir" es importante. Indica que un orden inferior se coloca bajo el influjo de un orden superior. En el caso que estamos considerando, es verdad que el cuerpo humano está sometido al espacio y al tiempo. Pero siendo así que el cuerpo humano es una realidad personal y no sólo un hecho físico, el "tiempo cosmológico" que toca al cuerpo como realidad material se convierte en *historia* porque ha quedado asumido por el orden personal.

tad, que actúa en el momento presente, podemos guiar nuestras posibilidades configurándolas poco a poco en vista del proyecto a realizar. De esta manera damos lugar a ciertas posibilidades que elegimos implementar. Tender a la realización de un proyecto personal es una forma auténtica de existir, y presupone la existencia del futuro como una dimensión de nuestro ser.

C. El proceso de personalización de la historicidad

Vista en el plano de la integridad, la unidad entre la historia y la persona es un hecho bien establecido. En cambio, la forma existencial de asumir e integrar la historia (personal y de grupo) es una tarea encomendada a la persona en el plano de la plenitud. Aquí el resultado no está garantizado. Veamos algunos aspectos de este proceso.

1. El proceso a la luz del descubrimiento gradual de la historicidad

Poco después de su nacimiento, cada niño comienza a conocer el mundo que le rodea. Pero aún no comprende su condición histórica. Si pudiera expresar una opinión, diría que el mundo que le rodea es el único que ha existido. "Las cosas siempre han sido así": personas, instrumentos, lugares, circunstancias, formas de hacer las cosas, etc.

Sin embargo, esta situación no tarda en romperse debido a la intervención de diversos factores. Al asistir a la escuela, el niño comienza a conocer la historia de su país. En casa, comienza a conocer la historia familiar. El niño es llevado gradualmente a darse cuenta de que "las cosas no siempre han sido así". El mundo comienza a aparecer como resultado de causas precisas que, además, son contingentes: si Colón no hubiera descubierto América…, si

Napoleón hubiera ganado en Waterloo…, etc. Sin embargo, para el niño y para el grupo nacional en que se inserta, esas causas contingentes han sido decisivas, en el sentido de que es imposible comprender el mundo actual sin referencia a ellas.

Será fácil ver que la persona ha integrado al menos inicialmente su propia historicidad en sí misma cuando es capaz de contar la historia de su vida. Narrarla a los demás presupone haber comprendido que la propia identidad es algo que se ha desarrollado a lo largo del tiempo, algo que todavía está en construcción. Esto es lo que Paul Ricoeur ha llamado *identidad narrativa*[5]. De hecho, cuando alguien tiene que explicar "quién es", nunca intenta dar una definición absoluta de sí mismo, como se podría hacer de un objeto cualquiera, sino que espontáneamente narra su historia personal.

Hay que añadir que la historia personal se enmarca en una historia más amplia. Se trata de las así llamadas "grandes narrativas" o "metanarrativas" que actúan como trasfondo que da sentido último y arraigo a la historia personal. Estas metanarrativas se adquieren generalmente por vía cultural y suelen ser compartidas por los miembros de una cultura o grupo humano[6].

El proceso de integración de la propia historicidad avanza con la llegada a la madurez en el uso de la razón. Conforme avanza en su educación escolar, el niño entra en contacto con teorías sobre el tiempo y la historia. Entonces le es posible reflexionar teóricamente sobre el hecho y el significado de la historicidad humana y la historia de la propia cultura. En este caso, como en todos los ante-

---

5. Cf. P. Ricoeur, *Sí mismo como otro*, 106-137; J.-D. Quinceno Osorio, *La identidad narrativa según Paul Ricoeur. Hacia una hermenéutica de la persona humana*, Dykinson, Madrid 2021.

6. La postmodernidad afirma el fin de las metanarrativas (cf. J.-F. Lyotard, *La condición postmoderna*, Cátedra, Madrid 2006). A este respecto hay que observar que la crisis de las metanarrativas es un hecho cultural, no una necesidad filosófica.

riores, puede producirse una creciente personalización de la propia historicidad (integración), o puede haber una negativa a aceptar ciertos hechos incómodos o vergonzosos que de alguna manera atañen a su historia. Esta falta de integración puede tener muchas formas: ante hechos incómodos se intenta olvidarlos, negarlos o interpretarlos de manera arbitraria.

Otro elemento característico de esta fase avanzada de la integración de la propia historicidad consiste en que la persona va haciéndose consciente de la manera en que tiende a *interpretar* de modo global su propia vida, su entera existencia histórica. Esto se hace comúnmente siguiendo algunos *esquemas narrativos de tipo histórico*. Por ejemplo, un joven puede narrar sus 16 años de vida con el sencillo esquema del crecimiento: "Nací en tal lugar, hice mis estudios primarios en tal sitio, he realizado estos viajes y aprendido estas destrezas, y espero concluir mis estudios preuniversitarios en un par de años". Un joven adulto puede usar el esquema de la permanente adversidad: "Desde pequeño siempre he tenido que vérmelas con las dificultades. Primero, en mi casa, con mis padres. Después, en la escuela. Y esto se perpetúa ahora en mi trabajo, a causa de los compañeros y del jefe que tengo". Hay muchos otros esquemas: el del éxito, el de la víctima permanente, el de la espera de algo bueno que no llega, etc. El hecho es que la mente humana utiliza la narrativa histórica para dar sentido a lo vivido y para procesarlo[7]. Claro que el esquema de interpretación de la propia vida se coloca a su vez dentro de esquemas superiores, de carácter geopolítico, sociológico, religioso, etc.[8].

---

7. Cf. Hongmi, L., - Buddhika, B., - Janice C.; «What Can Narratives Tell Us About the Neural Bases of Human Memory», *Current Opinion in Behavioral Sciences* 32 (April 2020), 111-119.
   8. Algunos ejemplos comunes son: el paso de la "galaxia Gutenberg" (el libro impreso) a la "galaxia Internet"; o el ascenso de China como superpoder

2. La personalización de la historicidad a la luz de las etapas de la vida

El proceso de personalización de la historicidad también puede verse en la perspectiva de las "edades de la vida", magistralmente estudiadas por Romano Guardini[9]. En el nivel de la reflexión filosófica tenemos aquí una fina «dialéctica entre fase y totalidad»[10], es decir, entre la unidad de la persona y la pluralidad de las etapas que vive. La persona no es una "identidad pura", libre de esa diversidad representada por las etapas personales que la someten a un cambio continuo. Cabe señalar, sin embargo, que las etapas de la vida conciernen a la persona en profundidad. No son fases extrínsecas e irrelevantes como la piel de la serpiente, que simplemente se desecha cuando resulta inútil. Procuremos entender bien esto.

La reflexión metafísica invita a recordar que el movimiento accidental no se entiende correctamente si se lo define como el tipo de movimiento en el que los accidentes cambian mientras que la sustancia no cambia. Esta forma de entenderlo puede llevar al dualismo entre el nivel de la sustancia y el de los accidentes. Es preferible definirlo como el tipo de movimiento en el que la sustancia, sin convertirse en otra cosa (eso sí sería un cambio sustancial), *sí resulta cambiada*, si bien ese cambio es *accidental*. La sustancia es un fundamento, pero un fundamento en movimiento.

Esta reflexión sobre las etapas de la vida tiene un impacto directo en el significado de la historicidad a nivel personal. Este significado se concretiza en el significado de cada una de las etapas individuales y de su totalidad. De hecho, en cada etapa se obra una *identificación* de la persona con la esfera personal propia de esa

internacional; o más recientemente, "la vuelta a la normalidad perdida con la pandemia de covid-19".

9. Cf. R. Guardini, *La aceptación de sí mismo. Las edades de la vida*, Librería parroquial de Clavería, México 1964.

10. *Ibid.*, 91.

etapa (el mundo del niño, el del adolescente, etc.). ¿Cómo deberíamos entender estas cosas?

Esta pregunta nos lleva a reflexionar sobre la forma en que los principios de identidad y diversidad se aplican a la relación entre las distintas etapas. No es correcto, por ejemplo, ver la infancia como un simple preludio de la juventud, y ésta como una preparación para la madurez, o la vejez como un anticipo de la ancianidad. Tal enfoque nos haría perder el principio de identidad de cada etapa al ponerla en función de otra, privándola de un significado propio.

Aplicando una perspectiva antropológica más atenta, podemos decir que cada fase de la vida aparece como una esfera personal. Se abren a la persona una serie de novedades que se concretan en posibilidades y valores precisos a alcanzar[11]. En cada fase la necesidad de hacer el bien y de buscar la verdad se manifiesta de manera concreta. Cada fase pide a la persona que establezca nuevos vínculos: amistad, compromiso, búsqueda, entrega, etc. Cada fase hace posible el crecimiento en el conocimiento de uno mismo y de los demás. Las formas de vivir todo esto serán, por supuesto, muy diferentes para un niño, para el adolescente, para el joven que tiene que elegir su propio estado de vida, para el adulto que va avanzando en la vida y, finalmente, para el anciano.

Decíamos que en cada etapa se debe lograr un tipo de identificación. Habría mucho que matizar acerca de esto. Baste decir que aquí también se aplican los principios de identidad y diversidad. Es impensable una identificación absoluta de la persona con una de las etapas de su vida, pues la persona es también sus posibilidades y no sólo su ser actual. Pero a nivel psicológico y existencial es plausible hablar de una identificación. Por ello, al comenzar el paso a la siguiente fase se produce un rompimiento de la identificación lograda anteriormente. Es la experiencia de la *crisis* que

11. Cf. *ibid.*, 50.

Guardini, siguiendo a Kierkegaard, entiende como algo necesario para la totalidad del proceso.

Por último, cabe señalar que las etapas tienen un cierto valor "acumulativo" para la persona, de modo que si, por ejemplo, alguien ha vivido bien la etapa de la infancia, siempre llevará consigo ciertos frutos que no desaparecen y que le ayudarán en las siguientes etapas. Y lo mismo hay que afirmar cuando una etapa ha sido mal vivida[12].

D. La pluralidad y la unidad de la historicidad humana

Puesto que la historicidad está sujeta a sí misma (el hombre entiende históricamente su condición histórica), se nos invita a recorrer algunas de las etapas más destacadas en las que la reflexión filosófica antigua y contemporánea ha sondeado el sentido de esta afirmación ya conocida por nosotros: "el tiempo como dimensión del hombre se llama historicidad". Esta frase no nos orienta hacia la noción genérica de "tiempo", sino hacia la historicidad propia de la persona. Pero, como veremos, no podemos evitar partir de las primeras reflexiones sobre el tiempo surgidas en el contexto de la filosofía griega.

1. Cruzando el umbral del "tiempo cosmológico": Aristóteles y San Agustín

La reflexión aristotélica sobre el tiempo

Recordemos que Aristóteles tuvo que responder a las dificultades sobre el movimiento y el tiempo planteadas por la filosofía

---

12. No se lea esto en clave determinística. Afirmar el influjo de una etapa a otra posterior no prejuzga lo que la persona pueda hacer para subsanar carencias y reinterpretar daños.

eleática[13]. Zenón de Elea, con su famoso ejemplo de Aquiles tratando de alcanzar a la tortuga, había argumentado que Aquiles –la personificación del movimiento– tendría que recorrer un número infinito de puntos intermedios en su carrera, lo cual requeriría una cantidad infinita de tiempo. Aquiles *nunca* podría alcanzar a la tortuga. Este "nunca" indica que el tiempo se convierte en un problema. Recorrer un espacio finito (pero formado por una infinidad de puntos) requeriría un tiempo infinito. Se habría producido así un divorcio entre el espacio y el tiempo. El movimiento se hacía *incomprensible*.

Sabemos que Aristóteles llevó a cabo una aguda crítica de estas teorías eleáticas a través de su teoría del acto y la potencia. El núcleo de su respuesta podría resumirse en dos puntos:

1. La distinción entre la continuidad y la divisibilidad. El movimiento local, así como el tiempo y el espacio que lo constituyen, es infinitamente divisible, pero *sólo potencialmente*. La reflexión analítica puede comprender esta divisibilidad. Pero el movimiento, el espacio y el tiempo, considerados fuera de esa reflexión, existen como algo indiviso, es decir, como algo continuo.

2. El "lugar" del movimiento. El objeto en movimiento local no se detiene en cada punto de su recorrido, al igual que no se detiene en cada momento. Más bien hay que decir que el movimiento "pasa por" cada punto del espacio y por cada momento del tiempo.

La concepción aristotélica del tiempo, por muy eficaz que sea frente a las teorías eleáticas, no está exenta de dificultades cuando se considera el tiempo desde otra perspectiva. Se trata del análisis del tiempo compuesto por el presente, el pasado y el futuro. Es un análisis que surge del sentido común, también aceptado por Aris-

---

13. Cf. Aristoteles, *Física*, VI, 9, 239b15

tóteles. Según su análisis, el tiempo se puede representar mediante dos segmentos de una línea horizontal que representa el espacio que un ente en movimiento debe recorrer. Los segmentos están divididos por un punto central que representa el punto en que se halla el ente en su recorrido. El punto central que divide los dos segmentos representa el "presente". El segmento que representa lo que resta por recorrer representa el "futuro", mientras que el segmento ya recorrido representa el "pasado".

Este análisis parece obvio. Sin embargo, no está exento de dificultades. Intentemos destacarlas. Cabe preguntarse: ¿qué es el futuro, si aún no ha llegado al punto del "presente"? ¿Qué tipo de realidad tiene el pasado, siendo que ya ha fluido y ya no tiene ninguna relación con el punto del "presente"? Más apremiante aún es la pregunta sobre el presente: ¿cómo entenderlo si se reduce a un punto sin extensión, que sólo tiene el papel de dividir el futuro del pasado? Siendo así, parece que no se puede decir que haya un "tiempo presente" porque esto implicaría una imposible detención del flujo continuo del tiempo en un punto inextenso. En el mejor de los casos, se podría decir que el tiempo "pasa por el presente". Como vemos, a la luz de este análisis cosmológico es muy difícil explicar cómo existen el presente, el pasado y el futuro.

Estos y otros problemas similares han sido abordados por pensadores de todas las épocas. Autores contemporáneos como Kierkegaard, Bergson, Husserl, Heidegger, Scheler, Guardini, Gadamer y Ricoeur se preguntaron cómo superar la concepción cosmológica del tiempo en favor de una comprensión antropológica y existencial.

La reflexión de San Agustín

En el libro XI de sus *Confesiones*, San Agustín emprende una profunda reflexión sobre el tiempo. Le impulsó a hacerlo su deseo de arrojar luz sobre el texto del *Génesis* que relata la creación del mundo.

Agustín, como buen teólogo, afirma que el tiempo y la creación están unidos: la creación, aun surgiendo de la sabiduría eterna del Creador, sucede en el tiempo; el tiempo mismo es una realidad creada. Dios es el Creador, diferente de sus criaturas. Por lo tanto, el tiempo de las criaturas es diferente de la eternidad de Dios. Sobre esta base, además de dar una respuesta a los maniqueos que preguntaban qué hacía Dios antes de crear el mundo, Agustín comienza a desarrollar su reflexión sobre el tiempo y llega a la pregunta fundamental: ¿qué es el tiempo?

Su primera respuesta es muy conocida gracias a la pizca de humor que contiene: «Si nadie me plantea la cuestión, lo sé. Si quisiera explicarla a quien la plantea, no lo sé»[14]. A continuación, revisa tanto las paradojas de Zenón como las cuestiones no resueltas de Aristóteles sobre la naturaleza del presente, el pasado y el futuro, cuyo alcance conoce bien. Escribe:

> Digo sinceramente que sé que, si nada transcurriese, no habría tiempo pasado y que, si nada sobreviniese, no habría tiempo futuro y que, si nada existiese, no habría tiempo presente. Por lo tanto, esos dos tiempos, el pasado y el futuro, ¿cómo son, desde el momento en que el pasado, por una parte, ya no existe, y el futuro, por otra, todavía tampoco? El presente, por el contrario, si siempre existiese como presente y no pasase a pasado, ya no sería tiempo sino eternidad[15].

Hay que señalar que Agustín introduce una importante novedad al abordar estas cuestiones. Ya no se basa únicamente en el movimiento local, como hacían los filósofos griegos de la antigüedad que habían adoptado una perspectiva cosmológica. Más

---

14. S. Agustín, *Confesiones*, Ed. Gredos, Madrid 2010, XI, 14.
15. *Ibid.*

bien, sigue el estilo narrativo en "primera persona", característico de sus *Confesiones*: un diálogo consigo mismo y con Dios. Así, tras preguntarse *qué es* el tiempo, procede a preguntarse *cómo existe* el tiempo en el hombre. De este modo, Agustín analiza *la experiencia humana del tiempo*. Él reflexiona sobre el tiempo desde la perspectiva del alma humana, que tiene una experiencia múltiple del mismo porque lo mide, hace diversas comparaciones con él y lo escudriña en su estructura de presente, pasado y futuro. En Agustín, por tanto, encontramos la novedad de un enfoque *antropológico* del tiempo.

Esta elección de la perspectiva antropológica sobre la cosmológica es la clave que permite al obispo de Hipona hacer su audaz propuesta. Afirma que presente, pasado y futuro no existen por separado, sino en una especie de *síntesis o integración* que los implica gracias a la acción del alma humana. Agustín llega así a una comprensión más precisa del modo de existencia que corresponde a los tres tiempos:

- No hay que hablar del "simple pasado" (el pasado de los acontecimientos que ya han tenido lugar, y por tanto ya no existen) sino del "presente del pasado", ligado a la memoria humana[16].

- Y no se debe hablar del "futuro simple" (el futuro de los acontecimientos que aún no han sucedido, y por lo tanto

---

16. Husserl analiza finamente la permanencia del pasado en el presente a la luz de la "retención", mientras que el Hiponense, siguiendo una perspectiva menos técnica, se refiere a la "memoria". De esta manera san Agustín se presenta en alguna medida como un precursor de Husserl, cuya fenomenología investiga la historicidad humana desde la perspectiva de las estructuras de la *conciencia interna del tiempo* que tiene el ser humano, y que es un presupuesto antropológico propio de la subjetividad humana. Asumimos este presupuesto en las reflexiones filosóficas de carácter más objetivo que proponemos en este capítulo.

ya no existen) sino del "presente del futuro", ligado a la experiencia de la espera[17].

He aquí el texto de las *Confesiones* en el que se articula esta comprensión:

> Lo que ahora resulta claro y visible es que no existe el futuro ni el pasado, ni se dice con propiedad: "hay tres tiempos, pasado, presente y futuro", sino que tal vez se diría con exactitud: "hay tres tiempos: presente de los hechos pasados, presente de los presentes y presente de los futuros". De hecho, estos tres son algo que está en el alma y no los veo en otra parte: memoria presente de los hechos pasados, contemplación presente de los presentes y espera presente de los futuros[18].

La perspectiva antropológica del Hiponense nos ofrece así una brillante integración del pasado y el futuro en el presente. El alma humana es la base que percibe el tiempo, lo comprende, lo elabora y, partiendo del presente, obra en él una "distensión"[19], recordando el pasado (diríamos: interpretándolo[20]) y esperando el futuro (anticipándolo) a partir del presente.

Esta lectura antropológica del tiempo, diversa de la lectura cosmológica practicada por los griegos, será retomada más de

---

17. Podemos *prever* muchas cosas futuras, sin que necesariamente las *esperemos*. Sólo la espera tiene un valor existencial que afecta la historicidad humana.

18. *Ibid.*, XI, 20.

19. Reflexionaremos sobre el concepto agustiniano de "distensión" al afrontar el fundamento de la temporalidad.

20. En efecto, el "presente del pasado" es el fruto de una elaboración, no comparable a un largo filme que conservara de modo objetivo todo el pasado, minuto a minuto. Paul Ricoeur ha argumentado que la memoria está unida a su opuesto, el olvido (cf. P. Ricoeur, *La memoria, la historia, el olvido*). El "presente del pasado" presupone un rompimiento con el simple presente, seguido de un proceso de recuperación interpretativa que pertenece a la fase de la *plenitud*. Algo análogo habría que decir acerca del "presente del futuro".

quince siglos después, con o sin conocimiento explícito de su origen agustiniano, por pensadores afines a la renovación antropológica contemporánea. Es mérito de San Agustín haber ampliado considerablemente el análisis aristotélico sobre el tema del tiempo y haber esbozado un nuevo enfoque para su estudio.

2. La interpretación del tiempo antropológico en algunos autores de la renovación antropológica contemporánea

1. Kierkegaard y el "instante" como clave para entender la historicidad humana

Además de establecer contra Hegel la distinción agustiniana entre tiempo cosmológico y antropológico, el pensador de Copenhague desarrolló una comprensión de la temporalidad humana a la luz del *instante*[21]. Éste tiene como contenido, no el "ahora" del movimiento local, sino la elección de la fe, mediante la cual el hombre se abre libremente a Dios y afirma su relación con Él. En ese momento, el hombre deja de orientarse hacia el pasado (entendido por Kierkegaard como el tiempo del pecado, pero también como el tiempo cíclico del paganismo) y comienza a orientarse hacia el futuro, representado por la relación redescubierta con Dios que abre una nueva comprensión de la existencia. El instante de la fe, que funda la plenitud del tiempo para una persona, se convierte en un anticipo de la eternidad y crea una síntesis del tiempo y la eternidad.

A partir de esta síntesis no es difícil comprender el valor de la categoría de "contemporaneidad" utilizada por Kierkegaard. El hombre, al elegir a Dios, se convierte en discípulo de Jesús. Y la

---

21. Cf. C. Fabro, *Problemi dell'Esistenzialismo*, AVE, Roma 1945, 17, 79 et passim.

relación del discipulado no puede ser teórica. No puede consistir en el estudio de una doctrina de un Maestro que no está presente. Kierkegaard escribe:

> En relación con lo Absoluto solamente se da un tiempo: el presente: Quien no es contemporáneo del Absoluto, para él no existe absolutamente. Y ya que Cristo es lo Absoluto, se ve con facilidad que en relación con Él no cabe más que una situación: la contemporaneidad[22].

2. La articulación de presente-pasado-futuro en Heidegger

En *Ser y Tiempo*, Heidegger realizó un importante análisis de la temporalidad humana[23]. El tiempo no era la cuestión central que lo interesaba; lo era "el sentido del ser", que Heidegger esperaba descubrir a través del análisis del hombre. En consecuencia, el ser del hombre se interpreta, no ya a la luz de la permanencia de la sustancia (siempre presente), sino a la luz del vaivén entre posibilidades presentes y proyectos futuros.

Sin embargo, el tiempo aparece en un punto importante del camino impuesto por el método seguido por Heidegger, que consiste en buscar las condiciones de posibilidad de los fenómenos. Cuando al final de la Primera Sección de *Ser y Tiempo* Heidegger ya ha establecido que "el cuidado" (*Sorge*) es el fenómeno que caracteriza más plenamente el ser del hombre, da un paso más y afirma que el ser de la preocupación es el tiempo. Recopilando los resultados de la primera sección, Heidegger afirma:

---

22. S. Kierkegaard, *Ejercitación del cristianismo*, Trotta, Madrid 2009, 85.
23. Algunas traducciones prefieren la expresión "temporeidad", que en el pensamiento de Heidegger puede distinguirse de la temporalidad. Nosotros no recogemos ese matiz y seguiremos hablando de "temporalidad".

Ahora bien, el fundamento ontológico originario de la existencialidad del *Dasein* es la temporeidad. Sólo desde ella resulta existencialmente comprensible la totalidad estructural articulada del ser del *Dasein* en tanto que cuidado. [...] Desde la temporeidad se hace entonces comprensible por qué el *Dasein*, en el fondo de su ser, es y puede ser histórico, y por qué puede, en cuanto histórico, desarrollar un saber histórico[24].

Aparece así que la temporalidad es, por una parte, un dato intrínseco de la persona (el hombre es un ser histórico). Por la otra, resulta que la temporalidad es la única perspectiva que, según Heidegger, permite que el hombre entre en su totalidad como tema de un estudio ontológico. Así, toda la Segunda Sección está dedicada a reexaminar los temas que surgieron en la Primera Sección, pero ahora a la luz del tiempo.

El tiempo revela su multiplicidad de modos, que son tres: la intratemporalidad, la historicidad y la temporalidad. Todos son reales y efectivos, pero a Heidegger le interesa especialmente el modo fundamental: la temporalidad.

- *La intratemporalidad* es el tiempo "del que el hombre se ocupa", como escribe Heidegger en el título del §80 de *Ser y Tiempo*. Al centro de la intratemporalidad está el hecho hermenéutico de que el hombre controla, numera y hace público este tiempo, pues le permite organizar su vida y sus acciones intramundanas. La intratemporalidad es el tiempo infinito de los procesos naturales, el tiempo que consiste en instantes siempre iguales, el tiempo que habría sido estudiado por Aristóteles, san Agustín, Kant y Hegel, así como por la ciencia moderna. Para la intratemporalidad, el presente es el tiempo fundamental.

24. M. Heidegger, *Ser y Tiempo*, §45, 232.

- *La historicidad* es la raíz de la intratemporalidad, sobre la que Aristóteles nunca se interrogó. Es la base de las disciplinas históricas que el hombre genera por estar interesado en narrar el pasado. El tiempo de la historicidad no es continuo, infinito ni predecible. Está ligado al tiempo de los acontecimientos que los hombres producen libremente. En la historicidad el tiempo pasado es el tiempo fundamental.
- *La temporalidad* es la raíz de la historicidad y, por tanto, representa el modo más fundamental del tiempo. La temporalidad es la respuesta heideggeriana a la pregunta: "¿En qué sentido la persona es histórica, o en qué sentido la historicidad es una dimensión esencial de la persona?".

Con respecto a la temporalidad Heidegger afirma: «*Dasein* no es temporal porque esté dentro de la historia, sino que, por el contrario, sólo puede existir históricamente porque es temporal en el fondo de su ser»[25].

La dinámica de la temporalidad se rige por la dialéctica entre las posibilidades presentes y los proyectos futuros del hombre. De ahí que la temporalidad esté constituida por los tres "éxtasis temporales": presente, pasado y futuro. ¿Cómo se entienden estos tres éxtasis en *Ser y Tiempo*?

- El pasado se basa en el hecho de que el hombre se descubre como "arrojado" en el tiempo, es decir, como "habiendo sido". Así, el hombre está esencialmente ligado al tiempo.
- El presente aparece como el resultado de haber sido "arrojado". Por eso el hombre se descubre "caído", es decir, reconoce su condición de ser inacabado. Y por eso la relación del hombre con el presente está marcada por el "cuidado".
- El futuro: nuevas posibilidades se abren ante el hombre que comprende su propio estado. En estas posibilidades

---

25. *Ibid.*, §72, 364.

el hombre se ocupa hasta que la muerte, que es la última de las posibilidades, lo alcanza[26]. El futuro es el tiempo principal del hombre en la medida en que se orienta hacia el futuro como fuente de su capacidad de ser. La temporalidad en Heidegger está marcada por el fenómeno de la horizontalidad[27]. Esto significa que el presente, el pasado y el futuro siempre poseen un "hacia dónde", un horizonte. Los tres éxtasis no están separados y cerrados, sino abiertos y proyectados hacia algo. De hecho, Heidegger los llama "éxtasis" precisamente porque representan las tres "salidas" de la historicidad hacia el horizonte abierto por las posibilidades.

En la reflexión heideggeriana la horizontalidad, entendida como salida (éxtasis), puede darse igualmente hacia el pasado, hacia el presente o hacia el futuro. En cualquier caso, cada éxtasis implica a los otros dos: los éxtasis se implican recíprocamente, como había enseñado Agustín. Por lo tanto, en *Ser y Tiempo*, la temporalidad, con sus tres éxtasis, no aparece constituida por tres tiempos sucesivos, sino por tres tiempos siempre implicados el uno en el otro. Heidegger escribe: «La temporización no significa una sucesión de los éxtasis. El futuro no es posterior al haber-sido, ni éste anterior al presente. La temporeidad se temporiza como futuro que está-siendo-sido y presentante»[28].

---

26. Si falta la luz de la trascendencia, y en ausencia del "presupuesto teológico" que Kierkegaard había utilizado al inicio de la renovación antropológica contemporánea, parece inevitable que la historicidad sea vivida bajo el signo de la inmanencia según la propuesta heideggeriana del ser-para-la-muerte.

27. Cf. A. Escudero, «Del existir temporal: Heidegger y el problema del tiempo», *Apeiron. Estudios de filosofía*, 1 (2014), 97-174, 116.

28. M. Heidegger, *Ser y Tiempo*, §68, 339.

3. La reflexión de Max Scheler sobre el tiempo

En cuanto a la aportación de Max Scheler, podemos apreciar que en su análisis fenomenológico del tiempo también aparece una interesante distinción en tres grados[29]. No son muy diferente de los propuestos por Heidegger:

- El primer grado es el tiempo cósmico, que fluye siempre de la misma manera y consiste en una sucesión ininterrumpida. No manifiesta ninguna división entre presente, pasado y futuro.

- El segundo grado es el tiempo vital del "yo", en el que aparece la tripartición de pasado, presente y futuro. Para el hombre, se trata de tres realidades interdependientes. Ninguno puede entenderse plenamente sin los otros dos. Para Scheler, el pasado está representado por la memoria, mientras que el futuro está representado por las expectativas, que impulsan al hombre hacia adelante.

- El tercer grado es el "tiempo personal". Este tipo de tiempo es cualitativamente diferente del tiempo vital. En el "tiempo personal" la persona no sólo constituye el pasado y cultiva las expectativas de futuro, sino que es capaz de dar a ambos un nuevo sentido. Esto se ve claramente en dos experiencias: *el arrepentimiento* (dirigido al pasado), y *la promesa* (dirigida al futuro). Scheler sostiene que en estos dos casos la persona se eleva, por así decirlo, por encima de sus propios actos, trascendiéndolos. Al prometer, la persona se eleva por encima de sus actos futuros dándoles un significado preciso por adelantado. Y al arrepentirse, la persona se eleva por encima del significado de un acto pasado con

---

29. Cf. S. Sánchez-Migallón, *La persona humana y su formación en Max Scheler*, EUNSA, Pamplona 2006, 148-154.

la intención de revisar su sentido. Incluso se puede llegar a sustituir por completo el sentido del acto pasado por un sentido totalmente nuevo. Si bien desde la perspectiva de la causalidad eficiente siempre será cierto que tal persona ha realizado tal acto, también es cierto que en el plano metafísico la persona nunca se identifica con sus actos, que siguen siendo accidentes suyos. En consecuencia, un cambio interior en la persona puede ir seguido de una revisión del nexo de sentido que la vincula a los actos que ha realizado en el pasado. Quien se arrepiente, renueva el sentido que atribuye a un acto del que debe responsabilizarse ("Me arrepiento: nunca debí hacerlo"). Con ello, logra integrarlo en sí mismo de una manera nueva.

4. El valor antropológico del "presente" en Guardini

Romano Guardini reflexionó de otra manera sobre los tres éxtasis temporales y su entrelazamiento. Para ello, se centró en la naturaleza del "presente". Comprendió que el hombre, no sólo viviendo de hecho su historicidad, sino siendo consciente de ella, vive en el presente como un presente que integra en sí mismo el pasado y el futuro.

El significado especial del presente con respecto al pasado y al futuro parece residir en que, para Guardini, el presente no se sitúa en el mismo nivel que el pasado y el futuro: «la esencia del presente es estar en el filo agudo entre el ya-no y el todavía-no; es un paso de lo ya sido a lo que viene»[30].

Esta frase no debe interpretarse como una vuelta a la posición aristotélica. Guardini dice que el presente es el punto de síntesis del pasado y el futuro porque *los trasciende* al colocarse en un pla-

30. R. Guardini, *El Contraste*, 115.

no superior. Por supuesto, esta superioridad del presente sobre el pasado y el futuro no debe entenderse en un sentido espacial, sino ontológico y personal: la persona vive y actúa libremente en el presente. En este "presente superior" tiene lugar la inspección de las posibilidades futuras y la interpretación del significado del pasado. Esta trascendencia del presente se combina con su inmanencia. Así funciona el pensamiento polar de Guardini, siempre atento a las dos caras de cada realidad. Por ello, en sus escritos hay también una rica reflexión sobre lo que podríamos llamar el "presente profundo"[31]. Es el presente que se vive intensamente desde la interioridad personal, el presente en el que se experimenta un tipo de intensificación cualitativa. En este "presente profundo" la persona permanece en su propia interioridad, en su propio núcleo. Este presente conduce a la experiencia del *descanso* que se halla en la contemplación, en experiencias como la interioridad espiritual y el autoconocimiento[32]. Escribe Guardini:

> Mientras el hombre se limita a ir sin rumbo del ayer al mañana, está en poder del tiempo. Pero si sabe descansar, el presente aflora en su alma, y entonces entra en contacto con la eternidad. Saber descansar significa estar abierto a una dimensión de eternidad[33].

Guardini explica que el hombre que quiere conocer la profundidad de este presente necesita cultivarlo. No se trata de un lugar ya dispuesto para quien quiera acceder a él, sino de una tarea. Este

31. La oposición polar entre el "presente superior" y el "presente profundo" refleja de cerca otra temática agustiniana: la relación entre la *intentio animi* y la *distentio animi*.

32. Se trata, por tanto, de una auténtica *plenitud* de la historicidad de la persona, en que la apertura existencia al futuro y al pasado se reduce a un grado mínimo.

33. R. Guardini, *Cartas sobre la formación de sí mismo*, Palabra, Madrid 2000, 139.

movimiento hacia la profundidad del presente es, en cierto modo, el polo opuesto a la dispersión del presente hacia el pasado y el futuro. Guardini desarrolló otras formas de entender la historicidad. Relevante para nosotros, y afín al tema del "presente profundo" que acabamos de ver, es el que se refiere al presente como el tiempo cultural en el que a cada uno le toca vivir. Este presente tiene siempre un colorido especial, y está lleno de riesgos, posibilidades y responsabilidades para quienes desean entenderlo y vivirlo correctamente. Escribe Guardini:

> Se trata de una adhesión a los hechos de la historia, que es una auténtica decisión [...]. Nuestro tiempo se nos ha concedido como el suelo sobre el que hemos de vivir, y como misión que hemos de realizar. [...] Nuestro tiempo no es como un cauce extraño sobre el que nos vemos obligados a avanzar. Nosotros mismos somos nuestro tiempo. Nuestra sangre y nuestra alma, he ahí nuestro tiempo[34].

Este texto lleno de intensidad antropológica nace del contacto de Guardini con los jóvenes a cuya formación humana y espiritual se dedicaba. Estaba apegado a la cultura preindustrial y tradicional que persistía en algunas partes del norte de Italia, pero sabía que esta cultura estaba destinada a desaparecer. Esto le dolió. Su mirada hacia el futuro seguía dominada por el temor que le producía la dificultad de comprender su significado y la percepción de los riesgos que se escondían tras él. Pero al final pudo decidirse a aceptar su presente cultural, con sus retos e incertidumbres. Así, Guardini realiza una especie de identificación entre el presente y su misión. El presente es el momento de la responsabilidad.

---

34. R. Guardini, *Cartas del Lago de Como*, Dinor, San Sebastián 1957, 120-121.

5. *Para elaborar una síntesis sobre la historicidad*

Las propuestas que hemos revisado aquí parecen integrarse en una síntesis. En el centro debe situarse el presente intensivo o "profundo", como la modalidad en la que la historicidad es más real para la persona, otorgándole además la posibilidad de ejercer su libertad de modo más pleno.

El futuro, según la lección agustiniana, debe ser visto como futuro-del-presente, particularmente como la capacidad de configurarse a sí mismo en la forma en que Heidegger teorizó. Del mismo modo, el pasado debe ser visto como el pasado del presente. En términos más generales, siguiendo los pasos de la hermenéutica de Gadamer, el pasado debe entenderse también a la luz de esa tradición que nunca representa un "pasado muerto", desconectado del presente, porque pertenece a la propia historia, personal y sociocultural, siempre en desarrollo a través de la interpretación continua.

Otra perspectiva de síntesis es la que distingue el tiempo cosmológico del antropológico. Para la antropología, se derivan dos consecuencias importantes:

– El tiempo antropológico no debe pensarse cuantitativamente como el tiempo cosmológico, sino cualitativamente, es decir, a la luz de su contenido[35]. El contenido nunca es el mismo: siempre es una experiencia vivida específica (*Erlebnis*[36]). Esto genera un abanico muy diversificado de vivencias temporales que conocemos por experiencia:

35. En sintonía con esta perspectiva se halla el texto del capítulo 3 del *Eclesiastés* (*Qohélet*), que dice: "Todo tiene su momento, y cada cosa su tiempo bajo el cielo: su tiempo el nacer, y su tiempo el morir; su tiempo el plantar, y su tiempo el arrancar lo plantado…".

36. Este término filosófico traducido en español como "vivencia" o "experiencia vital" está vinculado a la obra filosófica de W. Dilthey. Él quiso distin-

tiempos de espera, de plenitud, de ausencia; la elaboración de recuerdos, la planificación de un futuro, el sufrimiento de los "tiempos muertos" o "vacíos", etc. El contenido también es importante porque determina el tipo de esfera personal a la que se tiene acceso en un momento dado, y porque ilumina los valores, las posibilidades y los riesgos que se dan en esa esfera personal.

– Dado que ahora vemos el tiempo en su sentido antropológico, la duración "cronológica" medida en horas, minutos y segundos ya no es la perspectiva adecuada para entender la duración de los fenómenos personales. Hay que encontrar una nueva perspectiva para cuantificarla. El contenido nos la da. La duración de un momento presente (un "ahora") se determina en función del contenido. Mientras dure el contenido de ese "ahora", el tiempo presente dura. Martin Buber intuyó la necesidad de aplicar esta nueva perspectiva cuando escribió: «La plegaria no ocurre en el tiempo sino el tiempo en la plegaria, ni el sacrificio en el espacio sino el espacio en el sacrificio, y aquel que invierte la relación suprime la realidad»[37].

3. El fundamento de la historicidad: el dinamismo histórico de nuestro ser

Hay que partir del hecho de que nos autoposeemos de manera humana, es decir, sin cancelar jamás la tensión entre el ser y el actuar. Esto significa que nos autoposeemos en la sucesión de

---

guir entre la experiencia básica de las ciencias del espíritu (ésta es el *Erlebnis*) y la de las ciencias de la naturaleza (*Erfahrung*: experiencia "de laboratorio").

37. M. Buber, *Yo y tú*, 16. Santo Tomás de Aquino conoce este principio y lo aplica, por ejemplo, en *S. Th.*, I, q.52, a.1: «Nam substantia incorporea sua virtute contingens rem corpoream, continet ipsam, et non continetur ab ea; anima enim est in corpore ut continens, et non ut contenta».

los momentos presentes. El tiempo del hombre es sobre todo el tiempo concedido a su libertad. El presente es en este sentido el momento privilegiado –el único– de la realización de la libertad. En el momento presente el hombre pone en marcha sus posibilidades. La autoposesión formal, propia de la persona, tiene lugar sobre todo en el momento presente. Ya no ejercemos una autoposesión directa sobre nuestro pasado. Y nuestra autoposesión se extiende al futuro sólo indirectamente, en la medida en que podemos controlar las causas que pueden determinarlo. Esta constatación, formulada a partir de la antropología de la autoposesión, nos pone en el camino de la fundamentación antropológica de la historicidad.

Que nos autoposeamos imperfectamente, es decir, "en la sucesión de momentos presentes", significa que nuestro ser personal no encuentra su explicación más completa a la luz de la categoría de la sustancia. Para expresarnos en la terminología que hemos utilizado en estas páginas, diríamos que la persona no consiste sólo en lo que se da en el plano de la *integridad* – que es un plano "metatemporal", es decir, un plano que asegura la identidad del sujeto a lo largo de los cambios que se producen. La persona consiste también en lo que se desarrolla en el plano de la *plenitud*, que se pone realmente en manos de la persona para que pueda guiarlo inteligente y libremente, convirtiéndose así, en cierto sentido, en el "autor de su propio ser".

Además de utilizar la perspectiva de la autoposesión, hay otra perspectiva que puede ayudarnos a iluminar el fundamento de la historicidad. En el centro de esta perspectiva está el concepto agustiniano de "distensión". Entramos ahora en él.

Hemos explicado que San Agustín conocía la famosa definición aristotélica del tiempo como la medida del movimiento. No le pareció del todo satisfactorio, y adoptó una perspectiva antropológica basada en el alma humana y sus capacidades. Es en este

punto donde entra en juego el concepto de "distensión". Agustín
sostiene que el ser del hombre no se entiende a la luz de la con-
centración (todo encerrado en una sustancia sobre la que podemos
ejercer un dominio completo en el momento presente) sino a la
luz de la distensión. Esto quiere decir que el hombre no existe en
un "presente perpetuo" estático, sino que *existe temporalmente*, es
decir, en la sucesión de momentos presentes, desde los cuales se
abre a un pasado y a un futuro.

¿Por qué? En definitiva, ¿qué es lo que hace posible esa distensión de nuestro ser en el tiempo? Esto se debe a que el espíritu
humano tiene una unidad imperfecta. Este es el tipo de unidad
que pertenece a un espíritu creado y finito. Por eso, a diferencia
de Dios, que es espíritu puro, dotado de una unidad perfecta que
excluye todo devenir, el espíritu humano debe realizarse gradualmente, en la sucesión de momentos. Nos realizamos temporalmente[38].

Conviene entender bien lo que significa la "distensión". No se
opone a la unidad de la persona que se funda sobre su naturaleza
(su integridad). La fuerza de la distensión no desintegra la unidad
de la persona humana en una multiplicidad temporal donde reina
la dispersión. Más bien, hace que esa unidad quede abierta a dos
modalidades interdependientes que son propias de la persona: la
unidad dada en la *autoposesión* que se ejercita en cada momento
presente, y la unidad *diacrónica*, temporal, que es el significado
principal de la "distensión". Ambas se hallan en unidad de tensión, complementándose y sosteniéndose. Para comprender in-
tuitivamente este estado de cosas es posible recurrir a la imagen
de la facultad de hablar. San Agustín escribe: «He aquí que así
se desarrolla también nuestra facultad de hablar mediante signos
sonoros, pues no estará completo el mensaje si una sola palabra

---

38. Cf. J. De Finance, *Cittadino di due mondi*, 147.

no desaparece, tras haber hecho sonar sus elementos, para que se suceda otra»[39].

Realmente parece que el verbo más apropiado para describir al hombre no es ni el verbo *ser* ni el verbo *devenir*, sino el verbo *hacerse*, como viera Ortega y Gasset[40]. Este verbo capta bien el equilibrio entre los dos extremos: el ser del hombre no es ni ahistórico, congelado en un "ahora" que excluye cualquier modificación, ni es puro movimiento de devenir desprovisto de toda identidad ontológica y abierto a lo que cada persona desee hacer. El ser del hombre se sitúa en la encrucijada entre la subsistencia de la sustancia (que es la fuente de anclaje en el presente) y el *devenir* (que introduce la historicidad como apertura al futuro y como procedencia del pasado).

39. S. Agustín, *Confesiones*, IV, 10, 15.
40. Cf. J. Ortega y Gasset, *Historia como sistema*, en *Obras completas*, Alianza Editorial / Revista de Occidente, Madrid 1983, VI, 34.

A. Historia de la interpersonalidad

La época clásica y los comienzos de la modernidad

La antigua filosofía griega reconocía pacíficamente el hecho de la relacionalidad, que había encontrado diversas manifestaciones en el campo filosófico. Piénsese, por ejemplo, en la *participación* platónica, la categoría aristotélica de la *relación*, y el hecho de que, para el pensamiento cristiano, la persona humana resulta impensable sin su relación con Dios y con los demás.

En la modernidad se perdieron tres conceptos filosóficos importantes: la finalidad, la sustancia y la relacionalidad intrínseca de las cosas y las personas. El "sujeto moderno" teorizado por Cartesio, siendo un sujeto autónomo, no puede tener relaciones esenciales. De hecho, si al principio de la experiencia cognitiva se encuentra el "yo" que se refiere sólo a sí mismo y a sus ideas, se entiende que las relaciones que puede tratar de establecer más tarde sólo pueden ser accidentales. Esto también se aplica a la antropología de Benito Spinoza, que situó en el centro de su visión la sustancia concebida como una realidad autónoma e inconexa, que él definía como «lo que es en sí mismo y está concebido para sí mismo; es decir, aquello cuya concepción no requiere el concepto de otra cosa»[1]. Este es también el caso de Leibniz, cuyas mónadas son entidades "sin puertas ni ventanas", totalmente autónomas.

El problema de la alteridad de la otra persona. De Kant a Heidegger[2]

Con Kant comienza un nuevo período. Surge el interés de conocer a la otra persona como sujeto personal. De hecho, Kant en su pensamiento ético no duda en afirmar que el hombre es una persona precisamente porque es un agente moral, responsable de sus propios actos. El problema que se presenta a Kant es que ese agente moral es una persona que existe como una entidad en el mundo. Pero precisamente porque existe de modo concreto, Kant sabe que sólo puede conocerlo como un fenómeno, y no en su realidad nouménica: se le escapa de la realidad de la otra persona. En tal situación, lo mejor que puede hacer Kant es teorizar en su *Metafísica de las costumbres* una analogía entre el mundo moral en el que la otra persona se coloca como agente libre, y el mundo físico en el que se coloca como entidad similar a todas las demás por estar sometida a las leyes naturales. El problema es que la persona concreta y real no entra completamente en el mundo moral, sino sólo en el mundo físico.

Como se verá más adelante, el dualismo cartesiano y la separación kantiana entre el noúmeno y el fenómeno han hecho muy difícil el camino filosófico para entender cómo es posible tener *un verdadero acceso a la otra persona en su alteridad*. De hecho, la comprensión de la dimensión interpersonal ha obligado a los filó-

---

1. B. Spinoza, *Ethica more geometrico demonstrata*, II, Prop. XI.
2. La reconstrucción histórica que presento se funda en G. Cicchese, *I percorsi dell'altro. Antropologia e storia*, Città Nuova, 1999.

sofos posteriores a Kant a enfrentarse a la aparente imposibilidad de combinar esas dos exigencias de signo contrario:

– Que hay un *verdadero acceso*: una verdadera unidad, un verdadero contacto.
– A la otra persona *en su alteridad*: es decir, a la persona como realidad dotada de una alteridad específica. Y esta alteridad consiste en esa subjetividad personal que es lo más inaferrable que la persona tiene para quienes se acercan a ella desde el exterior. Los medievales la llamaron "incomunicabilidad".

Hegel aborda este problema partiendo del hecho de que la relación pone frente a frente dos conciencias cerradas, sin vínculos recíprocos. Argumenta que las conciencias se mueven hacia la "autoconciencia", y que esto implica dos cosas que suceden al mismo tiempo: la *distinción* en relación al otro, y la *unidad* con el otro. En resumen, para Hegel, nadie alcanza la autoconciencia por sí solo. Necesita al otro con su alteridad.

Hegel propone dar este paso mediante *la dialéctica del reconocimiento*, presentada en la *Fenomenología del Espíritu* con la famosa figura de la relación entre el señor y el esclavo. Uno y otro, siguiendo diferentes caminos, llegan a comprender que no pueden ser "ellos mismos" sin el otro. De ser el señor y el esclavo inicialmente dos conciencias independientes, dominadas por la inmediatez de sus apetitos, llegan a la autoconciencia en virtud del reconocimiento tácito que se intercambian entre sí.

Esta forma de pensar la interpersonalidad, que gira en torno al reconocimiento mutuo, ha tenido un impacto considerable en la filosofía posterior a Hegel. Sin embargo, se ha observado que en Hegel no entran en relación estos dos sujetos con toda su concreción real, sino que aparecen sólo como sujetos abstractos. Además, también se plantea el problema de que la interdependencia lograda mediante el reconocimiento de las conciencias no se detiene en ese punto, sino que la dialéctica universal continúa de modo que la individualidad de las conciencias se disuelve totalmente en las síntesis posteriores.

Edmund Husserl afirmó la intencionalidad del conocimiento. Pero también tuvo que lidiar con el problema del conocimiento de la alteridad de la otra persona. Su enfoque parte del hecho de que, en su opinión, la otra persona aparece inicialmente como una realidad corpórea. Surge entonces la pregunta: ¿de qué manera se puede, partiendo de la propia conciencia, llegar a la conciencia de la otra persona? Como vemos, Husserl se toma en serio la consideración de la alteridad de la otra persona. Piensa que el camino a seguir es el de la empatía (*Einfühlung*).

Una fuerte limitación de este enfoque viene porque la voluntad de conocer al otro en su alteridad requiere, para Husserl, que quien desea conocer al otro supere su actitud natural y alcance lo que él llama el "yo trascendental". La relación de empatía se establece entre dos "yos trascendentales". Pero como ya sucedía con Kant y Hegel, resulta que tal relación no abarca la concreción empírica de las personas.

No es muy diferente el resultado del intento de Heidegger de explicar cómo puede ocurrir la relación de verdadera interpersonalidad. Es cierto que Heidegger considera que el hombre siempre ha estado involucrado en la esfera de la interpersonalidad. El ser-con (*Mit-sein*) es, como el ser-en-el-mundo (*in-der-Welt-sein*), una estructura original del *Dasein*, y no algo que aparece tardíamente. Según Heidegger, la existencia de otros sujetos personales se conoce a través de la consideración del *mundo humano*. Por ejemplo, viendo un terreno perfectamente cultivado, se entiende que un agricultor ha trabajado allí. Además, el hombre es un ser ontológico, abierto al mundo, por lo que en principio nada parece escapar a su conocimiento. Pero, como sucede con los autores anteriores, la forma en que Heidegger teoriza el conocimiento intersubjetivo es demasiado ontológica y abstracta. Uno se pregunta cómo puede darse el paso del plano ontológico, en el que según Heidegger tendría lugar el encuentro entre los dos *Dasein*, al plano existencial, en el que se hace la experiencia concreta del encuentro con el Otro. Las repetidas dificultades que los filósofos mencionados han encontrado con el problema del acceso al otro en su alteridad hacen pensar que era necesario renovar completamente el planteamiento de fondo. Después de todo, si la interpersonalidad es una experiencia común, conocida por todos, ¿por qué debería resultar tan difícil pensarla filosóficamente de manera satisfactoria? La necesaria renovación vino gracias a un enfoque diferente del problema. Y fue sobre todo Martin Buber quien encontró el camino correcto.

La decisiva contribución de Buber

Martin Buber era muy consciente de los esfuerzos realizados a lo largo de la historia de la filosofía para aclarar la naturaleza de la interpersonalidad. Sus intuiciones le permitieron situar su investigación de la esencia de la interpersonalidad en una posición filosóficamente más avanzada.

Buber escribe: «Al comienzo está la relación como categoría del ser, como disponibilidad, forma incipiente, modelo anímico: el *apriori* de la relación, el Tú innato. Las relaciones vividas son realizaciones del Tú innato en aquel que realiza el encuentro»[3].

Para Buber la esencia de la interpersonalidad no debe buscarse a través del dinamismo dialéctico, ni a través de la empatía, ni a través de la reciprocidad de las conciencias. En sintonía con Heidegger, Buber afirma que la interpersonalidad es un modo de ser de la persona, enraizado en una estructura permanente. Esta es-

---

3. M. Buber, *Yo y tú*, 30.

tructura encuentra su base en el *Tú innato* que, interpretado desde las categorías que hemos usado anteriormente, sería el anclaje de la interpersonalidad en el plano de la integridad. Visto desde otra perspectiva, el *Tú innato* no es más que la forma en que el "yo" está desde siempre "habitado por el tú". Somos personas, sí, pero no somos personas absolutas, personas monádicas, herméticamente cerradas. A causa de nuestra dependencia en el ser, somos personas finitas y, por lo tanto, intrínsecamente relacionales. Nuestro "yo" siempre ha estado abierto al "tú".

Queda por ver cómo se presenta la interpersonalidad en el plano de la plenitud. La respuesta suena así: es una *relación*. ¿Y qué es una relación? No es fácil decirlo. No es fácil encontrar la perspectiva correcta para comprender lo esencial de este hecho tan básico de la vida humana.

Razonando a partir de su principio dialógico, según el cual «el hecho fundamental de la existencia es el hombre con el hombre»[4], Buber aplica tres ingeniosos movimientos correctivos en relación con el enfoque con que se abordaba tradicionalmente la investigación sobre la naturaleza de la relación:

- La reflexión sobre la interpersonalidad no debe establecerse desde la perspectiva del sujeto moderno solitario, sino *desde la interpersonalidad misma*. Esta es el punto de partida. De hecho, la relación no se encuentra «en el interior de los individuos o en un mundo general que los abarque y determine»[5].

- Sabiendo esto, se evitará el riesgo de querer entender la relación desde una perspectiva local donde la cercanía o lejanía se mide con metros y centímetros. El "con" de la

---

4. M. Buber, *¿Qué es el hombre?*, 146.
5. *Ibid.*, 147.

frase "uno *con* el otro" no indica una cercanía de este tipo entre dos personas que se encuentran.

— Por último, la naturaleza del "con" (Buber también utiliza la expresión "el entre", *das Zwischen*), o del "nosotros", tampoco se reduce a ser una conjunción o un pronombre personal. La novedad del "nosotros" es muy diferente del resultado de lo que arrojaría la suma de "un yo + un tú". Presentando la naturaleza del "con", Buber aclara que «no se trata de una construcción auxiliar *ad hoc* sino del lugar y soporte reales de las ocurrencias interhumanas»[6].

Habiendo hecho estas correcciones, ¿cómo debe interpretarse positivamente la interpersonalidad? ¿Cómo intentó Buber iluminar el sentido del "con", del "entre" y del "nosotros"? Creemos que hacemos justicia a Buber al indicar tres caminos que siguió para responder a estas preguntas.

El primer camino es el que reconoce en el "nosotros" un fenómeno ontológico irreductible a las cosas del mundo físico. Buber se pone así en busca de palabras adecuadas para expresar esta novedad ontológica. Toma el camino de la *ampliación metafórica y filosófica* de algunos términos escogidos. Habla, por ejemplo, de una "esfera" que es común a las dos personas. Habla de un "lugar" que es el portador de lo que sucede entre las dos personas. Habla también de una "dimensión" que sólo es accesible a las dos personas que se encuentran.

El segundo camino nos presenta la reflexión de Buber sobre lo que sucede en la persona cuando entra en el "nosotros". La respuesta de Buber es concisa: «El ser humano se torna Yo en el Tú»[7]. Sabemos que el "Yo" de las dos palabras básicas (Yo-Tú y Yo-Ello) es diferente. Del primer "yo", Buber dice que «aparece como ser

6. *Ibid.*, 147.
7. M. Buber, *Yo y tú*, 31.

individual, y llega a hacerse consciente como sujeto»[8]. Más adelante aclara su pensamiento al afirmar: «Ningún ser humano es pura persona»[9]. La idea básica es que al entrar en la relación interpersonal, algo se activa en el hombre. Algo llega a una mayor claridad. Para Buber, esa cosa *es precisamente la plenitud de su ser-persona*, que Buber expresa afirmando que el ser humano "se torna un Yo". Por supuesto, nadie alcanza a solas *la plenitud* de su "yo", es decir, de su condición de ser personal. Se necesita el "tú", encontrado en la relación. Pero la base (integridad) del "yo" es independiente del "tú".

El tercer camino ilumina el fundamento de lo que hemos dicho al analizar el hecho de que *sólo la persona humana entiende la alteridad del otro*. Sabemos que esto sucede gracias a la espiritualidad de la que está dotada. Buber, como muchos otros antropólogos contemporáneos, sabe que la presencia de la espiritualidad cava, por así decirlo, un profundo foso cognitivo entre el conocedor y la persona conocida. Pero su intuición genial ha consistido en reconocer en el propio espíritu humano reside *una fuerza de signo contrario*. En pocas palabras, si el espíritu humano es capaz de comprender la diversidad del otro de manera más aguda (entendemos *la alteridad del otro*), el mismo espíritu humano está dotado de una capacidad de trascendencia que le permite lograr *una unidad superior con el otro*[10]. Y esta unidad, fruto de esa fuerza del espíritu, no es cognitiva sino ante todo existencial y relacional: es precisamente *la relación intersubjetiva*. En ella, el espíritu humano alcanza a la otra persona de una manera más cercana, es-

8. *Ibid.*, 57.
9. *Ibid.*, 59.
10. «Ciertamente, la persona humana, por su índole creada, es indigente. Pero lo propio de la condición personal no es la penuria —eso le corresponde en cuanto finita— sino la plenitud» (T. Melendo, *Las dimensiones de la persona*, 130).

tableciendo con ella un grado de unidad que se llama "comunión personal". Esta unidad es absolutamente inaccesible para los seres impersonales, que sólo forman "comunidades". Siendo capaces de *socialidad*, son incapaces de *comunión*.

Esta intuición sobre el modo en que se actúan las dos vertientes del espíritu que, siendo capaz de percibir una mayor separación, también es capaz de unir más, parece hallar reflejo claro en este maravilloso texto en que Buber, hablando de la relación, indica que «sus raíces se hallan en que un ser busca a otro ser, como este otro ser concreto, para comunicar con él en una esfera común a los dos»[11]. Esta frase es una victoria filosófica porque indica que finalmente se ha alcanzado a comprender de manera filosófica cómo es posible tener un verdadero acceso a la otra persona en su alteridad.

Lo que hemos presentado hasta ahora sirve para ilustrar el fundamento antropológico de la interpersonalidad. Sin embargo, no debemos olvidar que también hay un fundamento último, de tipo metafísico. Cualquier tipo de relación interpersonal requiere la consideración de la naturaleza humana, que es el fundamento de la comunión. «Antes de la intersubjetividad hay una con-subjetividad, es decir, la inmanencia y presencia de la multiplicidad de sujetos y personas en la unidad de la naturaleza del ser y la naturaleza humana»[12].

Si ahora volvemos a preguntarnos qué es una relación interpersonal, notamos que Buber ha dado ideas de gran valor. Mostró la doble vertiente del espíritu humano, capaz de reconocer una mayor inmanencia en la otra persona, y de actuar una mayor trascendencia junto con la otra persona, produciendo así la relación inter-

---

11. M. Buber, *¿Qué es el hombre?*, 147.
12. L. Bogliolo, *Le scoperte della filosofia moderna*, Marietti, Torino 1974, 120. Una reflexión más profunda sobre el tema se halla en J. De Finance, *De l'un et de l'autre. Essai sur l'alterité*, PUG, Roma 1993.

personal. Esto es una relación: el encuentro en el que dos personas se revelan sus rostros personales[13]. El encuentro tiene lugar en ese "espacio espiritual" generado por ambos porque juntos implementan esa apertura intencional adecuada para reconocer al otro como un "quién" y no como un "qué". Y nada impide reconocer en ese "espacio espiritual" *una dimensión de la persona.* Para ser precisos, se reconoce ahí la *plenitud* de esa dimensión.

Al afirmar que el núcleo de la relación es algo puesto por el espíritu, no estamos reduciendo la relación a un fenómeno puramente espiritual. Sólo estamos definiendo su esencia. Dicho esto, es necesario afirmar con fuerza que la apertura intencional que se actúa allí requiere la participación de la persona entera con todas sus dimensiones. En otras palabras, el "nosotros" progresa en la medida en que las personas lo desean, dejando que moldee su existencia, su libertad, su historicidad, su afectividad y todas las demás relaciones que tienen. Separado de esta implicación existencial, el "nosotros" tiende a desaparecer inexorablemente.

B. Fenomenología y proceso de personalización de la interpersonalidad

1. *Esbozo de una fenomenología de la interpersonalidad*

El esfuerzo por abordar cada dimensión de manera fenomenológica responde a la necesidad de aclarar lo que distingue a esa dimensión de fenómenos similares que pueden ocurrir ya en los grados inferiores de la realidad (animales, plantas, etc.).

---

13. La relación interpersonal, aun generando un "nosotros" que implica profundamente a la persona, no genera una fusión "sin residuos" a partir de las personas que entran en ella. En la persona hay algo que es "incomunicable": su individualidad. No hay que concebir la relación interpersonal – incluso la más profunda – como dos mitades que generan un todo completo.

En realidad, una fenomenología que proceda mediante comparaciones no es del todo necesaria en el caso de la interpersonalidad. La contribución de Buber ha dejado suficientemente claro que sólo el espíritu humano es capaz de establecer relaciones interpersonales. Además, el propio Buber ha desarrollado ideas de valor fenomenológico en el curso de su investigación sobre la naturaleza de la relación.

Inspirado por las contribuciones de Buber y otros autores, pero añadiendo cosas nuevas, Romano Guardini escribió en 1955 un texto breve y brillante titulado *El encuentro. Un ensayo sobre la estructura de la existencia humana*[14]. Guardini desarrolla ahí una fenomenología del encuentro interpersonal. Además de mostrar cuáles son las condiciones para generar un "nosotros" y cómo esto sucede, Guardini explica cuáles son los riesgos y las posibilidades que el "nosotros" conlleva.

En el núcleo de su propuesta hay una forma de entender la diferencia entre el "yo" y la persona. Explica que a lo largo del día nos encontramos con mucha gente: en el trabajo, en el transporte, en las tiendas... Pero estas son en su mayoría personas cuyo "yo" permanece inactivo. Mientras que la actitud dominante sea la de buscar la interacción con los demás con fines prácticos, esas personas no alcanzan a actuar entre sí un encuentro.

Sin embargo, hay ocasiones en las que el contacto con los demás es diferente. Vemos un "tú" que se manifiesta frente a nosotros, y que permite que nuestro "yo" se manifieste. En esos casos se nos pide que adoptemos una actitud diversa de la ordinaria: una actitud de *respeto*, necesario para dejar al "tú" la posibilidad de manifestar su propia iniciativa y su individualidad. Si el "tú" está

---

14. El texto no ha sido publicado en español. El original es «Die Begegnung», en R. Guardini – O.F. Bollnow, *Begegnung und Bildung*, Würzburg 1965, 9-24.

dispuesto a hacer lo mismo con nosotros, entonces el encuentro tiene lugar.

Como vemos, para Guardini el problema de la interpersonalidad ya no se juega en el terreno de las acciones de la mente (como en cierto sentido sucedía con Hegel y Husserl) sino en el terreno de las actitudes. Esta posición no es lejana de lo que Buber proponía al caracterizar las dos "palabras básicas" en su obra de 1923 *Yo y Tú*. Es necesario pasar de una actitud práctica y ordinaria a una actitud personal.

El encuentro es mucho más que un método racional para conocer a la otra persona. Es una invitación a abrirse a la alteridad de la otra persona. Y en este proceso el resultado no es predecible. Es necesario arriesgarse y apuntar a las altas posibilidades que se abren.

2. ¿La relación interpersonal es algo esencial o accidental?

Ir más allá de Aristóteles sin negar a Aristóteles

En el caso de la corporeidad y de la historicidad hemos tratado el tema del proceso de integración o personalización de manera más bien fenomenológica, describiendo algunos pasos significativos a lo largo de los cuales se llega a la autoposesión de una dimensión en el plano de la plenitud. Ahora que estamos tratando con la interpersonalidad, una pregunta más profunda surge inmediatamente. Ella esconde un problema teórico que debe ser entendido y afrontado.

Ya hemos visto que en el contexto de la renovación antropológica del siglo XX se había llegado a entender que la sustancia y la relación no eran conceptos antitéticos. Uno y otro podrían coexistir. Es más, parecía posible decir que *ambos debían ser esenciales para la persona*. Sin embargo, para que esta convicción se consolidara, había que dar respuesta a la prestigiosa enseñanza de

Aristóteles, quien había enseñado que la relación era un accidente. ¿Era necesario contradecir al Estagirita para afirmar la esencialidad dc la relación?

Algunos autores como Sartre han tratado de afirmar otras características de la persona negando la presencia de cualquier sustancialidad o naturaleza en ella. No vemos la necesidad de negar un término (sustancialidad) para afirmar otro (relacionalidad, libertad, etc.)[15]. De hecho, tal vez baste hacer algunas aclaraciones. Y esto es lo que ahora intentaremos indicar. La primera, bien conocida en la tradición aristotélica, es la que invita a no confundir el accidente *metafísico* (la relación como uno de los predicamentales) con el accidente *lógico* (uno de los cinco predicables). Sólo el accidente *lógico* indica que algo es contingente, superficial, no esencial. Y Aristóteles afirmó que la relación era un accidente metafísico, no uno lógico. La segunda aclaración consiste en recordar que la metafísica aristotélica toma como modelo para la reflexión sobre la sustancia a los *entes naturales*, y no directamente a *la persona*. El enfoque del Estagirita es cosmológico, no antropológico. Por ello, al ocuparnos de la relación en el contexto de las dimensiones de la persona, se impone la necesidad de aplicar al concepto de "relación" un proceso de revisión analógica para que, habiéndolo tomado del nivel de las cosas materiales, se pueda aplicar adecuadamente a la persona humana. La relación debe entenderse ahora en el contexto de la dimensión de la interpersonalidad.

Si ya no se trata de un estudio del ser en general, sino de ese ser en particular que es la persona humana, y si en lugar de una

---

15. Hemos hallado luz y confirmación de tal posición en la reflexión del filósofo italiano Carmelo Vigna en su artículo «Sostanza e relazione. Una aporetica della persona» en V. Melchiorre (ed.), *L'idea di persona*, Vita e Pensiero, Milano 1996, 175-203. Vigna ofrece un modo de abordar el tema que distingue bien lo que en este texto hemos llamado la integridad y la plenitud. Vigna trata este último nivel a la luz de la dialéctica de las relaciones personales.

perspectiva metafísica y cosmológica se asume la perspectiva antropológica tal como ha sido renovada por las nuevas corrientes, entonces se allana el camino para comprender que las relaciones interpersonales *pueden ser esenciales para la persona*. Esto, por un lado, equivale a afirmar la posibilidad de integrar las dimensiones, de personalizarlas: ellas, que ya pertenecen a la persona en el plano de la integridad, deben también pertenecerle en el de la plenitud. Y por el otro lado, afirmar el carácter esencial de las relaciones para la persona significa reconocer que la persona *necesita absolutamente las relaciones para llegar a ser plenamente ella misma*. Las relaciones son siempre generativas. Cuando la persona entra en relación, está sentando las bases para generarse plenamente.

Con las distinciones que acabamos de aplicar, no hemos hecho más que despejar algunas confusiones que pueden entorpecer el camino. Falta dar un argumento positivo que aclare cómo las relaciones pueden ser esenciales para la persona. Esto no será difícil porque en los capítulos anteriores ya hemos presentado algunos instrumentos para comprender que en la persona humana la esencia y la relación coexisten sin confusión y sin separación. Tal vez la distinción más importante es la que se da entre el plano de la integridad, donde la causa formal es importante y donde una concepción sustancial de la persona encuentra su lugar natural, y el de la plenitud, donde la finalidad y la relación encuentran su lugar adecuado como elementos esenciales. En efecto, el orden de la integridad es siempre un orden de la persona, y su especificidad es la de captar la naturaleza de la persona (*persona ut natura*). Pues bien, si el orden de la naturaleza es el orden en el que la relación aparece siempre como un accidente de la sustancia, es evidente que una concepción de la relación como elemento esencial, de existir, deberá situarse necesariamente *en un orden diferente*. Y este orden diferente es precisamente el orden de la plenitud, que considera a la persona como tal (*persona ut persona*).

En síntesis, podemos afirmar que la relación no es esencial o constitutiva de la persona si se ve en términos del plano de la integridad, que se refiere a los elementos constitutivos de la naturaleza humana. Por el contrario, la relación es esencial y constitutiva de la persona cuando se ve en el plano de la plenitud, dominado por el núcleo personal que, manifestándose como un "yo" ante el "tú", puede ejercer la autoposesión formal y el don de sí mismo al otro. Y esto es precisamente *la esencia* del orden de la plenitud, la forma específica en que este orden se desarrolla con miras a lograr los fines que le son propios.

A la luz de lo dicho, se entiende que la relación yo-tú es esencial para el núcleo personal porque lo condiciona intrínsecamente[16]. La prueba de ello reside en que, en ausencia de tal relación (que tiene lugar a nivel interpersonal y dialógico), el núcleo no se manifiesta como un "yo" consciente de sí mismo. Su autoposesión (el momento de inmanencia) madura sólo junto con su apertura y entregándose al otro, al "tú" (el momento de trascendencia)[17]. Entre ambos momentos se establece una situación de mutuo refuerzo. Para completar este cuadro debemos ahora considerar el modo concreto en que el "tú" permite que se establezca una relación interpersonal.

<hr />

16. Cf. R. Guardini, *Mundo y Persona*, 196.

17. No es difícil percibir en estas reflexiones de Guardini la sintonía con la diferencia establecida por Buber entre la "palabra básica" Yo-Tú y la "palabra básica" Yo-Ello, donde el primer Yo no es igual al segundo Yo. («No existe ningún Yo en sí, sino sólo el Yo de la palabra básica Yo-Tú y el Yo de la palabra básica Yo-Ello» M. Buber, *Yo y tú*, 11.). Guardini interpreta esa diferencia viendo en el segundo caso un "yo quiescente", que no se ha actuado plenamente.

3. El rol del "tú" en las relaciones interpersonales

1. Integridad y plenitud en el encuentro interpersonal

La persona necesita pasar por un largo proceso para integrar plenamente en sí la dimensión de la interpersonalidad, es decir, para hacer que la relación sea esencial en toda la medida posible. Hay un "antes" y un "después" a lo largo de ese proceso. La pregunta a la que nos enfrentamos ahora es ésta: ¿cuál es el papel del "tú" en ese proceso?

Para entrar en la cuestión, recordemos el debate entre dos corrientes filosóficas opuestas. La primera, desarrollada en los tiempos modernos, afirma que la subjetividad es un fenómeno autónomo y original. En consecuencia, para esta primera corriente el "tú" es visto como algo tardío e inesencial. La segunda corriente es la contemporánea. Afirma que la interpersonalidad es un rasgo original de la persona. En consecuencia, considera que el "tú" es tan original como el "yo".

La filosofía dialógica y la filosofía personalista han observado que en el momento en que dos personas se encuentran se alcanza una perfección de la persona que consiste en actuarse como un "yo" ante un "tú". Podemos llamar *reconocimiento* a esta actuación.

Es en este punto donde surge nuestra pregunta: ¿cuál es el papel del "tú" en relación con el "yo", y viceversa? ¿Debe pensarse que el reconocimiento que el "tú" hace del "yo" es la *causa* del "yo", de modo que sin el "tú" no habría un "yo"? En otras palabras, ¿el reconocimiento dado y recibido en la relación *causa algo* en la persona?

La respuesta no puede darse sin antes hacer una distinción importante. En el plano de la integridad, la persona es siempre persona, independientemente de si está en relación con un "tú" o no. Y como tal, ya tiene una identidad que nunca puede perder. Escribe Robert Spaemann: «El reconocimiento no es una posición tal que el ser persona se debiera al reconocimiento de otras personas»[18]. Por lo tanto, en este nivel, el reconocimiento de que un "tú" opera en relación con el "yo" no es la causa del "yo" o de su identidad. En cambio, en el plano de la plenitud la respuesta puede ser positiva. Que una persona se manifieste como un "yo" ante un "tú" indica que ha entrado en el ámbito la interpersonalidad vivida. Y es que la persona entiende bien su identidad *en* y *gracias a* las relaciones que mantiene. Éstas son una potencialidad de cada persona, pero que se activa plenamente sólo a condición de que el "tú" esté en contacto con el "yo". Joaquín Ferrer Arellano explica:

Las facultades espirituales, adviértase, yacen en el hombre como posibilidades en potencia. Para actualizarlas es indispensable la lengua, la palabra cargada de sentido pronunciada por otro espíritu. *La inteligencia y la imaginación, los sentimientos y la voluntad se liberan solamente al contacto con la comunidad humana.*[19]

El reconocimiento entre el "yo" y el "tú", en este plano, ejerce claramente una función causal. Permite a la persona darse cuenta de su capacidad para manifestarse como un "yo" autoconsciente y existencial[20]. Se obtiene así una respuesta convincente a la pregunta "¿Quién soy yo?". Nadie se conoce bien a sí mismo sin la ayuda de las relaciones que tiene.

El enfoque antropológico contemporáneo que pone en el centro al "Sí mismo" elaborado inicialmente por pensadores como Husserl y Heidegger, y más recientemente por Paul Ricoeur y

---

18. R. Spaemann, *Personas*, 180.

19. J. Ferrer Arellano, *Metafísica de la relación y de la alteridad*, 32.

20. El Pontificio Consejo "Justicia y Paz" interpreta acertadamente esta "capacidad" cuando, al definir a la persona bajo esta perspectiva, afirma que ella «es capaz de conocerse, de poseerse y de darse libremente y entrar en comunión con otras personas» (Pontificio Consejo "Justicia y Paz", *Compendio de la doctrina social de la Iglesia*, n. 108).

Charles Taylor, encuentra su origen aquí. De hecho, el "Sí mismo", como versión contemporánea del "yo" moderno, surge de la capacidad reflexiva que tiene la persona para designarse a sí misma *como sujeto de una relación con el otro*. El "Sí mismo" no es algo que haya existido desde el principio. Necesita absolutamente del otro para llegar a ser una autoconciencia libre.

Prestando atención a su contenido, el "Sí mismo" se presenta como una especie de sedimentación de las formas en que cada persona se percibe y se interpreta a sí misma en el contexto de las relaciones interpersonales que ha tenido en el pasado. Los "contenidos" ligados al "Sí mismo" ofrecen una parte importante de la respuesta a la cuestión sobre la identidad. De hecho, el "Sí mismo" no es otra cosa que la identidad personal, si se considera a la luz de su estabilidad en el tiempo, es decir, como algo que en la autopercepción aparece consolidado a lo largo del tiempo y en medio de muchas relaciones.

2. El papel del "tú" en los primeros momentos de la vida

Robert Spaemann ha reflexionado en clave filosófica sobre el reconocimiento en el mismo momento en que parece comenzar: en la relación entre una madre y su hijo pequeño. ¿Qué pasa cuando la madre habla a su hijo durante horas, pronunciando una y otra vez su nombre?

Spaemann explica que la madre, poniéndose al mismo nivel que el niño, le está haciendo un profundo llamamiento[21]. Sabe que el niño es una persona, pero una persona que nunca ha hecho un acto de reconocimiento. La repetida llamada de la madre tiene como objetivo lograr una maduración en la estructura interior de su hijo. ¿En qué sentido? En el sentido de ayudarle a superar la prác-

---

21. Cf. R. Spaemann, *Personas*, 231.

tica identificación de su "yo" con su naturaleza, es decir, con sus propias sensaciones y con sus estados emotivos. Expliquemos esto. El niño se identifica inicialmente con sus propios sentimientos corporales de comodidad o incomodidad, con sus deseos de alimentarse, etc. Inmediatamente expresa con el llanto o de otros modos lo que siente, lo que le molesta o le agrada. En ese estado, recibe la llamada de su madre. Esta llamada se dirige a ese núcleo personal del niño que es capaz de distinguirse de sus estados de ánimo. Ese núcleo es ese "quién", que puede y debe actuarse para que el niño empiece a "gestionar" sus estados físicos o mentales de forma adecuada. Cuando ese "quién" se implementa, decimos que el "yo" del niño se despierta. Este despertar es decisivo para que el niño alcance su completa estructura interna, que consiste en tener una relación no inmediata con su naturaleza humana. Como se ve, la entrada en el ámbito de la interpersonalidad, a través del reconocimiento con la madre, rompe la práctica identificación del niño con su propia naturaleza. A partir de ese momento, el niño puede empezar a *responder*, y no sólo a *reaccionar*.

Desarrollando una reflexión similar, Ernst Tugendhat ha señalado que la comunicación prelingüística y el aprendizaje del lenguaje por parte del niño representan un momento crucial de su desarrollo. En efecto, interactuando con su madre, «el niño intenta captar una comprensión compartida, en contraste con lo que se podría llamar sus perspectivas subjetivas»[22]. Sin la ayuda de la madre, que lo incluye en el horizonte de esa "comprensión compartida", el niño quedaría confinado en una comprensión incompleta y subjetiva.

Desde la perspectiva del desarrollo psicoafectivo, se afirma que a partir de los ocho meses de edad un niño comienza a captar que es una persona separada de las demás, y que puede compartir los

---

22. Cf. E. Tugendhat, *Antropología en vez de metafísica*, 21.

sentimientos de cualquier "tú" que esté cerca de él[23]. Se trata de los inicios de la empatía, que bien puede considerarse como una de las formas iniciales de la interpersonalidad.

También podemos considerar este proceso a la luz de la autoposesión. La ruptura de esa identificación práctica con la propia naturaleza tendencial abre la posibilidad de que el niño *se apropie de sí mismo*, lo que se manifiesta como un dominio sobre su propia naturaleza. Este es el comienzo de la personalización de la propia naturaleza. Aquí está el primer paso hacia su integración ordenada en la unidad de la persona. Estas son fases de autoposesión formal que ya pertenecen al plano de la plenitud.

A la luz de estas reflexiones podemos decir que no es necesario pensar que la trascendencia del "tú" sea el fundamento de la inmanencia del "yo", ni que la inmanencia del "yo" sea tal que haga innecesaria la trascendencia del "tú". Lo que sucede es más bien una aplicación de la "situación donde todos ganan". Sacando otra importante conclusión de lo que hemos visto, Hans Urs von Balthasar señala correctamente que el sujeto no definirse como un *per se*, un "por sí mismo" a secas, sino como un "por sí mismo con otros"[24]. La trascendencia y la inmanencia caminan al mismo ritmo.

3. El papel del "tú" en las últimas etapas del desarrollo

Por supuesto, el papel del "tú" ante el "yo" no termina cuando el niño se ha "despertado", cuando su "yo" responde a las llamadas de los padres y entra en el mundo de las relaciones interpersonales. A lo largo de su vida, la persona humana vive en el contexto de la interpersonalidad y continúa recorriendo el camino de la autoposesión. La figura del "tú" sigue siendo decisiva en cada etapa del camino.

---

23. Cf. D. Goleman, *La inteligencia emocional*, Vergara, México 2000, 128.
24. Cf. H.-U. von Balthasar, *Teodrammatica II*, 362.

Un paso importante en el proceso de personalización de la interpersonalidad tiene lugar cuando la persona, independientemente de su edad, aprende a reconocer la alteridad del Otro. Nos referimos a que el Otro está dotado de interioridad y autonomía, que lo aleja del control de los demás. Así visto, el Otro parece impredecible; no se presenta en la forma en que lo hacen las cosas, que se pueden utilizar a placer.

Por ejemplo, un día el niño ve a su madre llorando. No sabe por qué. Entiende que es poco lo que puede hacer para evitar que su madre llore. Así que se da cuenta de lo real que es su madre. No es sólo un ser que se mueve en función de las necesidades del niño. La madre tiene un mundo propio, sustraído en buena parte a lo que el niño puede entender o controlar.

Se puede señalar otro paso en el proceso de personalización. Cuando una persona reconoce la realidad del Otro, puede ver las cosas desde ese punto de vista. En esto la persona renuncia a considerarse a sí misma como el centro único e indiscutible del mundo y acepta verse a sí misma a la luz de otra persona.

La fenomenología podría continuar. Cada etapa está marcada por la llamada a alcanzar los valores vinculados a la comunión personal a través del reconocimiento del Otro y del don de sí mismo, actuado en los más variados entornos personales: la amistad, la filiación, la colaboración, la esponsalidad y la paternidad. En todos estos entornos hay una especie de "validación" de la bondad del "yo" a partir de un "tú". Blanca Castilla afirma que confirmar a alguien en su ser personal significa aceptarlo en su individualidad libre y también en su autodonación, a través de la cual todos alcanzan la autorrealización. Este es uno de los mayores regalos que se pueden dar a una persona[25].

---

25. Cf. B. Castilla y Cortázar, *Persona femenina y persona masculina*, Rialp, Madrid 2004, 58.

Este hecho es de gran valor porque confirma con el sello de la trascendencia interpersonal el valor del "yo", ya no en el nivel metafísico o en el nivel de la conciencia de sí mismo, sino en el de la interpersonalidad, que es el nivel de la realización suprema de la persona. Esto es muy importante para la construcción de la identidad personal en el plano de la plenitud. El campo de la interpersonalidad permite que cada uno descubra plenamente su propia identidad, dando así una respuesta cada vez más completa a la pregunta "¿Quién soy?". Esto ayuda mucho a progresar en la consolidación de la propia valía. Para ponerlo en una imagen, el "tú", gracias a su trascendencia, actúa como "espejo" de la inmanencia del "yo": la imagen de nosotros mismos que el Otro nos envía como reflejo tiene un alto valor. Y ese valor es el de la afirmación de la persona, hecha por el "tú".

El valor más alto que está en juego en estos encuentros entre el "yo" y el "tú" es la bondad intrínseca de la persona. Ontológicamente hablando, la persona *es amable por sí misma*. ¡Pero ella también debe saberlo concretamente! Es decir, debe integrar el hecho de la propia "amabilidad", reconocida por otros, en su plano existencial y personal. Cuando una persona percibe esto, es decir, el amor gratuito del "tú", se produce el mayor despertar del "yo" y, en consecuencia, la mayor posibilidad de autoposesión.

A. Aclaraciones introductorias para el estudio de la sexualidad como dimensión personal

Es apropiado comenzar dedicando suficiente espacio para reflexionar sobre algunas suposiciones relativas al significado de la sexualidad. Esto ayuda a plantear bien su estudio, explicando las razones del enfoque que seguiremos. 1. La sexualidad, como cualquier otra dimensión, no es algo simple. Es una unitotalidad. Y no hay una sola manera de analizar esta unitotalidad, distinguiendo en ella aspectos, factores y partes de manera definitiva. Entre las diversas distinciones que la antropología puede aplicar al estudio de la sexualidad, quizás las más importantes son dos: la que distingue el lado inmanente y el trascendente, y la que distingue entre el ser y el devenir. En ambos casos se trata de distinciones, no de divisiones.

Comencemos explicando a qué se refiere el lado inmanente y el trascendente. El lado *inmanente* indica la *condición sexuada* de la persona[1]. Esta condición sexuada abarca toda la realidad física,

---

1. No hay que confundir dos términos semejantes: *sexuado* y *sexual*. El primero sirve para indicar la sexualidad como dimensión permanente de la per-

biológica, psicológica, existencial y ontológica. Es decir, no excluye nada: la persona entera está marcada por su condición sexuada. Como esta condición sexual es disyuntiva, se presenta en la dualidad masculino/femenina[2].

El lado de la *trascendencia* se manifiesta ante todo en el modo sexuado como se vive la interpersonalidad. Abarca todas las relaciones en las que entran hombres y mujeres, sin limitarse a las relaciones que pueden llamarse amorosas, eróticas o románticas. Robert Spaemann observa que «la complementariedad entre personas descansa siempre en diferencias cualitativas. De ahí que la comunidad más íntima entre personas, el matrimonio, suponga la diferencia de sexos»[3].

Julián Marías captó bien la trascendencia de la sexualidad en esta definición: «Ser hombre significa estar proyectado hacia la mujer»[4], y ser mujer significa estar proyectada hacia el hombre. Adoptan-

---

sona, que la toca por completo. El segundo término, que presupone el primero, tiene un significado más restringido y se aplica para indicar aquellos actos que se colocan en la línea del ejercicio de la genitalidad. Por ello se puede decir que todos los actos humanos son *sexuados* (en cuanto que pertenecen a hombres y mujeres, seres sexuados), mientras que sólo algunos actos son *sexuales* (en cuanto que están directa o indirectamente ligados a la genitalidad).

2. El tema es complejo y requiere aclaraciones. Me limito a señalar que a menudo el debate esconde una confusión entre la condición sexuada de la persona (que admite solamente la diferencia entre el hombre y la mujer) y las varias orientaciones de orden psicosocial, propuestas por algunas teorías del *Gender*. Al afirmar esa diferencia me coloco en el contexto de la condición sexuada de la persona. Esta diferencia es la única que, aceptando un límite, se abre a la complementariedad que se refiere a una unidad de nivel superior – como se verá al tratar de la acepción negativa y positiva de los "límites". En cambio, cuando se habla de *binarismo* (masculino-femenino), esto se refiere a la *especie* humana.

3. R. Spaemann, *Personas*, 56.

4. J. Marías, *Mapa del mundo personal*, Alianza Editorial, Madrid 1993, 27. Esta definición subraya más el lado de la trascendencia, mientras que el de la inmanencia queda presupuesto.

do una perspectiva aún más amplia, es plausible afirmar que ser hombre y ser mujer son *dos modos diferentes de estar en el mundo y de relacionarse con el mundo*. Esto engloba lo anterior y lo amplía.

2. La visión de la sexualidad que acabamos de presentar ayuda a evitar visiones reductivas. Entre los reduccionismos más frecuentes en relación con la sexualidad humana se hallan los siguientes:

– La sexualidad vista como *genitalidad*, que es una actividad en la que los órganos genitales masculinos y femeninos están directa o indirectamente involucrados. De hecho, se trata de una actividad limitada a momentos concretos, mientras que la sexualidad entendida como dimensión esencial de la persona es algo que está siempre presente.

– La sexualidad vista sólo como *inmanencia* (no hay trascendencia), que lleva a prescindir de la interpersonalidad (el don de sí al otro) como factor necesario para comprender la sexualidad[5].

– La sexualidad vista sólo de manera *naturalista-materialista*, es decir, como una condición sexual que se verifica sólo en los aspectos biológicos, psicológicos y afectivos de la persona. Falta la afirmación ontológica de que *toda la persona* es sexuada.

– La sexualidad interpretada a la luz del *pansexualismo freudiano*, es decir, la posición según la cual no es la persona la que se expresa mediante su sexualidad, sino que es la sexualidad, entendida como una energía determinante, inconsciente y arrolladorra, la que se expresa mediante la persona[6].

---

5. Es raro el fenómeno contrario: que se subraye la trascendencia, olvidando la inmanencia.
6. Cf. R. Lucas Lucas, *Antropología y problemas bioéticos*, BAC, Madrid 2001, 36-37.

– La sexualidad vista como la *libre elección de una orientación afectivo-sexual.* En tal posición, muy común en nuestro tiempo, falta el plano de la integridad. También se corre el riesgo de comprender el plano de la plenitud de modo muy pobre, excluyendo muchas áreas de la realidad sexuada de la persona.

3. La sexualidad está estrechamente vinculada a otras dimensiones. Consideremos los casos más importantes.

– La interpersonalidad es "la forma de la sexualidad", porque la forma plena y personal de vivir la sexualidad se coloca en el contexto de las relaciones entre personas.

– Hay un vínculo y una distinción entre la sexualidad y la corporeidad que aclaramos al final del capítulo 7. En resumen, desde una perspectiva "material" estas dos dimensiones están unidas porque todo lo que es corpóreo en la persona es también sexuado. Sin embargo, hay una diferencia a causa del tipo de apertura propia de cada una de estas dimensiones. Mientras que la corporeidad se abre al mundo de todas las entidades corporales, la sexualidad se abre al mundo de las personas en cuanto sexuadas.

– El vínculo entre la sexualidad y la culturalidad es complejo e importante. Por un lado, la cultura (entendida como entorno relacional) es uno de los factores que entran dentro de la trascendencia; por otro lado, el *significado* de la sexualidad se manifiesta en la cultura y en cierto modo depende de ella. Todas las culturas han podido captar y consolidar aspectos y valores de la sexualidad, enfatizándolos a través de diferentes formas simbólicas, revistiéndolos de sacralidad, respetando sus exigencias morales e insertándolos en los sistemas legales. Sin embargo, hay que decir que la sexualidad goza de una prioridad ontológica y fenomenológica sobre la culturalidad. Por lo tanto, la condición masculina o femenina nunca se identifica completamente con los modos culturales en que se manifiesta (roles sexuales, estereotipos, atributos masculinos o femeninos, etc.).

B. Fenomenología de la sexualidad

Debido a la naturaleza poliédrica de la sexualidad, parece apropiado presentar dos reflexiones fenomenológicas. Ellas iluminan desde diferentes perspectivas el hecho de que en la sexualidad siempre aparece de manera personal.

1. La fenomenología de la genitalidad humana

Nos ponemos en la perspectiva de analizar los niveles presentes en el ejercicio de la genitalidad humana[7]. Empezamos desde la base, vista en un sentido biológico-instintivo, y avanzamos hacia los niveles superiores[8]. Después haremos la lectura inversa para ver cómo los elementos superiores perfeccionan a los inferiores.

En la genitalidad y de cada uno de sus actos existe un *nivel instintivo* que consiste en una tendencia a la unión íntima entre el hombre y la mujer. Esta tendencia se manifiesta en el período de la pubertad. En el caso de la persona, el instinto está debilitado, lo cual lo dispone a ser "asumido" por la racionalidad, y moldeado por ella.

---

7. Cf. M. Cuyás, *Antropología sexual*, PPC, Madrid 1991, 24ss; J. Marías, *Mapa del mundo personal*, 13ss.

8. Como se verá, este análisis presupone una perspectiva sincrónica que capta la interacción de diferentes niveles en un mismo acto. En la actualidad se privilegia más la perspectiva evolutiva adoptada por las ciencias cognitivas, fundada en el rol que se atribuye a cada uno de los tres "cerebros" humanos (primitivo o reptiliano, emocional o animal y racional), con la consecuencia de que se difumina en buena medida la unidad del acto y de la persona que lo realiza.

El segundo nivel es el *afectivo y sentimental*. Naciendo de la apreciación por la otra persona, tiende a alcanzar una relación con la persona del sexo opuesto de manera que haya un intercambio interpersonal. Es un nivel cuya necesidad aparece en la adolescencia. Se muestra en gestos muy diferentes: el beso, las caricias, las palabras, el deseo de compartir la propia interioridad.

La genitalidad alcanza un tercer nivel de tipo *volitivo y decisional* que se manifiesta en la capacidad de crear un vínculo con el otro (esposo-esposa). En el caso de la genitalidad, el vínculo correspondiente es la creación de un "nosotros" estable. Tiene un estado socialmente reconocido: el matrimonio, base de la familia.

Esta compleja base se abre a una plenitud nueva, específicamente personal. Este es un cuarto nivel. En efecto, sólo la reproducción humana, en la que se concretiza la genitalidad puede y debe ser más que una función, llegando a ser una *comunicación personal*. Al mismo tiempo y en el mismo acto, la genitalidad se abre a la función de generar nueva vida y sirve de base para la realización de la comunión entre el hombre y la mujer.

Como se puede observar por la integración de los diferentes niveles, la sexualidad humana, que en su nivel más bajo se presenta como un impulso biológico hacia la genitalidad, que pide una satisfacción, en los niveles sucesivos se muestra como algo mucho más complejo[9]. Intervienen múltiples factores personales, psicológicos y culturales. Se presenta el deseo de satisfacción y de satisfacer al otro. Se pone a prueba la propia identidad sexual como se ha consolidado históricamente. Interviene la dimensión

---

9. Hay que notar que los niveles superiores no se presentan a la persona como "pura posibilidad". La unidad del acto, así como la unidad de la persona, hacen que la ausencia o negación de los niveles superiores se haga perceptible en los niveles inferiores de varias maneras. La plenitud negada y la aspiración sin nombre son sólo dos de ellas.

moral – como quiera que se la haya recibido y sedimentado. Todo esto puede ser visto como una serie de *deseos* que comienzan a poblar la relación sexual más allá del impulso biológico. Emmanuel Lévinas ha señalado que un deseo, a diferencia de una necesidad, no apunta a una satisfacción precisa, sino a una constelación de valores y significados. Éstos enriquecen la genitalidad humana de manera que alcance la plenitud a la que está llamada. Los valores y significados a los que apunta son de tipo interpersonal, social, moral, cultural, estético, afectivo y religioso. No son un adorno extrínseco o un añadido opcional, sino un requisito que nace del hecho de que la sexualidad y todas sus manifestaciones están siempre inscritas en el orden de las dimensiones personales.

2. *La fenomenología de la paternidad*

Nos proponemos reflexionar sobre las dinámicas, cada vez más ricas y profundas, que culminan en lo que en el plano personal se manifiesta como la relación de la paternidad o la maternidad ante los hijos.

Los objetos materiales, privados de vida, pueden unirse gracias a su similitud. La unidad resultante es, en su mayor parte, accidental: yuxtaposiciones, combinaciones, mezclas, inserciones, etc. Lo que es seguro es que estos modos de "unión" pueden dar lugar a nuevas realidades. En el plano químico, el oxígeno y el hidrógeno, unidos adecuadamente, producen agua. Es un ejemplo de la posibilidad de *producir* nuevas sustancias, ya sea por medios naturales o por la intervención técnica del hombre.

A un nivel superior, sucede que varias especies de plantas presentan una novedad: cuando algunas de sus partes se unen, se *origina* una nueva planta. *Originar* es más que *producir*, pues aparece la relación entre el nuevo individuo y la especie, de manera que la planta originada se sitúa en una *relación genealógica* con las plantas de las que procede.

Pasando a un nivel superior, hallamos el caso de muchas especies de animales en las que la relación genealógica se actúa por *vías sexuales* (el apareamiento entre macho y hembra). Por lo tanto, la comunidad de la especie es también una comunidad de reproducción. En este caso, la unión sexual de la que procede el nuevo individuo lo coloca en una relación de *parentesco*. Cada uno de los individuos de la especie tiene un lugar propio en el grupo a la luz de las relaciones de parentesco. Se puede decir que el macho y la hembra que han generado un individuo de la misma especie son "padres" del nuevo individuo.

Llegando al nivel propio del hombre se dan los dos grados anteriores (genealogía de origen y parentesco), pero se abren a una novedad: las relaciones entre los seres humanos son *relaciones personales*: se es "padre de un niño" e "hijo de un padre". En este punto debemos hablar en sentido estricto de paternidad, maternidad y filiación. Estas relaciones, que son personales y no sólo funcionales para la generación de nuevos individuos, *duran toda la vida*, incluso si el contacto real entre padres e hijos cambia debido a la muerte o la separación.

C. Integridad y plenitud en la sexualidad de la persona

Por lo general, la antropología filosófica afirma que *la persona entera es sexuada*, y no sólo su cuerpo. Esto abre el discurso sobre la variedad de modos en que la sexualidad se manifiesta en la uni-totalidad de la persona. Por ejemplo, además de lo que la biología puede revelar[10], hay un modo concreto en que la sexualidad de la

---

10. Bajo el término genérico "biología" coloco los varios niveles en que la sexualidad se manifiesta en la constitución orgánica y biológica del ser humano: genético, gonádico, hormonal y morfológico. En el estudio de estos

persona se muestra en el plano psicológico, y la psicología ofrece una valiosa contribución al respecto. De la misma manera, hay otros modos de manifestarse que competen a otros planos de la sexualidad de la persona: el afectivo, el cultural y el espiritual. Su estudio compete a diversas disciplinas científicas y humanas, auxiliares de la antropología filosófica.

¿Cuáles son las preguntas más importantes que debe afrontar la reflexión antropológica sobre la sexualidad, vista como dimensión de la persona? ¿Dónde llevar la atención en este amplio terreno lleno de diálogos interdisciplinares y de complejos debates culturales?

Pienso que hay una cuestión decisiva. Se puede plantear de la siguiente manera. Se trata de saber si el conjunto de los modos en que se hace patente la sexualidad, así como lo atestiguan las diversas disciplinas científicas, médicas y psicológicas, revela la *totalidad* de la condición sexuada de la persona; o si, por el contrario, queda "algo" –un aspecto, o tal vez un nivel– que escapa a la mirada de esas disciplinas, y compete a la *filosofía* la tarea de detectarlo.

En el fondo, lo que esta pregunta hace surgir es la cuestión de la sexualidad entendida de su manera más radical: como el plano de la *integridad en la inmanencia*. Aquí se halla la raíz de la condición sexuada de la persona. Pero ¿existe tal nivel en la dimensión sexual de la persona? ¿Cómo se lo debe pensar? Y, además, ¿en qué relación se halla con el plano de la plenitud y con lo que otras disciplinas afirman? Comenzaremos por considerar esta última pregunta.

niveles intervienen varias ciencias especializadas como la genética y la embriología.

1. El planteamiento epistemológico correcto: filosofía y biología

La fenomenología está en acuerdo con la ontología clásica en afirmar que en el estudio de cualquier realidad humana o cualquier dimensión, hay que dirigirse al punto en que esta se manifiesta de modo más pleno y claro. Es lo que la filosofía escolástica expresa al decir que hay que conocer la realidad ahí donde se muestra "en acto" (*ab actu*). Esta recomendación nos llevaría a examinar la cuestión de cómo ha de entenderse la condición intrínsecamente sexuada de la persona. Tal estudio se llevará a cabo a partir de la persona adulta que ha alcanzado su desarrollo psicosexual pleno y es capaz de reproducirse.

La embriología también ofrece datos ciertos acerca de la formación de la sexualidad humana. Ésta se coloca en las primeras fases de la así llamada *ontogénesis* del individuo humano. Es opinión común que la investigación sobre el origen y desarrollo básico de la sexualidad humana corresponde precisamente a lo que la embriología enseña al respecto.

¿Hay concordancia o discordancia entre la perspectiva fenomenológico-ontológica y la embriológica? Ciertamente hay diferencias. La más evidente es que la embriología adopta una perspectiva genético-temporal[11]. Presupone que las raíces de la sexualidad han de entenderse *a partir del embrión en formación*[12]. En cambio, la fe-

---

11. Una descripción detallada de este proceso se halla en A. Polaino, *Sexo y cultura. Análisis del comportamiento sexual*, Rialp, Madrid 1992, 26-66.

12. Esto responde al esquema propuesto por Max Scheler, quien invita a estudiar al ser humano partiendo del nivel más bajo (la corporeidad) y ascendiendo gradualmente hacia los niveles más elevados. El procedimiento nos parece legítimo, con tal que no sea leído como una *explicación causal completa*. Nos referimos con esto a la tendencia, presente en autores que respetamos, según la cual la condición sexuada de la persona (que incluye la psicología, la afectividad e incluso la espiritualidad) no sólo se explica *en parte* por la indudable repercusión del factor biológico en la totalidad de la persona, sino que

nomenología y la ontología privilegian el estudio de la sexualidad a partir de la persona ya plenamente conformada en su biología. Se plantea así el primer problema. ¿Qué perspectiva se debe asumir? ¿La de la embriología, o la que prefieren la fenomenología y la ontología? Se trata de un problema epistemológico: concierne la diferencia y relación entre los enfoques de diferentes disciplinas. Por una parte, nada impide conjuntar los resultados de ambas perspectivas en una síntesis superior. Por otra parte –y es lo principal– no han de confundirse los objetivos que persiguen la embriología y la filosofía porque son diferentes y complementarios. La embriología describe la formación morfológica del individuo sexuado, planteando así *una investigación de orden biológico*. La antropología indaga sobre la profundidad con que la dimensión sexual toca a la persona entera, abriendo así *una reflexión filosófica*.

La respuesta sobre el orden que se debe seguir brota del siguiente razonamiento. Cuando la embriología expone el resultado de sus estudios, no está revelando simple y sencillamente (*simpliciter*) el inicio y la conformación gradual de la sexualidad humana. Lo está haciendo desde una óptica particular (*secundum quid*), que tiene que ver con *el modo que corresponde al plano biológico* de la persona. Sólo la ontología se ocupa del ser en cuanto tal, sin restricciones de nivel o de amplitud (*simpliciter*) y por ello le compete un primado epistemológico sobre cualquier otra consideración de la realidad.

La filosofía no padece ninguna restricción en su modo de estudiar la realidad. Por ocuparse del *ser*, no excluye nada. En cambio, la biología se ocupa sólo del *ser biológico*, excluyendo otras modali-

---

llega a interpretarse como algo que surge *totalmente a partir del factor biológico*. Es claro que tal posición *excluye* que la persona tenga una condición sexuada original en el nivel del ser. No concordamos con esta lectura. En este capítulo damos las razones de tal desacuerdo.

dades del ser. Por ello, compete a la filosofía sentar los principios generales del estudio de la sexualidad, completando e interpretando lo que proponen la embriología y cualquier otra disciplina biológica[13]. Esto no significa que la antropología filosófica pueda ignorar los datos de la embriología. Eso sería, además de ceguera, crear una *separación* ahí donde sólo existe un orden de prioridad epistemológica[14]. Afirmar en sede filosófica que los procesos que describe la embriología no tienen nada que ver con la sexualidad de la persona equivale a colocar la persona en una esfera metafísica de esencias puras, tan intangible y remoto como el mundo de las ideas de Platón.

13. Un ejemplo nos podrá ayudar a visualizar mejor la diferencia que estamos señalando. La embriología sigue un modelo epistemológico que se basa en la concatenación entre causas y efectos dentro de un cuadro de leyes naturales derivadas de la observación de una serie de fenómenos. Es así como la embriología construye sus explicaciones, por ejemplo, acerca de la conformación del dimorfismo sexual, y es correcto que esto sea así. Por ello, entre otras cosas la embriología hablará de la acción de varias hormonas y de los procesos diferenciados que llevan a la formación de los órganos reproductores internos y externos que competen al varón y a la mujer. En cambio, la ontología realiza una lectura diferente, y para ello emplea categorías diferentes. Se pregunta, por ejemplo, sobre la identidad del ser en el cual están sucediendo todas esas reacciones de causa y efecto. Se pregunta sobre la finalidad global de los complejos procesos que la biología constata. Se pregunta también sobre el modo como se debe entender el inicio de esos procesos.

14. Se presenta una separación similar, pero vista esta vez desde la biología y no desde la antropología filosófica, cuando se pregunta: "El cuerpo humano se sexualiza de la manera en que la biología y otras ciencias nos describen; pero ¿de qué manera estaría sexuada la persona misma?" La pregunta, formulada así, presume sin más que hay dos formas diferentes de sexuación: la del cuerpo y la de la persona. Ya hemos advertido el riesgo hermenéutico de que el "más" que la persona representa ante sus dimensiones se interprete como un "más allá de" — cosa que lleva al dualismo ya indicado. Ha de pensarse más bien como una profundidad ontológica presente en las dimensiones mismas, profundidad que resulta inaccesible al plano fenoménico del que se ocupan las ciencias.

La dimensión sexual de la persona es, pues, el contexto general en que ha de interpretarse lo que la embriología afirma acerca de la ontogénesis de la sexualidad. A fin de cuentas, quien está recorriendo un camino de configuración sexual ya desde los primeros momentos de su existencia *es la persona*, dotada de una identidad sexual que incluye lo que la embriología describe. Lo que la biología ve como materia viva y como relaciones y procesos biológicos, la antropología lo puede interpretar de manera más radical revelando la presencia de una identidad personal activa.

2. La persona como ser intrínsecamente sexuado

1. La persona y la sexualidad en el plano de la integridad

Abordamos ahora la cuestión fundamental: ¿cómo se ha de pensar la sexualidad en cuanto a su *inmanencia*, y en el plano de la *integridad*? Es la pregunta ontológica decisiva acerca de los fundamentos de la condición sexuada de la persona. En el procedimiento nos serviremos de dos categorías ontológicas básicas: el ser y el devenir.

Partiremos de una base que ya hemos sentado: "Persona se es, pero persona también se llega a ser"[15]. Esto, aplicado a la sexualidad, significa que hay una interdependencia entre los factores que están sujetos a un devenir o evolución (la psicología, el desarrollo biológico, el entorno cultural, etc.) y la base ontológica estable. A la luz de esta tensión entre el ser y el devenir en la sexualidad, se puede afirmar sin temor: "Hombre o mujer *se es*, pero también *se llega a ser*". La interdependencia entre el ser y el devenir, lo mutable y lo inmutable, es tal que ningún elemento está completo sin el otro.

---

15. La sensibilidad actual claramente subraya los factores culturales, históricos y psicológicos que entran en el devenir, y tiende a olvidar la ontología.

Resulta de gran importancia en nuestro tiempo sostener que todo tipo de devenir de la sexualidad (psicológico, biológico, etc.) *presupone necesariamente la presencia de una identidad sexual.* Si "hombre" o "mujer" es *algo que se llega a ser* a través de complejos procesos, el punto de partida no puede ser un individuo totalmente asexuado. Tal visión estaría olvidando el ser y afirmando unilateralmente el devenir. Más bien hay que mantener el principio que la escolástica formuló como "el actuar sigue al ser" (*agere sequitur esse*). En otras palabras, no es concebible un *devenir* que no halle su base en el *ser.* De la misma manera, no es concebible la existencia de un *proceso* dirigido a desarrollar una condición biológica sexualizada que no se base en *la condición intrínsecamente sexuada* de la persona. Si un nuevo ser *se desarrolla* como hombre o mujer, esto se debe a que en el plano ontológico ese ser *ya es un hombre o una mujer.* Claro está que esta última afirmación ha de entenderse de la manera en que compete al plano ontológico y en el nivel de la integridad, y no de la manera ordinaria en que solemos hablar de hombres y mujeres.

Estas importantes conclusiones deben entenderse bien. Ha de quedar claro que la condición intrínsecamente sexuada de la persona tiene una precedencia de tipo *ontológico* respecto a cualquier proceso de desarrollo de la sexualidad. Asimismo, debe quedar claro que en ningún modo deseamos afirmar que el *ser,* que funge como presupuesto necesario del devenir, deba pensarse como algo ya completo en todo sentido. El ser se perfecciona gracias al devenir porque el ser contiene potencialidades. Lo que queremos afirmar aquí es la imposibilidad filosófica de pensar que, eliminada cualquier modalidad de *ser* que competa al plano de la integridad de la dimensión sexual de la persona, el *devenir* se tenga a sí mismo como su propio presupuesto, como su propio punto de partida. El devenir no se crea a sí mismo. Resultaría que el devenir es lo que deviene. Esto es un sinsentido filosófico.

No reparar en esto es lo que constituye quizás uno de los principales errores de algunas de las así llamadas *teorías de género*[16].
Excluyendo el lado ontológico e inmanente, suelen teorizar el proceso de formación de la sexualidad humana en dos fases sucesivas:

– Una fase inicial, que consiste en la formación de una identidad sexual de orden sólo físico-biológico. El resultado es lo que se llama *sexo*. El plano ontológico de la integridad de la sexualidad carecería de contenido propio. La sexualidad humana no tendría otro contenido que el que afirman las ciencias positivas.

– La segunda fase, confiada a la libertad del individuo, tiene como objetivo la formación (siempre renovable) de un *género*. Consiste en una "orientación sexual", o en una "identidad sexual" psicológica. En esta segunda fase encontrarían su lugar todos los argumentos relativos al significado del cuerpo sexuado, de su valor simbólico e interpersonal, de su configuración y de su interpretación cultural.

Nótese que lo que aparece en la segunda fase está desprovisto de conexión intrínseca con la primera fase. Por lo tanto, el significado y el valor de la sexualidad se confiaría enteramente a lo que desea el individuo, o a las influencias socioculturales ejercidas sobre el individuo.

Otro modo de comprender el plano de la integridad en la sexualidad se abre gracias a la aplicación de la categoría de *identidad personal*. El embrión que está recorriendo las primeras etapas de su desarrollo ya está dotado de una *identidad personal* que se manifiesta en todas las dimensiones del embrión, sin excluir la dimensión sexual. Por ello, hay que afirmar que el embrión no

---

16. Eva De Clerq ha sintetizado con buen tino la diversidad de acepciones y usos del *Gender* en el primer capítulo de su libro *Etica del gender* (Morcelliana, Brescia 2018).

es sexualmente "neutro", ni sólo "potencialmente" masculino o femenino. En cambio, es correcto afirmar que el embrión masculino o femenino tiene potencialidades.

Pensar que el embrión sin identidad sexual inicial la adquiere sólo al cabo de varios procesos, nos colocaría nuevamente ante la paradoja de un devenir que se presupone a sí mismo. Propiamente hablando, la biología y la psicología estudian procesos de *identificación* que, como señala Urbano Ferrer, «es siempre posterior a la *identidad*»[17].

Aunque la morfología del embrión puede y debe continuar su desarrollo, y aunque la comprensión de la propia identidad sexual es algo que requiere tiempo y está sujeto a múltiples factores, preexiste ya una *identidad sexual ontológica*[18]. En perspectiva teleológica se puede decir que esta identidad *tiende a dotarse* mediante complejos procesos de la plena manifestación biológica y psicológica que le compete en vista de las funciones propias de la sexualidad humana[19].

Finalmente, a la luz de la teoría general de las dimensiones, es coherente afirmar que toda posición que niega la dimensión de la sexualidad como algo que concierne esencialmente a la persona,

---

17. U. Ferrer, ¿Qué significa ser persona?, Palabra, Madrid 2002, 143.

18. Si se niega que en el plano de la integridad hay una vinculación entre la persona y la sexualidad, es impensable que la persona llegue más tarde a alcanzar la condición de ser intrínsecamente sexuada. En este caso la persona, sin importar cuántas "identidades de género" y "orientaciones sexuales" desee darse, y cuáles sean sus actos y hábitos, está y permanece sola en una subjetividad monádica desprovista de la alteridad esencial capaz de abrir un espacio estructural para que se dé y se desarrolle la sexualidad, no menos que las demás dimensiones.

19. Esta tendencia no puede ser observada por las ciencias médicas. Sólo se hace patente a la reflexión antropológica, que es el contexto donde se plantea y se resuelve la pregunta sobre la amplitud y profundidad que puede tener la condición sexuada de la persona en el plano de la integridad.

tienda a negar todas las demás dimensiones. Dicho de otra manera, toda posición relativa a la sexualidad que la relegue a algo extrínseco y sometido exclusivamente a la elección de la persona tenderá a aplicarse también de ese modo a las otras dimensiones. De esta separación entre la sexualidad y la persona se deriva una experiencia banal de la sexualidad, carente de arraigo en la persona, sin historia, sin cuerpo personal, sin auténtica interpersonalidad, sin sentido religioso. La técnica y las modas culturales toman entonces el mando y ofrecen formas de evitar el vacío generado por una sexualidad sin profundidad personal. Por el contrario, la integración entre la sexualidad y la persona une también la sexualidad a las demás dimensiones; la sexualidad se abre a la interpersonalidad, construye una historia, da plenitud a la corporeidad, halla su sentido en los mejores legados culturales y se abre a la religiosidad. Los afectos y las manifestaciones de la sexualidad se personalizan y se hace posible el descubrimiento del amor personal que se expresa también sexualmente.

2. La persona y la sexualidad en el plano de la plenitud

Acabamos de establecer que en el plano de la integridad toda persona tiene una identidad sexual radicada en su realidad ontológica. Esta nunca puede perderse. Sin embargo, debemos recordar que la base ontológica *no lo es todo*. Queda mucho por recorrer. La persona debe llegar a la meta de la autoposesión y de la entrega de sí misma también en referencia a la dimensión de la sexualidad. Y esto implica descubrir, comprender y elaborar la propia identidad sexual y el significado del propio cuerpo sexuado[20].

---

20. Nancy Chodorow anota justamente: «Los genitales, los pechos, la excitación, la menstruación, la erección, la eyaculación serán psíquica (y culturalmente) elaborados de un modo que los hombros o los pies no lo necesitan» (N.

En la dimensión sexual hay, por tanto, un espacio y un rol para la acción de la libertad, para la reflexión, para las decisiones personales, para la integración de la esfera afectiva y para explorar el profundo ámbito de las relaciones interpersonales sexuadas. Hay, además, un claro influjo (pero no un determinismo) de las condiciones socioculturales y ambientales. Por ello hemos de rechazar las posiciones que reducen la sexualidad al simple dato cromosómico, fenotípico, gonádico y psicológico, olvidando que todas las dimensiones de la persona requieren la intervención libre e inteligente de la persona[21].

Por ahora baste afirmar que la meta de la dimensión sexual en el plano de la plenitud es que la sexualidad llegue a integrarse como una dimensión de la totalidad de la existencia personal. El hombre y la mujer deben llegar a conocerse y a aceptarse como tales. Al centro de este proceso se coloca la tarea de comprender *el significado de la propia condición sexuada.* Aquello cuyo significado no se entiende, no puede ser acogido e integrado. Lo visto en el capítulo 6 acerca del significado nos ofrece importantes pautas para esta tarea. Nos centramos en las principales:

  – Recordemos que aquello cuyo significado se intenta entender es *la realidad.* Y esta realidad es la condición sexuada humana, que se revela mediante la experiencia y mediante las ciencias, las disciplinas humanas y la filosofía. Sólo la realidad posee esa riqueza de sentido que se manifiesta en el significado. Es inútil buscar el significado sin referencia a la realidad.

– La condición sexuada de la persona no impone un significado fijo, igual para todos, pero sí ofrece una orientación
clara en el camino de comprensión de esta.

– Se trata de alcanzar una comprensión personal y existencial de la propia condición sexuada, no una comprensión
exclusivamente científica o teórica. Desde los primeros
años de vida, la persona tiene ya un conocimiento prerreflexivo de la propia condición sexuada, que es la base
natural de los conocimientos adquiridos posteriormente a
través de la reflexión personal y de las más diversas formas
de enseñanza.

– En ese proceso hay posibilidades y riesgos. Junto a la posibilidad de consolidar y abrazar alegremente la propia
condición sexuada, abriéndose a vivirla en la interpersonalidad, la afectividad y el don de sí mismo a los demás,
existe el riesgo de caer en confusiones, en disociaciones y
en interpretaciones ideológicas y subjetivas, que llevan a
rechazar la propia identidad sexuada.

D. El proceso de personalización de la sexualidad

1. La plenitud de la identidad sexual: unidad y multiplicidad

Hemos sentado que en el plano de la integridad toda persona
tiene una identidad sexual que nunca se pierde. En cambio, en el
plano de la plenitud, la sexualidad debe ser descubierta, comprendida, orientada y llevada a la madurez. Esto no es otra cosa que
integrar la sexualidad en la totalidad existencial de la persona. Se
necesita un proceso.

Al reflexionar sobre la interpersonalidad, nos referimos al papel que desempeña el Otro (el "tú") en el proceso de descubri-

miento y maduración de la identidad personal. Ahora tenemos que profundizar en este tema, reflexionando sobre la forma en que se aplica en la dimensión de la sexualidad. Las relaciones personales en las que entra una persona proporciona el contexto para ese proceso. Su estudio nos permite comprender cómo los rasgos y cualidades importantes de la persona masculina y femenina sólo pueden adquirirse plenamente como resultado del encuentro con una persona del sexo opuesto. Esta situación concierne siempre a la plenitud de la sexualidad, y la toca tanto en el lado de la *inmanencia* (desarrollo del autoconocimiento como hombre o como mujer: integración de la propia condición sexual) como en el nivel de la *trascendencia* (forma de actuar, de estar frente a los demás, forma de acoger a los demás y de darse a los demás).

Para entrar en el estudio de este proceso es conveniente analizar las diferentes relaciones interpersonales y sexuales, según los cuatro elementos constitutivos de cada relación: un sujeto, un término, la relación misma y el fundamento de la relación.

Cada persona, a lo largo de su vida, tiene o puede tener cinco identidades fundamentales. Es decir, cada persona es o puede ser:

- *Hijo/hija*: la filiación dice relación con los padres. Es la identidad fundamental, que se consolida desde la concepción hasta la edad de 5-6 años. Implica aprender a dar y recibir con total seguridad. El niño es el que se sabe que es amado incondicionalmente por los padres. Esta experiencia con los padres (en la diferencia padre-madre) concede al niño la capacidad de identificarse con ellos.

- *Hermano/hermana*: dice relación con los hermanos y hermanas. Más tarde se amplía hacia las amistades. Esta identidad se consolida generalmente entre los 6 y 12 años de edad. Implica aprender a pertenecer a un grupo de identidad, a compartir y perseguir objetivos comunes, a apoyar a otros, e incluso a competir con ellos.

- *Novio/novia*: indica una tendencia a establecer una relación privilegiada de intimidad con el Otro, perteneciente al sexo opuesto, basada en la atracción y aceptación mutuas. Implica la búsqueda del crecimiento de la autoposesión con vistas a la entrega al Otro. Es una identidad que comienza con la pubertad y termina con el matrimonio.
- *Esposo/esposa*: dice relación exclusiva con un miembro del sexo opuesto. Implica la elección del Otro para la intimidad afectiva y sexual personal. Con esta identidad se aprende el compromiso de darse el uno al otro.
- *Padre/madre*: indica la plenitud del don de sí mismo al otro, y al mismo tiempo dice relación con los hijos. Los padres aprenden a generar una nueva vida, a velar por ella y a educarla. De hecho, para ser padre, el novio debe entrar en la dinámica de la autodonación; debe salir de sí mismo y dirigirse a la novia. Esta es la forma masculina de entrega, pero requiere la presencia de la novia: sin ella, la autodonación del novio no tendría un punto de llegada.

Ciertamente, la novia también debe entrar en la dinámica de la autodonación. Lo hace de manera femenina, que no consiste en ir hacia el novio, sino en acoger al novio. Esto no es pasividad, sino actividad "femenina". Al acoger al novio en sí misma, acoge su entrega, su capacidad para generar la vida y también el fruto de su mutua donación.

2. La plenitud de la identidad sexuada gracias a la intervención del "Otro"

Centrémonos en un elemento que ha surgido a lo largo de las reflexiones que acabamos de presentar. ¿Cómo se explica que la persona adquiera una identidad en contacto con el Otro? Que algo así suceda parece obvio, pero no lo es. El tema contiene una interesante dinámica antropológica.

Para entender lo que está en juego aquí, es necesario recordar la relación entre la inmanencia y la trascendencia. El crecimiento de una implica el crecimiento de la otra. Cuando la persona se da cuenta de la diferencia sexual que tiene la persona que está frente a ella (y que representa la trascendencia), inmediatamente comienza a descubrir o reconocer su propia identidad. Todo esto implica el descubrimiento del *propio límite* (que representa la inmanencia). ¿Cómo se entrelazan la inmanencia y la trascendencia, y cuáles son las dos formas en que el "límite" se revela a lo largo de este proceso?

1. El punto de partida es siempre la persona que ya tiene una identidad sexual en el plano de la integridad. Ahora debe comenzar a "descubrir" e "integrar" esa identidad en el plano de la plenitud. Y para ello es indispensable que se abra a la trascendencia, conociendo a una persona del sexo opuesto.

2. Cuando se produce el encuentro, la persona "descubre" inmediatamente su propio límite[22]. Aquí, el límite significa inicialmente "no ser como la otra persona". Manifiesta un significado negativo porque implica "no tener lo que la otra persona tiene" y, más fundamentalmente, "no ser todo".

El contenido de este límite es de gran importancia. Lleva al hombre a comprender que "no es como la mujer", sino que es "el Otro respecto a la mujer". Esto es el primer significado de la condición masculina, la primera respuesta a la pregunta: ¿qué significa ser hombre? Sin embargo, este primer significado debe ser ampliado.

---

22. «La diferencia sexual revela, ante todo, el límite y la dependencia constitutiva de toda persona. Todo ser humano realiza sólo en parte la humanidad: tiene siempre ante sí la otra versión como algo diverso y, en cierto modo, inaccesible». (L. Melina, *Por una cultura de la familia. El lenguaje del amor*, Pontificio Instituto Juan Pablo II para la Familia, Huixquilucan 2013, 111).

3. El límite también revela su valor positivo. Consiste en que el hombre descubra la posibilidad de *entablar una relación* con la mujer a partir de la diferencia sexual. Esto, como podemos ver, revela la forma en que el límite aparece en la esfera de la trascendencia.

El límite entendido como negación aparece como la base del límite entendido como una afirmación positiva que abre la posibilidad de constituir una nueva realidad: el "nosotros" de la comunión entre el hombre y la mujer. Esta es la esfera personal en la que entran el hombre y la mujer como portadores de una diferencia sexual. El "yo masculino" se coloca frente al "yo femenino" con el fin de construir un "nosotros".

Estas dinámicas interpersonales muestran que la diferencia sexual entre el hombre y la mujer es un presupuesto básico de su relación. La identidad en el nivel de plenitud y en el sentido que acabamos de describir es algo que la persona adquiere gracias a la presencia del Otro que también se presenta como diferente: el hombre frente a la mujer, e inversamente.

3. Sexualidad y afectividad

Hemos afirmado que la interpersonalidad es la "forma de la sexualidad"[23]. La sexualidad está llamada a tocar a toda la persona y a abrirla a otras personas en un conjunto de relaciones sexuadas. Es aquí donde cabe hablar de la importancia de la afectividad en el contexto de la dimensión sexual de la persona.

Recordemos que la afectividad es una de las dimensiones transversales. Nunca se la debe considerar como algo irracional, que no alcanza un nivel propiamente personal. La afectividad es

---

23. La frase ha de entenderse a la luz del hilemorfismo, donde la *forma sustancial* transmite a la *materia prima* la identidad, el acto de ser.

la respuesta de *toda la persona* (mente, voluntad, sensibilidad, pasión) al bien que se reconoce como tal, es decir, al valor – y el valor más alto es la persona misma. Escribe Dietrich von Hildebrand: «Cuando amamos a una persona y deseamos que nos corresponda, lo que queremos es que sea su corazón el que nos llame. En la medida en que sólo "decide" querernos y conformar su voluntad a nuestros deseos, nunca creeríamos que poseemos su verdadero yo»[24]. Este valor totalizante de la afectividad tiene su expresión en el término "corazón", comprendido de manera profunda y lejos de todo reduccionismo sentimental[25]. Visto desde la perspectiva antropológica, el "corazón" aparece como la sede donde la sexualidad se une con la persona y con sus otras dimensiones[26].

La afectividad se despierta ante la otra persona, especialmente cuando se percibe el valor y el significado de su condición sexuada. En este caso, lo que la afectividad "dice" a través de su poder y su carga tendencial es esto: la posibilidad de comunión, en la que el valor del otro es compartido por la persona que lo conoce. Esta fue una de las intuiciones fundamentales de la reflexión personalista de Karol Wojtyla sobre la afectividad: entre todas las dimensiones, el amor (la afectividad) es *lo que más intensamente afecta a la perso-*

---

24. D. von Hildebrand, *El corazón*, Ediciones Palabra, Madrid 1996, 133.

25. «El corazón es la morada donde yo estoy, o donde yo habito (según la expresión semítica o bíblica: donde yo "me adentro"). Es nuestro centro escondido, inaprensible, ni por nuestra razón ni por la de nadie; sólo el Espíritu de Dios puede sondearlo y conocerlo. Es el lugar de la decisión, en lo más profundo de nuestras tendencias psíquicas. Es el lugar de la verdad, allí donde elegimos entre la vida y la muerte» (Catecismo de la Iglesia Católica, n. 2563).

26. «El lugar donde se decide entre el espíritu y la carne, el lugar donde se decide si el espíritu no se queda en espíritu, sino que llega a ser la realidad determinante del hombre, es el "corazón". El acto del corazón, cuando se expone a la "luz", es decir, al espíritu, se llama amor» (R. Spaemann, *Personas*, 152).

na, lo que más la involucra y la pone en el camino de la plenitud[27]. De hecho, la dinámica del amor coincide prácticamente con la de la autoposesión y de la autodonación.

Si el amor pone a la persona en el camino de la entrega de sí mismo, la sexualidad personal aparece como un vehículo de la afectividad personal para implementar el don de sí mismo, como un "sacramento" que expresa y realiza al mismo tiempo ese don de sí mismo. Al comprender y saborear el valor de la otra persona en su condición sexual, la propia condición sexual aparece en su valor como un límite positivo, es decir, como un presupuesto para la constitución de un "nosotros" a través del don mutuo.

Por estas razones, en el campo de la sexualidad la afectividad no se reduce a un conjunto de pasiones irracionales arraigadas en lo que la tradición aristotélica conoce como la tendencia concupiscente. Al contrario, la afectividad se convierte en una fuerza de la persona entera[28]. Puesta al servicio de su capacidad de apertura al valor/significado, la afectividad también predispone a la persona al don de sí en la alegría, que es la vía maestra en el plano de la plenitud. Es apreciable que en las últimas décadas se hable de una *inteligencia emocional* que viene a completar el concepto de cociente intelectual, que por largo tiempo había prevalecido en la

27. Cf. J.C. Tuppia, «La emotividad humana en la integración de la persona en la acción según Karol Wojtyla», *Revista de Psicología* (Arequipa. Univ. Católica San Pablo), Vol 6, n. 2 (2016), 79-97.

28. En la actualidad, uno de los errores antropológicos más devastadores consiste en la separación entre la persona y la sexualidad. Dentro de esta fragmentación, la afectividad se desengancha de la persona y se vive como una sexualidad impersonal. De esta manera, la afectividad se convierte sólo en una pasión que desea el bien sensible "para mí" sin referencia ninguna a la realidad. Una vez que el verdadero poder de la afectividad para el don de sí ha desaparecido, sólo queda una afectividad debilitada y ciega porque ya no puede abrirse a considerar el verdadero valor de la sexualidad, que es la sexualidad como una dimensión personal y personalizadora de sí mismo y del Otro.

educación occidental. Como afirma uno de sus propagadores más conocidos, Daniel Goleman, se trata de «encontrar el equilibrio inteligente entre la razón y el sentimiento. El antiguo paradigma sostenía un ideal de razón liberado de la tensión emocional. El nuevo paradigma nos obliga a armonizar cabeza y corazón»[29]. Nuestra propuesta antropológica se mueve en la misma dirección al sostener que la afectividad es una dimensión transversal de la persona, especialmente vinculada con su vocación al amor y con la plenitud de su sexualidad.

---

29. D. Goleman, *La inteligencia emocional*, 49. Goleman indica el contenido de la inteligencia emocional al afirmar: «Mi preocupación es un conjunto clave de estas "otras características", la *inteligencia emocional*: habilidades tales como ser capaz de motivarse y persistir frente a las decepciones; controlar el impulso y demorar la gratificación, regular el humor y evitar que los trastornos disminuyan la capacidad de pensar; mostrar empatía y abrigar esperanzas» (*ibid.*, 54). Esta inteligencia emocional puede hallar una base sólida e incluso una ampliación gracias a la antropología de las dimensiones de la persona.

A. Fase fenomenológica de la culturalidad

Como en el caso de la sexualidad, también para la culturalidad parece apropiado abrir más de una ventana fenomenológica. Al recorrer las tres fenomenologías que proponemos a continuación, se puede tener la impresión de que no se trata de la cultura como una dimensión de la persona, y que se presenta la cultura sólo como una realidad social. Esta impresión encontrará su aclaración más adelante. Por el momento, bastará con señalar la dificultad de entender la cultura en su raíz. Uno puede incluso preguntarse si la dimensión cultural no es más que el entrelazamiento de las otras dimensiones desde una perspectiva social. Veremos que no es así.

1. La polisemia de la "cultura"

La cultura es quizás la dimensión más abierta a la analogía en sus formas y manifestaciones[1]. Para darnos una base fenoló-

---

1. He tratado este argumento en J.G. Ascencio, *La cultura e la natura. Temi d'introduzione alla filosofia della cultura*, IF Press-APRA, 2011, 9-13.

gica, consideremos brevemente la polisemia del término "cultura". Contiene al menos cinco significados. Empezaremos con los más obvios y gradualmente llegaremos a los más profundos:

1. La cultura entendida como un *conjunto de disciplinas y temas*: arte, literatura, historia, ciencia, etc. Son los temas que se tratan en las secciones de "cultura" de los periódicos. Cuando esta cultura es especializada, sólo resulta accesible a un grupo limitado de personas.

2. La cultura como se concreta en la figura de la *persona culta*, que forma parte de una élite cultural.

3. La cultura entendida como un conjunto de "lugares culturales", que forman la identidad cultural de un grupo humano. La expresión "lugares culturales" no se reduce a sitios geográficamente circunscritos. Los "lugares culturales" pueden ser de varios tipos: cognitivos, históricos, morales, religiosos, literarios, etc. Por ejemplo, el descubrimiento de América por Colón es un "lugar cultural" histórico; Gettysburg es un "lugar cultural" estadounidense geográfico; "*To be or not to be, that is the question*", es un "lugar cultural" literario.

Lo importante es señalar que esos "lugares culturales" permiten el reconocimiento mutuo de los miembros del grupo. Se sienten unidos por esos lugares en la medida en que los consideran expresiones válidas de su identidad común. La totalidad de los "lugares culturales" es una parte importante del "mundo humano" (*Lebenswelt*) del que hablaremos en la tercera fenomenología.

4. La cultura como un *conjunto de conceptos y valores* que están en la raíz de los "lugares culturales". Estos conceptos y valores tienen una correlación mutua más o menos estrecha. Para muchos miembros del grupo estos son valores y conceptos implícitos, en el sentido de que son conocidos y vividos por todos, pero no necesariamente pensados de manera reflexiva. La filosofía y otras

disciplinas reflexionan sobre estos elementos para clarificarlos y mejorarlos.

5. La cultura entendida como una realidad fundamental que interactúa con dos realidades igualmente fundamentales: la naturaleza y la persona. La forma en que estos tres elementos se conciben individualmente y se relacionan entre sí constituye la última raíz profunda de cada cultura. Volveremos sobre esto más adelante.

2. Los diversos tipos de contenidos culturales

El segundo tipo de fenomenología procede ofreciendo un "corte transversal" de la cultura para identificar la heterogeneidad de sus contenidos[2].

1. El tipo de contenido cultural más evidente es el de los "elementos típicos". Tan pronto como alguien entra en contacto con una cultura extranjera, estos elementos aparecen. Los elementos típicos son los que regulan y definen la *forma* en que se manifiesta un *fondo*, constituido por realidades culturales y humanas más profundas.

En este primer nivel, las diferencias entre culturas son evidentes y legítimas: formas de comer, vestirse, construir la propia casa, saludarse, etc. Todo esto no carece de valor antropológico. Nada impide que sean elementos portadores de valores ligados a la identidad del grupo cultural, y que se pueden comprender mejor a la luz de su historia.

2. Un segundo tipo de contenido cultural es el "convencional". Se trata, por ejemplo, de los modos de formar la familia,

---

2. Cf. J.G. Ascencio, *La cultura e la natura*, 86-89; ID., *Il pensiero culturale. Tra filosofia metafisica e razionalità postmoderna*, APRA, Roma 2004, 36-38; J. Szaszkiewicz, *Filosofia della cultura*, PUG, Roma 1988, 125-138.

de gestionar la política, de salvaguardar los valores, de orientar la religiosidad. Los elementos convencionales están revestidos con elementos "típicos".

La "convencionalidad" de estos contenidos no ha de confundirse con la arbitrariedad. El término se refiere más bien a la raíz latina *cum-venire* (reunirse), que recuerda a las reuniones convocadas en algunas ciudades de la Grecia clásica para discutir sobre algún tema de importancia común. De hecho, una cierta elección se hace necesaria por el hecho de que los diferentes valores, que en principio son posibles para una cultura, existen en parejas o grupos alternativos y por lo tanto no son composibles. Se puede pensar, por ejemplo, en la pareja constituida por la apertura a la innovación y la observancia de las tradiciones. Dependiendo de que una cultura prefiera una o la otra, comienza a orientarse de cierta manera. Otro ejemplo está dado en las formas de gobierno. Aristóteles indicó tres posibilidades "puras": monarquía, oligarquía y democracia. Al tener que gobernar, no se puede elegir un modo sin excluir los otros dos.

3. El tercero y más profundo de los tipos de contenido cultural es el que podemos llamar "trascendente". Estos son principios que están en la base del orden del bien, de la verdad, de la socialidad, etc.[3] Las diferentes culturas pueden diferir en el modo en que formulan estos principios, pero los principios en sí mismos son reconocidos por casi todas las culturas. En el núcleo de cada cultura se coloca la intuición de estos principios, que hunden sus raíces en el

---

3. En la actualidad diversas corrientes ponen en duda la existencia de estos contenidos. Pero lo mejor de la tradición filosófica occidental lo ha afirmado. Recientemente, Ernst Tugendhat ha ofrecido interesantes argumentos a favor de una antropología filosófica que, entrando en diálogo con la antropología cultural, la rebasa alcanzando una universalidad superior (cf. E. Tugendhat, *Antropología en vez de metafísica*, 27-32).

misterio de la persona humana, cuya riqueza es tal que no puede ser agotada por ninguna cultura.

Lo que surge de esta segunda reflexión fenomenológica es el hecho de la pluralidad de estratos que existen en todas las culturas. La forma en que esto sucede será estudiada un poco más tarde, así como el arraigo ontológico de la cultura en la persona.

3. La cultura como "mundo humano" (Lebenswelt)

¿Qué se entiende cuando se habla del "mundo humano"? Al considerar los "lugares culturales" se dijo que su conjunto forma ese "mundo humano". Ya conocemos las bases para dar una respuesta gracias a lo visto en el capítulo sobre el significado, donde presentamos las contribuciones de von Uexküll y Cassirer. Ahí decíamos que hay una diferencia entre el "mundo-ambiente" (*Umwelt*) de los animales y el "mundo humano" (*Welt*). El hombre goza de una especial libertad con respecto a los estímulos del medio ambiente y por lo tanto se puede decir, con Scheler, que el hombre está «abierto al mundo (*Welt*)»[4]. El hombre no sólo conoce las cosas *como útiles o inútiles*, sino que se abre a conocerlas *como entidades*: se interesa por su realidad, su ser propio.

Josef Pieper dejó claro que esta apertura metafísica al mundo humano que el hombre tiene en virtud de su ser espiritual no existe de manera "pura", ni anula totalmente el hecho de que el hombre, como ser biológico, vive en un determinado entorno geográfico[5]. Esto lo hace en alguna medida similar a las plantas y animales.

---

4. Scheler explica el sentido de esta afirmación en la primera parte del capítulo II de su famosa obra *El puesto del hombre en el cosmos*.

5. Cf. J. Pieper, *Verità delle cose*, Massimo, Milano 1988, 105-116; «¿Qué significa filosofar?», en *Obras*, tomo 3 (*Escritos sobre el concepto de filosofía*), Ediciones Encuentro, Madrid 2000, 40-54.

El "mundo humano" no se sitúa más allá del "mundo-ambiente" en el que vive el hombre, sino *precisamente en él*. Por lo tanto, según Pieper, el entorno en el que vive el hombre se transforma en un "mundo humano", en que la naturaleza y la cultura están íntimamente entrelazadas. Desde esta perspectiva se hace evidente que la cultura es ese mundo específico que pertenece exclusivamente al hombre como espíritu encarnado y como ser social por naturaleza. La fenomenología husserliana ha dado el nombre de "mundo de la vida" (*Lebenswelt*) a esta realidad.

Una breve consideración fenomenológica de la cultura como "mundo de la vida" nos ayudará a comprender que la cultura aparece también como una totalidad *suprapersonal* e *interpersonal* en la que la persona siempre está incluida desde el momento de su nacimiento.

Ciertamente la cultura también tiene un polo *intrapersonal*, inmanente a la persona individual, del que hablaremos en la última sección de este capítulo. Con respecto a ese polo, el "mundo de la vida" se presenta como el polo opuesto. Así tenemos una tensión entre el polo intrapersonal y el polo interpersonal. La cultura en su conjunto vive en esta tensión.

Y como no hay unidad sin dualidad, podemos señalar que el "mundo de la vida" está estructurado en una pluralidad de "mundos": piénsese en el mundo de la amistad, el social, el económico, el industrial, el del conocimiento, del deporte, de la historia, de la política, de la escuela, etc. Cada uno de estos mundos culturales tiene sus propias leyes, sus estructuras, su historia. Cada uno prevé una forma de establecer relaciones interpersonales. Los miembros adultos de un grupo cultural conocen todo esto, al menos de modo práctico e intuitivo.

Cada uno de esos "mundos" no consiste simplemente en un conjunto de objetos empíricos (casas, herramientas, objetos de varios tipos, centros dedicados a actividades específicas, etc.)[6]. Esto sería una reducción del "mundo de la vida" a sus aspectos materiales. Lo que faltaría en tal situación sería precisamente el aspecto humano, espiritual, histórico y relacional, que sólo es bien visto por los que viven en ese mundo cultural.

Podemos considerar, por ejemplo, el mundo de la vida universitaria. Los objetos materiales (aulas, sistemas informáticos, escritorios, dependencias, reglamentos) no están ausentes, pero la Universidad, como mundo humano específico, es mucho más que el conjunto de esos objetos. También incluye un conjunto de actividades como la enseñanza que involucra a estudiantes y profesores, la investigación, las conferencias, etc. Además, los eventos que tienen lugar en la Universidad con la ayuda de esos recursos materiales encarnan valores muy elevados: la búsqueda de la verdad y el bien, el diálogo entre la fe y la razón, el cultivo del espíritu humano. Estos serían los valores con los que se reviste simbólicamente la Universidad, valores reconocidos por todos, y que justifican la existencia de la Universidad, fundando también su derecho a la libre investigación.

Siguiendo a Clifford Geertz, podemos lograr una comprensión más clara del "mundo de la vida" advirtiendo que está estruc-

---

6. Es legítimo estudiar estas realidades, pero entonces se está haciendo un estudio de la llamada "cultura objetiva" que no capta la totalidad del fenómeno cultural. Algunas de las definiciones más populares de la cultura caen, por desgracia, en este sutil tipo de reduccionismo. El académico inglés E. Tylor, en su estudio *La cultura primitiva* (1871), definió la cultura como un "conjunto complejo que abarca los conocimientos, las creencias, el arte, la ética, las leyes, las costumbres y todas las demás actitudes o hábitos adquiridos por el hombre como miembro de una sociedad". La UNESCO ha aceptado esta definición, añadiendo que «abarca no sólo las artes y las letras, sino también los modos de vida, los derechos humanos fundamentales, los sistemas de valores, las tradiciones y las creencias» (UNESCO, *Declaración de México. Rapport final.* Conférence mondiale sur les politiques culturelles, en H. Carrier, *Vangelo e culture*, Città Nuova, Roma 1990, 85).

turado en tres partes principales[7]: la mediación cultural de tipo cognitivo dada en una visión del mundo (la *Weltanschauung*); la mediación cultural de tipo moral dada en un sistema de evaluación ética de la realidad y de la acción humana; y la mediación cultural de tipo religioso, que aparece como depósito de los valores más elevados.

4. Algunas conclusiones

Habiendo tomado tres caminos fenomenológicos para explorar diferentes aspectos de la cultura, podemos ver que en todos aparece una dinámica similar. Podemos resumirla en los siguientes puntos.

1. La mirada hacia la base: el entrelazamiento de la persona, la cultura y la naturaleza

En las diferentes fenomenologías, cuanto más se dirige la mirada a la raíz o a la base de los fenómenos tratando de poner de relieve los elementos más universales, más se hace evidente que se entrelazan tres elementos: la cultura, la persona y la naturaleza. La cultura nunca aparece como un fenómeno aislado o autónomo. Este entrelazamiento no es evidente para todos. Requiere un esfuerzo reflexivo.

Una consecuencia de este entrelazamiento es que la cultura, al estar siempre unida a la naturaleza y a la persona, influye en todas las dimensiones. Así como las dimensiones se apoyan en la corporeidad y reciben significado y luz de la interpersonalidad, reciben de la culturalidad buena parte de su concreción.

---

7. Cf. C. Geertz, *Ethos, World View and the Analysis of Sacred Symbols*, in ID., *The Interpretation of Cultures*, Basic Books, New York 1973, 126.

2. Mirando hacia arriba: la tendencia a la concreción y la manifestación

Si, en lugar de dirigir la mirada hacia la base, la llevamos en dirección opuesta, lo que aparece es que cada cultura ha desarrollado manifestaciones y aplicaciones concretas que le son propias. Esto puede parecer obvio, pero hay que decir que esta tendencia a la manifestación y a la concreción es parte de la esencia de la cultura. Esto es necesario porque la cultura debe dar unidad e identidad a cada grupo humano, y porque también debe proporcionar a sus miembros los elementos fundamentales para dirigir e interpretar sus vidas.

3. El objeto de la cultura

Si nos preguntamos cuál es el objeto específico al que se abre la persona a través de la dimensión de la culturalidad, la respuesta es ésta: en última instancia, la culturalidad encuentra en la persona humana, en la naturaleza (y en la propia cultura) su objeto material. Y la formalidad bajo la cual llega a ellos consiste en que todos están conformados culturalmente. En otras palabras, la culturalidad capta la persona y la naturaleza no de manera directa, como podría hacerlo la metafísica o la antropología filosófica, sino de manera mediada o indirecta, es decir, como realidades determinadas culturalmente[8].

---

8. Esta mediación cultural es algo totalmente distinto de un determinismo cultural. Este último es, por demás, algo contradictorio e imposible porque, como señala Jerzy Szaszkiewicz, «si el hombre se hallara totalmente inmerso en su situación cultural e histórica, y condicionado por ella, no podría darse cuenta de ello; afirmar esa inmersión y ese condicionamiento es ya superarlos» (J. Szaszkiewicz, *Filosofía della cultura*, 177).

B. La cultura y la naturaleza

La relación entre la naturaleza y la cultura es un tema sobre el que la filosofía ha reflexionado desde hace siglos. Se han ofrecido respuestas muy variadas. No es nuestra tarea proponer aquí una lista de las diferentes posiciones. Nos limitaremos a señalar los aspectos esenciales de esta relación, considerándolos desde una perspectiva predominantemente antropológica: la naturaleza y la cultura en función de la persona.

1. La igual originalidad de la cultura y de la naturaleza

La primera afirmación sistemática es la que se refiere a la igual originalidad de la naturaleza y la cultura en la persona. No se puede asignar la primacía a la cultura o a la naturaleza, convirtiéndola en la causa del otro término. Proceder de esta manera es fuente de muchas confusiones. Con todo, en la historia de la filosofía no han faltado posiciones que asignan a una u otra una primacía más o menos absoluta. Ejemplos de ello son Rousseau, el padre del Romanticismo[9], que consideraba la naturaleza como una prioridad total; y el padre del estructuralismo, Claude Lévi-Strauss[10], que veía la cultura como la causa de la naturaleza.

---

9. Rousseau parte de un estado inicial de naturaleza pura (entendida de una manera particular, no afín a la de Aristóteles). La cultura aparecería más tarde. Pero, como consecuencia de la no co-originalidad de ambas, su relación sólo puede ser extrínseca y accidental. Y cuando falta el estado de naturaleza pura, caemos en la "condición social", es decir, en la primacía de una cultura que no tiene una naturaleza en su base que le sirva de guía. En todo esto, vemos que Rousseau favorece una perspectiva cronológica para discernir entre naturaleza y cultura.

10. Lévi-Strauss, que no por casualidad se inspira en Rousseau, supone que la naturaleza es un caos, una variedad exorbitante de elementos carentes de orden (cf. C. Backés-Clement, *Levi-Strauss. La vita, il pensiero, i testi esemplari,*

Consecuencia de la igual originalidad de los términos es la posibilidad de afirmar su *condicionamiento mutuo*: no la naturaleza como causa de la cultura, ni la cultura como causa de la naturaleza, sino una como condición de la otra. Veamos ahora todo esto en detalle.

Que la naturaleza es algo "original" parece casi evidente para los que ya están familiarizados con la metafísica. Sin embargo, hay que señalar que esta originalidad de la naturaleza se sitúa en el plano de la integridad. En este nivel, la naturaleza goza de su propia identidad, y es el origen del dinamismo teleológico de la persona. En virtud de esta prioridad que tiene en el nivel de integridad, la naturaleza desempeña el importantísimo rol de ser la base y fundamento de la cultura, así como el de origen del movimiento teleológico de la persona. En este sentido debe entenderse el principio según el cual "no hay cultura sin naturaleza".

Consideremos ahora la otra cara de la moneda. La cultura también tiene una "originalidad". Sin embargo, esta se sitúa en el plano de la plenitud, e implica que la cultura es el principio que determina las manifestaciones de la naturaleza.

Por lo tanto, si antes habíamos dicho que la cultura necesita de la naturaleza, ahora podemos decir que la naturaleza necesita de la cultura. Esto se explica por el hecho de que la naturaleza conserva, como parte de su dinamismo teleológico, cierta *indeterminación*. Requiere el principio cultural, capaz de determinar lo que en la naturaleza permanece indeterminado.

En virtud de esta relación entre la naturaleza que debe determinarse y la cultura que la determina, surge la tensión entre la universalidad y la particularidad. Esta tensión recorre todos los

Accademia Sansoni editori, Milano 1971, 74-75). En consecuencia, sitúa toda la tarea de la *formatio* de la naturaleza en la cultura (el lenguaje). La cultura es la única causa, la única explicación de la naturaleza.

elementos naturales que adquieren una concreción cultural. Por el hecho mismo de pertenecer a una cultura, todo está sujeto al "así y no de otra manera". Como resultado, una sola cultura no puede expresar toda la riqueza de posibilidades que se originan en la naturaleza. Hay, sí, una tensión hacia la universalidad, hacia la totalidad de ese valor. Pero la universalidad es sólo la contraparte del modo cultural concreto que ese valor ha asumido al entrar en una cultura determinada. Por lo tanto, es fácil encontrar que cada cultura ha acentuado algún valor o verdad, mientras que otros permanecen un poco más en la sombra, arriesgándose incluso a ser olvidados.

2. La manifestación cultural de la naturaleza

Puesto que la naturaleza en el plano de la integridad ya tiene una *forma* (en el sentido ontológico del término: una forma sustancial), en el plano de la plenitud debe obtener, gracias a la cultura, una nueva "con-formación". La naturaleza demuestra su plasticidad, su necesidad de ser "formada" más allá de sí misma. La antigua filosofía hablaba de una necesaria formación del cuerpo y la mente que toda persona debía recibir para acceder a la plenitud de su humanidad.

Podemos decir lo mismo desde una perspectiva diferente. En el plano de la integridad, a la naturaleza no le falta nada. No sufre ningún defecto. La naturaleza se apoya en sí misma, en sus propias estructuras y valores. Ya existe una verdad, una esencia y un dinamismo que constituyen lo que llamamos "naturaleza humana". ¿Qué podría faltarle? Sólo esto: que la naturaleza, así entendida, no ha encontrado aún su expresión o manifestación en la esfera existencial que es propia de la persona humana. Esta es precisamente el "mundo cultural". Por así decir, la naturaleza debe adquirir un "rostro cultural". Concretamente, ¿qué añade este "rostro cultural" a la naturaleza? Añade el hecho de que el mundo cultural es siempre un mundo determinado en sentido histórico y lingüístico[11]. Además, está marcado por el significado. La naturaleza no tiene por sí misma estas cosas. Deben especificarse, determinarse, precisamente gracias a la dimensión cultural. Como se ve, este hecho tiene una gran relevancia.

"Conformación", "expresión", "manifestación", son conceptos que indican esa tendencia de la naturaleza a presentarse de manera clara y bien determinada a nivel cultural. Todo esto, visto desde el lado de la cultura, nos hace entender que ella juega en relación con la naturaleza el papel de determinarla y darla a conocer de manera concreta. Ahora hay que añadir que es gracias a la cultura que tenemos las herramientas (conceptos, términos, métodos) para entender lo que es la naturaleza. Sin cultura no hay *comprensión* de la naturaleza. Existe la naturaleza, pero para conocerla tenemos que *decirla*, tenemos que *pensarla*. Aparece aquí el tema de la necesaria mediación cultural presente en todas las formas de conceptualizar la naturaleza. En otras palabras, la persona humana no posee un acceso cognitivo "puro", "no cultural" a la naturaleza. Todo esfuerzo por conocer la naturaleza utiliza mediaciones culturales. Éstas han sido acuñadas por una cultura, en un determinado idioma, y tienen una historia precisa.

Abramos otro aspecto de la relación entre la cultura y la naturaleza. Es importante para un grupo humano que ciertas verdades y valores, que ya existen en el plano de la integridad propio de la

---

11. Gadamer afirma que el mundo humano ha sido "configurado lingüísticamente" (cf. *Verdad y Método*, Sígueme, Salamanca 1987, 531). Robert Spaemann escribe: «Las palabras son productos de una simbiosis inmemorial de mundo y persona, y cuanto más impregnadas están de esta experiencia, cuanto más ricas de connotaciones y asociaciones, tanto más adecuadas son para construir un mundo poético propio, en el que la metáfora puede desplegar su fuerza característica alumbradora de mundos» (R. Spaemann, *Personas*, 98).

naturaleza, no sean prerrogativa de unos pocos iniciados[12], mientras que la mayoría de los miembros del grupo permanecen en la ignorancia. La cultura tiene el papel social e histórico de hacer accesible a todos el conocimiento de la verdad sobre la naturaleza y la persona. Y para ello, debe traducirlos en formas culturales concretas. Esto puede llamarse el rol *performativo* de la cultura.

Que la cultura tenga la función de determinar y manifestar la naturaleza, y de proponer y difundir una comprensión de sus valores y significados, es algo cuya importancia aparece al momento de unirla con un segundo hecho ya conocido: que toda persona está llamada a buscar el sentido de sí misma, de sus propias dimensiones y de su propia vida. La persona actúa y crea cultura porque por ese camino llega a conocerse a sí misma, y porque ningún ser humano puede vivir sin una cierta comprensión de sí mismo.

En esta búsqueda de la autocomprensión, la persona no procede en el vacío, no comienza desde cero. La cultura sale al paso de las necesidades y preguntas de la persona, proponiéndole una serie de respuestas. Esto sucede mucho antes del momento en que algunos de ellos, gracias a una formación específica, inicien un camino de reflexión autónoma para discernir la validez del patrimonio recibido. La influencia formativa e informativa que ejerce la cultura es indudable. Por consiguiente, la búsqueda de sentido tiene dos caras: por un lado, la búsqueda personal; y por el otro, el discernimiento de la verdad de los significados que propone la cultura. Estas dos caras pueden concordar o encontrarse en un desacuerdo más o menos profundo.

---

12. Se trata de las verdades que la filosofía escolástica declaraba accesibles *sapientibus tantum*, "sólo para los entendidos".

C. El proceso de personalización de la culturalidad

La reflexión que estamos proponiendo nos coloca ahora frente al proceso por el cual la persona descubre la cultura, reconoce su propia culturalidad y trata de integrarla en sí misma.

1. Las dos fases del proceso

Con el nacimiento, cada persona comienza a experimentar el factor cultural como algo con lo que siempre está en contacto. Se trata del proceso de inculturación, dirigido a forjar la propia identidad. Esto se refiere al "cultivo" (cultura) de la persona que comienza a entrar en una cierta tradición cultural. La integridad de la persona no se limita a la posesión biológica de un organismo completo, sino que incluye la adquisición de una cultura[13]. Adquirir una cultura implica poseer una forma concreta de hablar, de actuar, de pensar, de relacionarse, de orientarse en la existencia y de concebir el propósito de la propia vida. De hecho, para formar

---

13. Aristóteles pensaba que el hombre era por naturaleza un ser político dotado de la capacidad de hablar (cf. *Política*, 1253 a 2-18). Esto presupone que el Estagirita toma como modelo al hombre adulto. El adulto es el ser humano llegado a su plenitud, aquél en el que el devenir ha manifestado las características de su naturaleza, ya presente en el recién nacido donde, comprensiblemente, las características no eran patentes (cf. *Política*, 1252b 31 – 1253 a 1). A este modo de pensar se opone radicalmente Rousseau, quien en su *Ensayo sobre la desigualdad de los hombres* (1754) intentó comprender la naturaleza siguiendo un procedimiento opuesto al de Aristóteles. Para Rousseau, la naturaleza no debía estudiarse a partir de un punto teleológico avanzado (el "adulto" de Aristóteles), sino a partir de su punto de inicio (que no es el recién nacido, sino el "buen salvaje" por él teorizado). Por ello en su búsqueda de la "naturaleza pura" Rousseau prescindió de las condiciones sociohistóricas. Esta oposición entre Aristóteles y Rousseau sobre el modo de comprender la relación entre la naturaleza y la cultura ha sido estudiada por Robert Spaemann (cf. «Sobre el concepto de una naturaleza humana», en *Lo natural y lo racional*, 21-51).

la propia identidad, especialmente en los primeros momentos, la persona necesita referencias estables y constantes. Estas son las características de las áreas formativas "primarias", que solemos identificar con el núcleo familiar y con la escuela llamada "primaria". Esta primera fase, como veremos, puede y debe abrirse a una fase posterior en que la persona trata de alcanzar la perfección del modo de poseer la cultura[14].

1. La integridad de la cultura: la "síntesis pasiva"

Cada persona que nace es "culturalmente plasmable". En su dotación biológica no hay nada que pueda asignarla a una cultura en lugar de otra. La cultura no se transmite a través de la genética, sino a través de la cultura misma y de sus procesos. Esta capacidad de ser plasmada es el requisito previo para la educación que la persona recibirá desde los primeros años mediante sus padres y sus educadores. Se trata de la "inculturación primaria", que también puede denominarse "síntesis pasiva", en el sentido de que el niño actúa como *receptor* del proceso de transmisión de la cultura. Su pasividad no indica una falta de esfuerzo. Es más, esta fase puede requerir un esfuerzo considerable. La pasividad implica, además, que el niño, antes de poder elegir su tradición cultural básica de forma reflexiva, es introducido por los padres en una de ellas.

La tradición cultural que se transmite al niño aparece como el fruto histórico de su grupo humano en las tres áreas que ya hemos señalado: la visión del mundo, el sistema de evaluación moral y los significados últimos. Este es el *patri-monio*, es decir, la síntesis de lo mejor que los padres (*patres*) y madres creen haber logrado, y

---

14. Para lo que sigue, cf. R. Brague, *Europe, la voie romaine*, Gallimard, Paris 1999.

que consideran que deben transmitir a sus hijos como un modelo a seguir[15].

Al recibir esta herencia forjada a lo largo de la historia, cada persona se ahorra el enorme esfuerzo de tener que empezar desde cero en su propio camino de enriquecimiento cultural. El patrimonio cultural, si es de buena calidad, permite a la persona alcanzar un alto nivel de conocimiento de sí misma, de la naturaleza y de su mundo cultural. Y esto, a su vez, le permite implementar su autoposesión formal. La persona recibe ese "conocimiento" tan útil para situarse bien en su condición de ser histórico y cultural, pero también como persona abierta al horizonte de la verdad, la bondad y la trascendencia.

En muchas culturas existe un rito de iniciación (o rito de paso) a través del cual se celebra la conclusión de la inculturación primaria[16]. El joven es acogido en el grupo de los adultos iniciados que tienen la responsabilidad y el derecho a expresar su opinión con autoridad sobre todo lo que concierne al bienestar de la comunidad. Dado que en este punto el nuevo miembro adulto puede transmitir el patrimonio común a otros, la conclusión de la inculturación primaria suele implicar también el derecho de formar una familia.

El final del proceso de inculturación no puede considerarse totalmente completado sólo en virtud de un evento externo a la persona. Es ella misma quien, al darse cuenta de que se ha convertido en algo que no era antes, acaba asumiendo de forma serena y

---

15. Zubiri hacía notar que al hombre «no solamente se le *transmiten* caracteres psico-orgánicos, sino que se le da, se le *entrega*, un modo de estar en la realidad. Instalación en la vida humana no es, pues, sólo transmisión, sino también entrega. Entrega se llama *parádosis, traditio, tradición*. El proceso histórico es propiamente tradición. No en el sentido de ser tradicional, sino en el mero sentido de ser entrega» (J. Zubiri, *Tres dimensiones del ser humano*, 76).

16. Cf. J. Ries, *Símbolo, Mito y Rito*, Kairós editorial, Barcelona 2013.

convencida una nueva forma de verse a sí misma ante su mundo cultural.

2. La plenitud de la cultura: la "síntesis activa"

Después de la síntesis pasiva, puede comenzar el proceso de "inculturación secundaria" o "síntesis activa". No se trata de aumentar la cultura recibida en un sentido cuantitativo, aprendiendo otras habilidades u otros contenidos. Más bien, esta segunda fase marca una *diferencia cualitativa* con respecto a la inculturación primaria.

La clave para entender la "síntesis activa" está en que el contenido recibido durante la primera fase *debe ser verificado* para ser poseído más perfectamente. La fidelidad a la propia cultura, que cada uno debe mantener, no puede entenderse en el sentido de una repetición mecánica de la "síntesis pasiva". El hijo no está llamado a repetir la vida y el pensamiento de su padre. Al hacerlo, renunciaría a su propia identidad y a su propio tiempo. Cuando al final de la inculturación primaria el hijo ya conoce los contenidos fundamentales de su tradición cultural, debe pasar siempre por un proceso de apropiación que puede implicar un distanciamiento parcial o temporal de la misma tradición recibida.

> Desde el nacimiento, pues, [el hombre] está inmerso en varias tradiciones, de las cuales recibe no sólo el lenguaje y la formación cultural, sino también muchas verdades en las que, casi instintivamente, cree. De todos modos, el crecimiento y la maduración personal implican que estas mismas verdades puedan ser puestas en duda y discutidas por medio de la peculiar actividad crítica del pensamiento[17].

Someter la cultura recibida a un cuestionamiento crítico es un requisito de la autoposesión a la que la persona está llamada. Esta

---

17. Juan Pablo II, *Carta Encíclica Fides et Ratio*, n. 31.

autoposesión no puede tener lugar fuera de la verdad, que en este caso es la verdad del patrimonio cultural. Poseer una cultura cuya verdad no se percibe claramente, o poseer una cultura con serios errores sobre el bien y la verdad, son cosas que impiden la implementación de la autoposesión personal.

La cultura hace posible este segundo proceso poniendo en manos de sus hijos una serie de instrumentos para que ellos mismos se comprometan libremente a verificar la verdad y la bondad del patrimonio recibido en la síntesis pasiva. El instrumento necesario para llevar a cabo este proceso requerido por la síntesis activa puede variar de una cultura a otra. Puede ser un instrumento predominantemente teórico, religioso, moral o práctico.

En la cultura occidental el instrumento más adecuado para la verificación es el conjunto de las artes liberales. Entre ellas, la filosofía es el instrumento más alto. Por un lado, es la mediación cognitiva más apta para examinar la verdad de la persona, la naturaleza y la cultura. Por otra parte, la filosofía es la forma más elevada de ejercer la actividad crítica del pensamiento, gracias a la cual se lleva a cabo la verificación que requiere la síntesis activa. De aquí que para cada cultura sea esencial contar con personas preparadas en filosofía y otras disciplinas que les dé la capacidad de discernir qué valores están bien fundados, qué significados son válidos y qué verdades son objetivas. Estas personas prestan a la cultura el noble servicio de purificar el patrimonio y de oponerse a las ideologías que humillan a la razón[18].

Ahora podemos reflexionar sobre esta pregunta que toca una de las raíces de nuestro tema: ¿quién tiene prioridad: la persona

---

18. Para un análisis del tema de las ideologías y la dificultad racional de oponerse a ellas, cf. A. López Quintás, *El secuestro del lenguaje*, Asociación para el Progreso de las Ciencias Humanas, Madrid 1987, 132-141.

o la cultura? A fin de cuentas, ¿es la cultura la que da forma a la persona, o la persona quien da forma a la cultura?

La respuesta no puede favorecer a una de las partes a expensas de la otra. Ambas son verdaderas. La cultura ejerce una enorme influencia en la persona. Pero esta influencia no se aleja de la racionalidad humana, que devuelve a la persona y a su libertad una alta capacidad de iniciativa. «Cada hombre está inmerso en una cultura, de ella depende y sobre ella influye. Él es al mismo tiempo hijo y padre de la cultura a la que pertenece»[19]. Si por un lado existe la dependencia del hombre con respecto a la cultura (la síntesis pasiva lo hace "hijo" de su propia cultura), por otro lado existe la posibilidad de influir en la cultura (la síntesis activa lo hace "padre" de su cultura). Por lo tanto, para cambiar una cultura, la acción más eficaz es la que cambia a los individuos. Estos son el núcleo y la base de la cultura.

Para cerrar estas reflexiones sobre el proceso de inculturación y sobre la tradición como movimiento cultural a lo largo del tiempo, no podemos pasar por alto que el estado de cosas que hemos expuesto (las fenomenologías de la cultura, la manifestación cultural de la naturaleza, las dos fases del proceso) ha entrado cada vez más en crisis en la así llamada *cultura occidental*. Si nuestras reflexiones han dado voz a la continuidad de la tradición a lo largo del tiempo, durante el último medio siglo, y más aún desde el año 2000, lo que parece dominar es la discontinuidad y la ausencia de identidad. Las generaciones se vuelven más autorreferenciales. Muy poco del rico patrimonio occidental se transmite a los niños. Se trata de un fenómeno que afecta a la persona misma, partiendo de su dimensión cultural, y que reclama la atención de las ciencias humanas.

---

19. Juan Pablo II, *Carta Encíclica Fides et Ratio*, n. 71.

2. El aspecto supraindividual del proceso

La cultura toca a la persona en su individualidad, pero también como miembro de un grupo humano. En este sentido, la cultura posee un rasgo supraindividual. Por lo tanto, la cultura no sólo requiere su correcta integración en la persona individual, sino también en el grupo.

Aquí llegamos a comprender una conexión entre la cultura y la interpersonalidad. La cultura, vivida de manera correcta, permite al grupo humano disfrutar de la variedad de contenidos culturales de los que hablamos en la fase fenomenológica, en la medida en que permiten a los miembros del grupo desarrollar su humanidad. Romano Guardini lo vio bien cuando escribió: «El único patrón para valorar con acierto una época es preguntar hasta qué punto se desarrolla en ella y alcanza una auténtica razón de ser la plenitud de la existencia humana, de acuerdo con el carácter peculiar y las posibilidades de dicha época»[20]. Esta posición supera criterios secundarios de evaluación de las culturas como el grado de "progreso" alcanzado, el desarrollo técnico, y las libertades de que gozan sus miembros.

El esfuerzo por lograr un mayor desarrollo humano y cultural es un hecho ampliamente documentado en la historia de las civilizaciones. En ausencia de esa formación que la abre a la universalidad de la verdad y del bien, la naturaleza humana halla gran dificultad en florecer. Por lo tanto, si la cultura que se recibe está en sí misma abierta a la verdad y al bien, la persona que la recibe se eleva más allá de su particularidad, abriéndose a todos los valores que su mundo cultural ha alcanzado.

La dimensión supraindividual del proceso de la cultura trae consigo un interesante entrelazamiento entre la culturalidad y la

---

20. R. Guardini, *El fin de la modernidad*, PPC, Madrid 1995, 29.

historicidad que aparece como consecuencia del hecho de que la cultura implica la presencia de formas concretas, originadas en la historia y condicionadas históricamente. Por lo tanto, es necesario un movimiento de actualización permanente. Gracias a este movimiento, una cultura mantiene vivo un contenido de verdad a través de una verificación siempre renovada. Si no se hace esta verificación, la cultura corre el riesgo de caer en el tradicionalismo que, al querer preservar sus contenidos, en realidad corre el riesgo de oscurecerlos.

A la inversa, el utopismo aparece cuando no se garantiza una suficiente estabilidad en el tiempo de los contenidos. Entonces se corre el riesgo de debilitar la identidad cultural porque ya no parece posible el reconocimiento mutuo de que los miembros de una cultura operan sobre la base de un contenido compartido que se puede identificar.

D. La raíz antropológica de la culturalidad en el plano de la integridad

En este capítulo hemos tratado diversos temas de orden histórico, social y cognitivo que pertenecen a la dimensión de la culturalidad cuando se relaciona con la persona y la naturaleza. Nos estamos acercando a la raíz antropológica de la cultura. Consideraremos ahora el plano de la integridad cultural a través de un estudio de su estructura antropológica inmanente. Abordaremos preguntas de este tipo: ¿qué es la cultura en el hombre? ¿De qué manera la cultura ahonda sus raíces en la estructura ontológica de la persona? ¿Cómo pasamos de estas raíces a las manifestaciones externas de la cultura que son más evidentes para nosotros?

Tomemos como ejemplo la fenomenología sobre los diferentes contenidos de la cultura. Allí ha surgido un orden: los "contenidos típicos" son formas que determinan los contenidos "convencionales" que, a su vez, son formas de concretizar valores profundos que están arraigados en el núcleo de la persona. Se notará que el concepto de "modo" se repite varias veces. No es fácil definir lo que es un "modo". Es un concepto tan básico que es difícil encontrar uno aún más básico a la luz del cual intentar definirlo.

En cambio, es posible proceder en la dirección opuesta y partir de esta intuición: la realidad que admite "modos" es una realidad que admite ser determinada. A mayor riqueza de "modos", más radical es la necesidad de determinación de esa realidad. En la constitución ontológica de la persona humana, su espíritu es lo que admite una mayor determinabilidad por ser ontológicamente muy rico. Y esto se concreta en las facultades espirituales humanas que traducen la apertura del espíritu humano a toda la amplitud del ser. De aquí que las facultades superiores estén más necesitadas de determinación.

Esta reflexión permite encontrar la categoría fundamental que explica lo que es la cultura en la estructura de la persona. La cultura, en su núcleo antropológico, puede ser entendida a la luz de la subcategoría aristotélica llamada *habitus*. Esta entra en la categoría de *cualidad*, como uno de sus principales modos[21]. A su vez, el *habitus* es la base de la concepción aristotélica de la virtud, entendida como el perfeccionamiento de una facultad[22]. El *habitus* ha de distinguirse del concepto común de "hábito", que en general indica lo hecho sin deliberación[23].

---

21. Se suele definir la cualidad como «una determinación accidental intrínseca de la sustancia» (cf. *S. Th.*, I-II, q.49, a.2, c.). Según la teoría tomista, el primer tipo de cualidad incluye dos subtipos: el *habitus* y la *dispositio*, siendo el primero de ellos el más perfecto, por lo cual se lo define *qualitas de difficili mobili* (I-II, q.49, a.4)

22. Cf. Aristóteles, *Etica Nicomaquea*, 1103a15-25.

23. Por este motivo en el texto se halla la palabra *habitus*.

Tal vez el punto más importante de la reflexión del Aquinate sobre el *habitus* sea la respuesta al artículo 4 de la cuestión 49, en la que el gran maestro se pregunta sobre la necesidad del *habitus* y, más precisamente, sobre las condiciones que se exigen para que una potencia sea sujeto de un *habitus*. Santo Tomás identifican tres condiciones. Nuestra atención se centra en la segunda, que afirma que una potencia es un verdadero sujeto de *habitus* si el sujeto que está "en potencia con respecto al otro término puede determinarse de varias maneras, y en relación con diferentes términos". En esta frase de S. Tomás aparecen dos elementos que deben ser considerados. El primero consiste en el hecho de que una facultad, como sujeto de *habitus*, puede ser determinada "de varias maneras". Aquí se halla el punto donde se pasa de una unidad a la necesaria pluralidad de modos. Sin embargo, el horizonte así alcanzado es, por así decirlo, sólo de orden cuantitativo y horizontal ya que postula la necesidad de determinar la potencia de tal o cual manera: abre la pluralidad de modos no composibles, entre los cuales uno será implementado. Esa "modalidad" concreta, fruto de la necesaria determinación de un elemento más universal (y por lo tanto menos determinado), no es otra cosa que el "rostro cultural" del que hablamos al reflexionar sobre la relación entre la cultura y el "significado".

Para completar la comprensión de la relación entre la facultad y el *habitus* hay un segundo elemento a considerar: la tensión teleológica. El Aquinate explica que gracias a un *habitus* es posible determinar una facultad "con respecto al otro término". Esto ayuda a comprender que la elección de un modo con respecto a otro no es algo que se haga de manera arbitraria pues existe el criterio de la direccionalidad teleológica de cada facultad. En el capítulo 6 nos referimos a este tema. Allí, más que de la direccionalidad, se habló de una *orientación*. En la práctica son la misma cosa. Es importante concebir la direccionalidad teleológica de las facultades humanas de manera que excluya cualquier idea de rigidez o de univocidad. Tampoco hay que pensar que la cultura o el *habitus* son un añadido extrínseco a las facultades. No son un añadido, sino una determinación, es decir, una implementación intrínseca, un perfeccionamiento de algo que ya se hallaba en las facultades desde el inicio.

La naturaleza y la cultura se encuentran en una relación que beneficia a ambas. Estamos lejos de cualquier forma de teorizar la naturaleza y la cultura como realidades que se excluyen mutuamente. De hecho, las facultades humanas, correctamente determinadas por un *habitus*, lejos de abandonar el orden de la naturaleza para colocarse en el orden de la cultura, hacen que la naturaleza manifieste más perfectamente su carácter natural. La plenitud de la naturaleza y la plenitud de la cultura se actúan simultáneamente.

A. Religiosidad, religión y fe

1. Introducción

Este capítulo no tiene como objetivo defender la religión, ni es un capítulo sobre la teología. Nuestra perspectiva epistemológica es diferente porque considera la religión como una dimensión de la persona. Esta es la base antropológica que intentaremos explicar, lejos de las complejas cuestiones que se presentan cuando la reflexión filosófica se aplica al tema de la religión. Sin embargo, precisamente porque la persona es un ser abierto a la trascendencia, y en continuidad con el camino que hemos seguido para estudiar las dimensiones, no excluimos ni prejuzgamos la realidad que se manifiesta en la religiosidad. Por consiguiente, no nos adherimos a ningún tipo de *reduccionismo*[1].

---

1. Entendemos por reduccionismo cualquier posición que considera la religión como un hecho no originario, sino como una (extraña) manifestación de una realidad que podría ser estudiada por una disciplina que nada tiene que ver con las ciencias de la religión. Un ejemplo claro es Kant, quien escribió en 1792 «La Religión es (considerada subjetivamente) el conocimiento de todos

Demos por sentado el *hecho religioso*. La religiosidad existe, y es un fenómeno propio del ser humano[2]. No nos detendremos en la complejidad de este hecho, ni analizaremos la multiplicidad de religiones existentes. Tampoco es nuestra tarea estudiar la pluralidad de elementos constitutivos del hecho religioso. Eso compete a la fenomenología de la religión. Por lo tanto, dejando de lado el término "religiones", que indica la pluralidad empírica del hecho religioso, nuestra reflexión comienza por considerar las diferencias entre estos tres términos: religiosidad, religión y fe. Más adelante nos ocuparemos de la relación que hay entre ellos.

2. *Las diferencias entre los términos*

Por *religiosidad* (o "sentido religioso") entendemos la disposición fundamental de cada persona hacia la religión, es decir, el que cada persona pueda desarrollar una religión como una dimensión existencial de su vida. En este nivel el acento recae sobre la potencialidad ("disposición hacia", "poder desarrollarse") que puede llegar a actuarse o no durante el curso de la vida. Vista así, la religiosidad se presenta como un "universal antropológico" que forma parte de la integridad de la persona. Este es el fundamento antropológico inmanente de la dimensión religiosa. Lo examinaremos más detenidamente en el apartado final de este capítulo.

Por *religión* entendemos no sólo el aspecto histórico y social que trasciende al individuo (la religión como conjunto de ritos, creencias, prácticas, o como grupo humano organizado), sino so-

nuestros deberes *como* mandamientos divinos» (E. Kant, *La religión dentro de los límites de la mera razón*, Alianza editorial, Madrid 1969, 150). Este es un reduccionismo deontológico de la religión.

2. El mismo Feuerbach se vio en la necesidad de afirmar que «los animales no tienen religión». Esta es un fenómeno exclusivamente humano (L. Feuerbach, *La esencia del cristianismo*, Sígueme, Salamanca 1975, 51).

bre todo el aspecto inmanente y existencial por el que la persona, a través de una elección, personaliza su religiosidad y la integra activamente en su esfera existencial. En este sentido, la *religión* aparece como un desarrollo, actualización o concreción de la *religiosidad*.

El término *fe*, no en su valor teológico cristiano de virtud teologal y don de Dios, sino en su valor antropológico más amplio, se entiende como un aspecto de la religión. La fe indica que la persona vive la religión como una realidad interpersonal. La fe sólo puede existir cuando se está en relación con un Otro, un Dios personal, que se presenta como el fundamento último de la fe.

Habiendo definido los tres términos, nos preguntamos: ¿dónde está la "dimensión religiosa" de la persona? ¿En la religiosidad, en la religión o en la fe? Respondemos: en las tres, pero de diferentes maneras. Está en la religiosidad como en su fundamento antropológico inmanente y universal; está en la religión como en su más amplia manifestación antropológica; y está en la fe como en su meta trascendente.

3. *La relación entre la religiosidad y la religión*

Esta relación es quizás uno de los puntos decisivos para comprender no sólo el significado personal de la religión, su valor para la persona, sino también las principales confusiones que se han generado acerca de ella.

1. *Religión y Existencialidad*

Ya hemos señalado que el paso de la religiosidad a la religión, al implicar la libertad de la persona, implica que se entra en la esfera existencial. Esta observación es importante por dos razones. En primer lugar, porque implica que la dimensión religiosa comienza a establecer vínculos con las demás dimensiones de la persona no sólo en el nivel fundacional (la integridad) sino también en el nivel de las interacciones concretas (la plenitud). No hay ninguna religión que no muestre, para bien o para mal, el influjo de las otras dimensiones.

La segunda razón por la que importa considerar el impacto de la esfera existencial en la religión consiste en que, a partir de ese momento, la religión se convierte en un "ámbito personal". Esto implica que en la religión siempre habrá posibilidades y riesgos. En efecto, vivida según sus mejores posibilidades, la religión es una de las fuerzas más humanizadoras que existen. Vivida así, la religión da a la persona profundidad, equilibrio, apertura, creatividad, resistencia ante el sufrimiento, compasión. Y al tocar las otras dimensiones, la religión las ennoblece y las perfecciona, llevándolas hacia el más alto horizonte de trascendencia.

Sin embargo, también hay riesgos en la religión cuando no se vive bien. En ese caso sus valores y fuerzas pueden volverse contra la persona. A lo largo de la historia se han perpetrado atrocidades y se las ha querido justificar como actos religiosos.

¿Qué se deriva de que la religión esté abierta a posibilidades y riesgos? ¿Acaso se la ha de rechazar? No. Se deriva la necesidad de proceder con *discernimiento*, abiertos a hacer las distinciones pertinentes. No se puede decir que la religión es en sí misma mala, dañina o fuente de violencias. Ni se puede decir que ella es siempre buena, positiva, humanizadora.

2. La religión y la razón

Esta necesidad de proceder con discernimiento sería imposible de cumplir si la dimensión religiosa no tuviera un vínculo intrínseco con la razón humana. Esto significa dos cosas. Ante todo, que la razón humana puede ejercerse en un "modo religioso". Existe una *racionalidad religiosa*, llamada a interactuar con los otros modos de racionalidad humana: científica, filosófica, moral, técnica, estética, histórica y existencial. Un signo de madurez es la capacidad de distinguir y relacionar todos estos modos de racionalidad[3]. Ellos nos permiten comprender mejor la multiformidad de la realidad humana.

El vínculo intrínseco entre la religión y la razón significa también que la religión tiene una conexión con la verdad. La verdad y la religión no son dos áreas desconectadas. La religión es un tema sobre el que se ejerce legítimamente la reflexión filosófica. Esto ha sido así desde los inicios de la filosofía. Obedece al hecho que la religión es un área que interesa profundamente a las personas, y también al hecho que en la religión no todo son construcciones interpretativas y tradiciones históricas, sino que hay abundantes *datos*. La religión se inserta en la realidad de múltiples maneras.

4. La relación entre la religión y la fe

1. La transición de la religión a la fe

Mientras se viva la dimensión religiosa sólo como religión y no como fe, la persona está en el centro. Con esto no estamos diciendo que en la religión no haya apertura a la trascendencia. Sólo estamos señalando que mientras la relación de fe con Dios no asuma el rol central, la persona permanece en el centro. En cambio, cuando hay fe, el centro de gravedad de la relación re-

---

3. Ha sido frecuente el error de afirmar que la religión no posee una racionalidad propia. Oswald Spengler escribía que «las verdades religiosas son, para su intelección, siempre verdades mecánicas, y por lo general es sólo la costumbre de las palabras la que envuelve en matices místicos la naturaleza vista científicamente» (O. Spengler, *La decadencia de Occidente*, tomo II, 359-360). Se trata de una reducción de la dimensión religiosa a la naturaleza material.

ligiosa pasa a Dios, a quien se reconoce entonces como el origen de la religiosidad que ya se movía en lo más íntimo de la persona, invitándola al encuentro en el terreno de la religión. Cuando la fe toma la primacía, la elección de ser una persona religiosa se vive en su más profunda verdad y la elección misma aparece como una respuesta a la iniciativa divina.

Hay un segundo aspecto del paso de la religión a la fe, que también se aplica al paso de la religiosidad a la religión. Estos dos pasos no implican que se deje de lado el punto de partida. En todo caso, los valores antropológicos y axiológicos más importantes quedan asumidos en el segundo término: la religiosidad se asume en la religión, al igual que la religión se asume en la fe. Visto desde la perspectiva del término superior, se puede decir que la fe trasciende la religión, que antes había incorporado en sí misma; y que la religión trasciende la religiosidad, que antes había incorporado en sí misma.

2. ¿Una fe sin religión? Discernimiento antropológico

Gracias al marco conceptual que hemos preparado, podemos ahora considerar una de las dificultades que se ha planteado en la relación entre la religión y la fe. Se trata de la afirmación según la cual la fe cristiana se opondría a la "religión"[4].

Se dice que la religión es pura exterioridad, que no es más que un conjunto de ritos y preceptos morales. Y que un grupo autorizado (el clero, los "especialistas de lo sagrado") pone todo esto a disposición de la gente para ofrecer un camino que asegura la salvación. Pero se dice que este "cristianismo religioso" sería inautén-

---

4. Entramos así en una temática que se coloca en el contexto específico del cristianismo. Lo hacemos atendiendo principalmente al valor antropológico presente en ella.

tico. El verdadero camino para el cristiano sería el de la fe, hecha de interioridad, basada en la convicción personal que surge de un cierto contacto con Dios, en clara oposición a la exterioridad, el convencionalismo y la ritualidad de la religión. Se llega a decir que Jesús durante su vida fue un feroz crítico de la "religión", que en ese momento estaba representada por los fariseos. Jesús habría predicado una fe personal libre de toda contaminación de "religión".

No pretendemos hacer aquí un examen bíblico o teológico de esta postura. Permaneceremos en el terreno de la antropología. En primer lugar, debemos contextualizar históricamente la oposición entre la fe y la religión que acabamos de expresar en términos generales.

Esta oposición, en su forma más madura, se remonta a dos teólogos protestantes del siglo XX: Karl Barth y Dietrich Bonhoeffer, ambos influenciados de alguna manera por el pensamiento de Kierkegaard.

Bonhoeffer habló de un "cristianismo sin religión" (*religionslose Christentum*)[5]. Sin embargo, no lo hizo en el sentido de auspiciar la llegada de un "cristianismo ateo". El "cristianismo sin religión" de Bonhoeffer forma parte de su reflexión sobre la esencia del cristianismo[6]. Su pensamiento se mueve en esta línea: si la "religión" es sólo un revestimiento del cristianismo –¡y ha tenido tantos vestidos a lo largo de la historia!– entonces, ¿qué sería un cristianismo sin religión?

Por su parte, Karl Barth consideraba la actitud religiosa como algo original y positivo en el hombre, algo que dispone universalmente a las personas a buscar a Dios. La preocupación de Barth

5. Cf. D. Bonhoeffer, *Resistencia y sumisión. Cartas y apuntes desde el cautiverio*, Sígueme, Salamanca 2001.
6. Esta reflexión alude a la obra de L. Feuerbach, *La esencia del cristianismo* (1841), a la que siguió la homónima obra de Adolf von Harnack (1900).

estaba más bien en la posibilidad de que esta actitud, tomando forma concreta en la religión, pudiera socavar la primacía de la revelación como una forma de garantizar el contacto del ser humano con lo divino y el acceso a la salvación[7].

Martin Buber tiene una posición similar a la de Bonhoeffer y de Barth. En la tercera parte de su famosa obra *El yo y el tú* consideró que la religión, aunque necesaria e imposible de erradicar de la esfera humana, se colocaba bajo el orden de la palabra clave "yo-eso". En cambio, en el orden de la palabra clave "yo-tú" estaría la fe, que Buber entendía como una relación personal e inmediata con Dios, ajena a cualquier mediación religiosa.

Detrás de estas posiciones brevemente esbozadas hay problemas profundos. Uno es de naturaleza teológica: la relación entre la naturaleza y la gracia. Karl Barth era particularmente sensible a esto. Hay otro problema que se refiere a la relación entre la Revelación, la historia y la sociedad, afín al pensamiento de Bonhoeffer, y que de alguna manera llega a Buber. No entraremos en estos problemas, pero sí examinaremos el problema antropológico que se halla a la base de las cuestiones teológicas que acabamos de mencionar.

Ya hemos observado que ni Barth, ni Bonhoeffer, ni Buber, niegan completamente el valor de la religiosidad, entendida como fundamento antropológico. El problema de estos autores concierne a la religión. Pero hay que preguntarse si en el momento de reflexionar sobre ello, tienen un concepto adecuado de "religión". Si el paso de la religiosidad a la religión implica, como hemos argumentado, la entrada en la esfera existencial, es lógico afirmar que todas las demás dimensiones también entrarán en esa esfera. Sólo así podemos tener una persona completa, una persona que

---

7. Cf. M. Naro, *La teologia delle religioni. Oltre l'istanza apologetica*, Città Nuova, Roma 2013, 113.

también vive la dimensión de la religiosidad. Sólo si la religiosidad acepta la mediación dada por el grupo religioso (interpersonalidad), por prácticas, ritos y normas (culturalidad), puede llegar a la estabilidad en la duración temporal (historicidad) más allá de los momentos excepcionales[8].

En cambio, Barth, Bonhoeffer y Buber presuponen una definición bastante estrecha de la persona, reduciéndola a un sujeto capaz de hacer un acto extraordinario de fe ciega. Esto parece afín a la forma luterana de entender a la persona. Y esta es una base pobre, que se opone a todas las dimensiones: a la corporeidad (el sujeto luterano sólo es interioridad), a la historicidad (ese sujeto se mueve sólo en la hora excepcional del acto de fe), a la interpersonalidad (el sujeto luterano huye de la comunidad), a la sexualidad (que, para Lutero, sería parte de una naturaleza totalmente corrupta), a la culturalidad (el luterano quiere un cristianismo "sin coberturas culturales"). Siendo así, no resulta sorprendente que el sujeto luterano también se oponga a la religión, viendo en ella sólo exterioridad y ritualismo.

La lógica de esta "fe sin dimensiones", trasladada a la forma de concebir al Dios al que apunta el acto de fe, fácilmente conduciría a sostener que Dios no debería entrar en el mundo, ni tendría que ver con la sociedad, con la "carne", con la historia; y que Dios no debería tener nada que ver con la cultura ni, menos aún, con la sexualidad. El Dios de esa teología se hallaría lejos de la esfera humana.

8. Resulta iluminadora la observación de Mounier al respecto, cuando escribe: «hay que recordar al sujeto que no se encuentra ni se fortifica más que a través de la mediación del objeto: *es necesario salir de la interioridad para cultivar la interioridad*. La flor del primer amor, decía Kierkegaard, se marchita si no acepta la prueba de la fidelidad (de la repetición) en la institución del matrimonio, que, después de desconcertarlo, le restituye su riqueza» (*El personalismo*, 73).

Sin embargo, más allá del discernimiento antropológico que acabamos de hacer, la teología protestante de Barth y Bonhoeffer debe aceptar este hecho central de la fe cristiana: la encarnación del Verbo en la persona de Jesús de Nazareth. Dios, que realmente entra en la historia, asume una cultura, se presenta como hombre, acepta la religión judía y no prohíbe el matrimonio, sino que lo bendice.

3. La fuerza de la religión

Para concluir el análisis de las relaciones entre la religiosidad, la religión y la fe, conviene indicar el tipo de "fuerza" que cada una de las tres aporta a la totalidad del fenómeno religioso humano, es decir, a la religiosidad como dimensión de la persona.

La religiosidad aporta la fuerza primordial contenida en la inmanencia humana. Es la fuerza de la interioridad intuitiva que se mueve en la búsqueda del sentido profundo y el contacto con lo sagrado; es también la fuerza del sentimiento, de la creatividad, y también de la esfera del inconsciente y de las tendencias que se agitan en él.

Por su parte, la fe aporta una fuerza que no proviene de la inmanencia sino de la trascendencia. La fe es un poder para confiar en el Otro trascendente; es un poder que pertenece a Dios, pero que se comparte a través de la participación en el creyente.

Y la religión, ¿de qué fuerza está dotada? La religión no añade una fuerza antropológica primordial, ni una fuerza trascendente. La suya es la fuerza que dan los gestos rituales, la comunidad, la historia, la comprensión racional y simbólica de las cosas religiosas. Esto no es poco, pero si se aísla de las fuerzas que provienen de la religiosidad y de la fe, corre el riesgo de caer en un ritualismo vacío y mecánico, o en la heteronomía social. En este caso, en el campo religioso todo sucedería porque la comunidad creyente siempre ha actuado así. Si, en cambio, la religión se alimenta de las fuerzas combinadas de la religiosidad y de la fe, adquiere su forma completa. Y la religión, por su parte da a la religiosidad y a la fe el vínculo necesario con las otras dimensiones de la persona.

B. El proceso de personalización de la dimensión religiosa

Abordamos ahora el proceso de personalización al que está sujeta la dimensión religiosa. Hay dos claves de interpretación que utilizaremos: así como la sexualidad debe entenderse principalmente a la luz de la interpersonalidad, la religiosidad debe entenderse principalmente a la luz de la culturalidad en lo que respecta al paso de la religiosidad a la religión, y a la luz de la interpersonalidad en lo que respecta al paso de la religión a la fe.

1. *Primera fase: la enseñanza religiosa orienta la religiosidad*

El niño, a pesar de su religiosidad natural, no se da cuenta del potencial que lleva dentro a menos que intervengan condiciones culturales precisas. En este sentido, la religión, aunque tenga una base natural (la religiosidad), *debe ser enseñada*. Esta situación no debería sorprendernos. No hay contradicción en ver la religión a medio camino entre lo natural y lo cultural. Para dejarlo claro, es necesario recordar la diferencia y la unión de los dos planos que están en juego aquí: la religiosidad pertenece al plano de la integridad, mientras que la religión se sitúa en el plano de la plenitud.

Además, la necesidad de que la religiosidad sea cultivada de una manera precisa se encuentra prácticamente en todas las actitudes naturales. Piénsese, por ejemplo, en el lenguaje: todo niño tiene la capacidad de hablar (integridad), pero esta capacidad no se pondrá en práctica hasta que se le enseñe una lengua concreta (plenitud).

La enseñanza religiosa en esta fase inicial debe extenderse, por un lado, a todas las áreas que pertenecen a la existencialidad, que es donde se coloca la religión: el área moral, social, ritual, doctrinal, etc. Por otro lado, está la delicada tarea de ayudar al niño a nutrir la experiencia de su religión con la fuerza de su religiosidad y sucesivamente con la fuerza de la fe.

Fenomenológicamente hablando, ¿cómo aparece esta relación en la que la religión se alimenta de las fuerzas de la religiosidad? Asumamos que la religiosidad no está desvinculada de la razón, del "corazón" y de la voluntad. Esto significa que las facultades humanas pueden en alguna medida "escuchar" y "hacer explícitas" las necesidades primordiales que se sitúan en el fondo de la religiosidad. Esto abre un proceso destinado a encontrar en la religión una "correspondencia" a esas necesidades[9]. Cuando se capta esta correspondencia, se establece una poderosa sinergia entre la religiosidad y la religión: la religión da voz y respuestas a la religiosidad, mientras que la religiosidad encuentra su cumplimiento en la religión, transmitiéndole un valor existencial de profundidad y convicción. Las personas que han logrado cultivar de esta manera su religiosidad suelen manifestar gran madurez humana.

2. Segunda fase: la religiosidad orientada por la fe

Como en el caso del proceso de personalización de la cultura, la religión también necesita un segundo momento en el que la persona que ha recibido una instrucción religiosa pasa por un proceso de verificación que le lleva a abrazar su religión por convicción,

---

9. Una elaboración ejemplar se halla en L. Giussani, *El sentido religioso*, Ediciones Encuentro, Madrid 2008.

haciéndola una verdadera dimensión existencial de su personalidad. Esta verificación, por supuesto, puede seguir una multiplicidad de caminos: racional, experiencial, existencial, etc.

Aquí estamos tocando un área en la que la antropología filosófica debe moverse con profunda conciencia de sus límites epistemológicos. No hay que hacer otra cosa que señalar este hecho: la religión dispone a la persona a percibir la presencia de Otro, de un Dios personal que, al ser reconocido, aparece como la fuente de la religiosidad humana y como Aquel que secreta y respetuosamente guía a los que lo buscan hacia el encuentro.

Con esta base se puede entender que la segunda fase de la religión es aquella en la que el Otro se convierte en el polo principal y en la fuente y sentido de toda la esfera religiosa. Si hasta cierto punto en el proceso de maduración o personalización de la religiosidad Dios puede aparecer "como un predicado", es decir, se le conoce a la luz de sus prerrogativas (Dios es el Creador, el Todopoderoso, etc.), en cierto punto hay que encontrar a Dios "como un sujeto"[10]. Habrá que adentrarse en esta experiencia religiosa para llegar al encuentro personal, que tiene lugar en el misterio de la fe.

A este respecto, sólo es necesario señalar que cuando hablamos de una primera fase y una segunda fase a lo largo del proceso de personalización de la religión, no lo hacemos en un sentido cronológico, sino sólo en un sentido lógico, que distingue una base y su culmen. En el plano cronológico y existencial no hay nada que prohíba que la fe ya esté presente desde los primeros momentos de las manifestaciones religiosas de una persona. Nada impide que la persona ya tenga algún conocimiento de Dios "como sujeto" incluso en medio de muchos otros elementos que podrían oscurecerla e incluso obstaculizarla.

---

10. Evandro Agazzi ha acuñado esta feliz manera de distinguir las dos perspectivas.

Finalmente, otro aspecto que concierne al desarrollo de la religiosidad y que pertenece a la segunda fase es el vínculo que la une más estrechamente con las demás dimensiones. En cierto momento la persona debe entender que la religiosidad no debe limitarse a los espacios y tiempos "sagrados" tradicionalmente asociados con la experiencia de la religión, como el templo, y el tiempo del ritual. En realidad, la religiosidad está llamada a insertarse de manera correcta en todos los ámbitos personales: en la vida afectiva, en la gestión de la autoridad, en las relaciones sociales, en el modo de vivir la historia y la cultura, etc. De hecho, al ser una dimensión de la persona, nada impide que la religiosidad se convierta en una dimensión del "mundo humano".

C. El fundamento antropológico de la religiosidad

1. La trascendencia de las facultades

Al presentar la diferencia terminológica entre la *religiosidad*, la *religión* y la *fe*, anotamos que la *religiosidad* funge como fundamento antropológico de la dimensión antropológica que lleva el mismo nombre. Ahora explicitaremos ese fundamento en la medida en que atañe al nivel de la *integridad*. Del nivel de la plenitud nos ocuparemos más adelante.

Ante todo conviene aclarar que ese fundamento no parece consistir en una facultad particular. Esta fue la línea que intentó seguir Rudolf Otto en su influyente obra *Lo sagrado*. Otto intentó conceder a la religión un espacio en la estructura de la persona que no fuera el de la inteligencia, pues a su parecer Kant habría cerrado esa vía al confinar en la *Crítica de la Razón Pura* la capacidad cognoscitiva dentro de los parámetros de la aplicación de los sentidos. Por ello, Otto propuso la existencia de una facultad llamada "numinosa", destinada exclusivamente a percibir "lo sagrado".

En nuestra propuesta antropológica no consideramos que Kant haya cerrado definitivamente la inteligencia a la reflexión metafísica. Por ello no se ve la necesidad de postular una fantasiosa capacidad como la "numinosa". La base antropológica de la religión no se halla en una facultad especial, sino en un aspecto de las facultades humanas superiores. Nos referimos sobre todo al intelecto y a la voluntad[11]. Esto es así porque muestran de modo claro una característica particular: la *trascendencia*.

Al hablar de la trascendencia debemos proceder con cautela pues ese término evoca una multitud de ideas que pueden causar confusión. En efecto, la trascendencia puede entenderse de muchas maneras. Es un término altamente analógico. Para dar orden a la reflexión sobre la trascendencia conviene iniciar considerando que, etimológicamente, "trascendencia" es la traducción del término latino *transcendentia*, formado por la unión del prefijo *trans* (de un lado al otro), el verbo *scandere* (trepar, escalar), el sufijo *-nt* (que indica el agente que realiza esa acción) y el sufijo *-ia* (que indica que se trata de una cualidad). En síntesis, significa "la capacidad de ir más allá". ¿Más allá *de qué*? – es siempre la pregunta obligada, pues el término "trascendencia" hace referencia a un tipo de límite que es superado.

Según se conciba tal límite ("lo superado"), se suelen distinguir dos modos principales de entender la trascendencia: el epistemológico y el ontológico.

---

11. Con ello no pretendemos negar que también la sensibilidad y la afectividad tengan una importancia en el campo religioso – cosa que la renovación antropológica contemporánea supo explorar con buen tino. Véase, por ejemplo, la obra de Romano Guardini *Los sentidos y el conocimiento religioso* (Cristiandad, Madrid 1965), y la de Dietrich Von Hildebrand *El corazón. Un análisis de la afectividad humana y divina* (Ediciones Palabra, Madrid 2001).

1. En el primer caso, el límite superado es el *inmanentismo gnoseológico*. Éste afirma que el objeto del acto cognoscitivo no va más allá de la mente de quien conoce, sino que se conocen sólo las propias ideas, estímulos sensoriales o representaciones. En contra de tal posición, la trascendencia gnoseológica afirma que conocemos realidades extramentales.

2. En el caso de la trascendencia ontológica, "lo superado" coincide lisa y llanamente con todo lo creado, con todo lo que es "algo" o "ente". Esto se debe a que no aparece ningún objeto concreto que pueda satisfacer de modo pleno y permanente la dinámica de esas facultades. Se afirma que ellas son ilimitadas en el sentido que ningún bien particular, ningún ente concreto, satisface la tendencia de la voluntad hacia el bien[12]. Y ninguna verdad particular, ningún ente verdadero, satisface la tendencia de la inteligencia hacia la verdad. En línea de principio *nada* (ningún ente) se presenta como límite insuperable para el conocimiento humano. Se abre así un camino hacia la reflexión sobre la causa última de todo lo que existe. Esto suele llevar consigo una clara connotación religiosa.

Conviene señalar ahora el riesgo de interpretar erróneamente la trascendencia *imaginándola* a la luz del movimiento local, es decir, en un sentido espacial. Es verdad que parece sugerirlo el vocabulario que se utiliza: "ir más allá de...", "superar", "abrirse a...", etc. Pero la persona que se abre a la trascendencia no realiza ningún movimiento local ni termina colocándose en un sitio físico diferente del que ocupaba.

El modo correcto de entender la trascendencia es de tipo ontológico y no de tipo espacial. Por ello la mejor interpretación de la

---

12. Cf. J.-G. Ascencio, «Il significato antropologico dell'esistenza in *Mondo e Persona*», in ID (a cura di), *Romano Guardini e il pensiero esistenziale*, Cantagalli, Siena 2017, 173-196, 187-188.

trascendencia va unida a la *participación* y que es uno de los conceptos más profundos de la metafísica. Presupone que en los entes de mayor altura o calidad ontológica (como la persona) se hallan en contacto varios niveles ontológicos. Por ejemplo, en la persona se dan cita niveles ontológicamente más bajos (como el nivel físico y el biológico) y niveles ontológicos elevados (como la inteligencia y la libertad). Propiamente, el "movimiento" de trascendencia implica reconocer que un nivel inferior remite a un nivel superior.

Así como acabamos de servirnos de parejas de términos espaciales o locales como "arriba y abajo", "superior e inferior", podemos servirnos también de la pareja "dentro y fuera", o de la pareja "interior y exterior". Se trata siempre de un uso analógico de términos locales, empleados en el contexto ontológico de la trascendencia. La última pareja ha sido utilizada con frecuencia en la tradición filosófica occidental de matriz platónico-agustiniana para enfatizar que hay una suerte de "correspondencia" entre la máxima profundidad de la persona (su interioridad suma) y la máxima trascendencia de la que es capaz (Dios). Es bien conocida la expresión de san Agustín que, pensando en el modo en que Dios trasciende al ser humano, dice: *Interior intimo meo et superior summo meo* (más interno que mi máxima interioridad y más alto que mi máxima altura)[13]. Este texto reúne bellamente la trascendencia y la participación: Dios está presente en la interioridad humana (relación de participación) a la vez que la supera (trascendencia). Y visto desde la persona humana, se puede decir que la interioridad humana, por ser espiritual y por participar de Dios, se abre a una trascendencia donde "lo trascendido" es ella misma como estructura puramente humana[14].

---

13. S. Agustín, *Confesiones*, III, 6, 11.
14. Romano Guardini realizó una interpretación profunda y sugestiva de esta temática en *Mundo y Persona* ("Los polos del espacio existencial", 67-106).

2. La trascendencia, su término último y su dirección

Habiendo tratado de la trascendencia de las facultades en el nivel de la integridad, hay que abordar el discurso sobre el dinamismo de la trascendencia de las facultades, es decir, el aspecto de plenitud que se halla en el fundamento de la religiosidad.

Varias escuelas filosóficas han ligado la trascendencia a Dios, como hemos visto con san Agustín. Él lo hizo a partir del vínculo entre la participación y la trascendencia. Pero ha habido también una corriente que indaga acerca del *término último* de la trascendencia. Plantear esta cuestión conlleva riesgos. En efecto, ya aclaramos que la etimología del término "trascendencia" hace referencia a "lo superado", a "lo trascendido", y es a lo que se debe atender propiamente cuando se habla de la trascendencia de las facultades superiores de la persona. Se revela así su espiritualidad (o "apertura ilimitada"), que es el fundamento de la religiosidad. Y en este caso no se requiere plantear la cuestión sobre sobre el término último[15].

Emmanuel Mounier transforma la cuestión del *"término último* de la trascendencia" en la cuestión sobre la *"dirección* de la trascendencia"[16]. Es un giro interesante que privilegia el aspecto

---

15. No han faltado propuestas filosóficas que afirman algún tipo de "término último" de la trascendencia. Se ha sostenido incluso que ese término es Dios mismo. Esto parece incoherente. Por una parte, la superación de lo finito no equivale a la afirmación de lo infinito: Dios no está, por así decir, ahí donde termina lo finito, o un paso más allá de lo finito. Por otra parte, parece incoherente afirmar un término último del movimiento de trascendencia. El filósofo vitalista Georg Simmel observaba que quien piensa un límite, piensa ambos lados de este, piensa el "más allá" de ese límite. Erigir un límite infranqueable, un término ante el cual el pensamiento deba detenerse, resulta contradictorio (cf. G. Simmel, *Intuición de la vida. Cuatro capítulos metafísicos*, Nova, Buenos Aires 1950, 6).

16. Cf. E. Mounier, *El Personalismo*, 103.

antropológico como puerta para abordar el aspecto ontológico y religioso. Creemos que puede hacerse de dos modos.

1. Por una parte, la "dirección de la trascendencia" puede entenderse por referencia al "movimiento" que la persona hace libremente al orientarse hacia una meta última de su existencia. Se trata, pues, de un aspecto intrínseco al nivel de la *plenitud*. La persona adopta una "dirección de trascendencia" al tender hacia su plenitud, al abrazar el proceso de su completa personalización. La renovación antropológica contemporánea ha indagado de muchas maneras este proceso humano.

2. Por otra parte, la "dirección de la trascendencia" puede invitar a sopesar si una comprensión correcta de la persona humana se puede sostener afirmando que la "dirección" y el "término" de su trascendencia se halla en realidades no-personales o simplemente humanas e intrahistóricas como el avance de la ciencia, el progreso de la humanidad, la afirmación de valores, o si resulta más coherente a la dignidad de la persona la afirmación de un Dios personal como término de la "dirección" de su trascendencia. ¿Acaso puede la persona humana lograr su auténtica plenitud marchando en pos de una realidad impersonal, aspirando a una entidad ontológicamente inferior a sí misma?

Para concluir estas reflexiones, conviene introducir una última distinción. La cuestión sobre la trascendencia es diferente de la cuestión sobre la causalidad. Esta última repara en que el ente no tiene en sí mismo su propia razón de existir sino que existe en virtud de otro. Por esta vía sí se abre una prueba racional de la existencia de Dios como causa de la existencia de todo[17]. La existencia

---

17. En este punto del argumento la atención podría dirigirse a lo que tradicionalmente se ha llamado "las pruebas de la existencia de Dios", que en su versión tomista se presentan ya como ejercicios formales de razonamiento metafísico, fundados sólidamente en el principio de causalidad. Tales ejercicios

de entes reales postula necesariamente una causa real y positiva capaz de producirlos. La religiosidad como dimensión de la persona humana halla en cierto modo su fundamento último no en el ser humano, sino en Dios como origen y fin de este.

no coinciden sin más con el tipo de reflexión que estamos proponiendo en torno a la trascendencia de las facultades superiores de la persona, si bien esta trascendencia es un presupuesto necesario de aquellos ejercicios.

Capítulo 14

De la renovación antropológica a nuestros días

A. De 1950 a nuestros días. ¿Qué ha sucedido?

Con los capítulos 8 al 13 hemos completado una investigación sobre los aspectos más relevantes de las dimensiones categoriales de la persona. Este trabajo se ha colocado en el marco de lo que hemos denominado la "renovación antropológica contemporánea". Varios de sus protagonistas nos han acompañado a lo largo de nuestro camino. Sin embargo, una pregunta se impone: ¿qué ha sucedido en los más de 60 años que nos separan de esos grandes antropólogos? ¿Qué se ha hecho de sus descubrimientos y de las perspectivas que abrieron? Por último, en la segunda década del siglo XXI, ¿cómo nos colocamos ante esas corrientes? ¿Todavía hay tareas que esperan nuestra atención? Este capítulo tiene como objetivo ofrecer algunas respuestas a estas preguntas. Hay tres líneas que seguiremos:

1. La comprensión de lo que ha sucedido en la antropología desde la renovación antropológica hasta el día de hoy.
2. Una reflexión sobre la síntesis que hay que seguir elaborando.
3. La toma de conciencia de las tareas y riesgos de la hora actual.

1. *Los reveses de la antropología filosófica contemporánea*

¿Qué factores determinaron que la renovación antropológica contemporánea, tan pujante en su momento, entrara en una suerte de declive poco antes de la mitad del siglo XX? Es indudable el impacto de la Segunda Guerra Mundial en el mundo cultural europeo. Pero también hubo causas internas al ámbito filosófico. Conviene ahora señalar dos de particular importancia.

Por un lado, era de esperarse que la naciente renovación antropológica se desarrollara en dirección de una ontología capaz de darle su fundamento último. Antropología y ontología (persona y ser) se hallan en estrecha relación[1]. El problema es que esa relación, en vez de madurar en el sentido de una colaboración recíproca, dio un giro inesperado que puso en entredicho la línea de desarrollo que la renovación antropológica venía siguiendo con tanto éxito. Heidegger promovió en *Ser y Tiempo* una ambigua interpretación de la subjetividad humana que terminó por disolverla en la existencia, entendida como simple apertura sin sujeto[2]. Y Jean-Paul Sartre realizó una operación similar con su existencialismo, disolviendo al sujeto y su naturaleza en una extraña ontología de la libertad. En los siglos XIX y XX ya se habían registrado varios intentos de relativizar e incluso de negar la centralidad del sujeto humano (piénsese en las teorías de Darwin, Marx y Freud) pero ahora el antihuma-

---

1. Esto ya estaba presente en Husserl, que con su fenomenología atenta a la reducción trascendental puso las bases de la antropología contemporánea de modo que apuntaban a alcanzar una "ciencia rigurosa", es decir, un estudio con amplitud general, más allá de una antropología.

2. «El sí mismo se diluye al identificarse con la propia estructura del ser ahí, con la "cura". Lo único que hay en el ser ahí es el mero hacerse, la mera apertura, sin ningún polo subjetivo, sin ningún "quién" que polarice dicha apertura» (P. Fernández Beites, *Tiempo y sujeto después de Heidegger*, 38).

nismo brotaba en los surcos de la filosofía con Heidegger, Sartre y sus epígonos.

Por otro lado, el modo en que Max Scheler planteó la antropología filosófica en su famosa obra de 1928, *El puesto del hombre en el cosmos*, permite entender una segunda causa del declive de la renovación antropológica. Scheler se esforzó por poner de relieve el "puesto singular" del ser humano en el mundo. Para ello propuso dos caminos. El que a él le interesaba más partía del concepto esencial del hombre, avanzaba gracias a la "reducción eidética", demostraba que el hombre era un ser abierto al mundo, pero en su fase conclusiva desembocaba en un extraño panenteísmo dominado por fuerzas ontológicas impersonales.

Scheler abrió otro camino que tenía su inicio en el concepto "sistemático-natural" del hombre. Este segundo camino buscaba subrayar las diferencias entre el hombre y el animal. Es verdad que Scheler deseaba fomentar de este modo la relación entre la antropología filosófica y las ciencias biológicas, pero sabía que las diferencias que podían emerger a partir de la investigación biológica y científica no serían esenciales sino accidentales. Las esenciales eran a su juicio el coto reservado al primer camino[3].

Sin embargo, el segundo camino fue el que tuvo un mayor auge. Estando tan estrechamente ligado a la biología, quedó cada vez más en manos de ésta y de sus ciencias auxiliares, y cada vez más lejos de la reflexión filosófica. Al ir predominando el estudio del ser humano desde la perspectiva científica (centrado en la comparación entre el hombre y el animal), tiende a desaparecer

---

3. Scheler sostiene con Linneo que el ser humano se coloca en el ápice de los vertebrados mamíferos, pero sabe claramente que ese ápice «como todo ápice de una cosa, sigue perteneciendo a la cosa de la que es ápice» (M. Scheler, *El puesto del hombre en el cosmos*, 9) y por lo tanto no marca una diferencia esencial.

el tipo de preguntas sobre el ser humano que constituye el centro de la reflexión filosófica y su aportación a la comprensión profunda del ser humano[4]. Se torna borroso también el nexo ontológico entre el ser humano y Dios como su causa y fin. A fin de cuentas, el horizonte mismo en que se plantea la reflexión sobre el ser humano queda notablemente reducido. Careciendo de un respiro trascendental y ciñéndose a los límites de la ciencia positiva, la antropología filosófica perdió fuerza.

2. Después de los descubrimientos, el momento reflexivo

Para entender un aspecto importante del modo en que la renovación antropológica se ha desarrollado después de sus inicios tomemos ahora una perspectiva diferente, una que atiende al movimiento intrínseco de las ideas.

Como sabemos, esa renovación introdujo una serie de novedades en la reflexión antropológica. Las dimensiones, las experiencias existenciales, la historicidad, la búsqueda de sentido, la relación dialógica, la interioridad humana y otros temas similares son ciertamente una ganancia. Pero tarde o temprano la necesidad de repensar la propia posición (métodos, supuestos, validez, amplitud, límites…) reaparece en cada nueva corriente de pensamiento. Aparece la necesidad de verificar el alcance de las novedades que han surgido. Y aflora la necesidad de llegar a una síntesis a través del arduo trabajo de poner en relación las novedades entre sí, generando una visión filosófica global. Siempre sucede así: la ciencia pasa del momento *inventivo* al momento *reflexivo*.

---

4. Se puede argumentar que la antropología cultural, como ciencia positiva, tiene sobre la antropología filosófica un efecto similar al de la biología. Ambas tienden a desplazarla y casi a sustituirla por completo en el ambiente cultural e incluso universitario de fines del siglo XX e inicios del siglo XXI.

En el caso de la renovación antropológica las cosas no han procedido de manera diferente. La fase inicial de descubrimientos, concentrada en el lapso que según Buber habría que circunscribir entre 1918 y 1939, ha dado paso a una segunda fase dirigida a alcanzar la madurez reflexiva[5]. La síntesis que se busca gira en torno a la gran tarea de repensar el vínculo entre los "descubrimientos" de la antropología contemporánea y la persona humana. De hecho, la persona es y sigue siendo el contenido principal de nuestra tradición antropológica. Por lo tanto, la persona es ese núcleo alrededor del cual conviene elaborar una síntesis duradera y convincente. De esto nacen las principales líneas de la tarea que se ha llevado a cabo en los últimos 60 años.

En aras de la claridad, y en un intento de síntesis, creo que la maduración lograda sobre el concepto de "persona" gracias a la renovación antropológica contemporánea implica, al menos, estos dos avances:

1. En cuanto a la definición de "persona", es oportuno seguir la posición ya mencionada de Robert Spaemann que se centra en la distinción entre persona y naturaleza: «Los hombres no *son* simplemente su naturaleza, su naturaleza es algo que ellos tienen»[6]. Resulta particularmente valiosa porque mantiene la tensión entre

---

5. La historia de la antropología contemporánea conoce más de un caso donde la síntesis metafísica ha llegado en un segundo momento. Un ejemplo es la relación entre Martin Buber y Abraham Joshua Heschel. En las páginas de *El yo y el tú*, Buber identifica tres relaciones esenciales para el hombre. Pero no preocupándose de examinar esas relaciones a la luz de su fundamento, no las llamó "dimensiones". En cambio, Heschel intentó ir más allá de la perspectiva dialógica de Buber para fundar esas relaciones en la persona (cf. A.-J. Heschel, *Man Is Not Alone. A philosophy of religion*, Harper & Row, New York 1951, 139, 225-227).

6. R. Spaemann, *Personas. Acerca de la distinción entre "algo" y "alguien"*, 49.

la naturaleza y la persona, y alude a la diferencia entre la esencia y el acto de ser[7]. Que la persona no se identifique con su naturaleza, no implica de ningún modo una separación entre la persona y su naturaleza. Simplemente pone de manifiesto una tensión constitutiva, apoyada en la trascendencia de la persona, que no se reduce jamás a lo que se puede identificar, objetivar y describir[8].

2. En el plano estructural, es necesario pensar en la persona a la luz de ese "en" que nos ha servido para expresar la sana tensión de interioridad mutua entre la persona y sus dimensiones ("Las dimensiones están *en* la persona, y la persona existe *en* sus dimensiones"). De esta manera evitamos cualquier dualismo. La polaridad de Romano Guardini nos parece un reflejo maduro de esta necesidad. Podemos ofrecer una síntesis de esta norma estructural: "No hay un 'uno' sin un 'dos', y no hay un 'dos' sin un 'uno'"[9]. Todo lo que concierne a la persona humana obedece a esta norma.

Ciertamente las tareas especulativas que se afrontaron después de la fase inventiva no se desarrollaron en un ambiente tranquilo, sino en medio de las problemáticas teóricas introducidas por Heidegger, Sartre y Scheler a las que nos referimos más arriba, y

---

7. Cf. J. F. Sellés, «R. Spaemann: ¿Antropología o ética? Lagunas temáticas y noéticas de un correcto planteamiento antropológico», *Intus-Legere Filosofía*, 7, n.1 (2013), 79-91.

8. Este es un tema en que varios antropólogos contemporáneos han insistido, cada uno a su modo. Por ejemplo, para Heidegger la persona es el ser ontológico, es decir, el ser que, incluyendo el plano ontológico, lo supera. Para Gabriel Marcel, la persona es lo no inventariable, lo no disponible. Emmanuel Mounier dice que la persona es lo que no puede ser tratado como objeto. Considero que en esta línea de pensamiento se halla una de las claves decisivas para establecer la distinción (no "separación") entre la persona y el hombre, que no son sinónimos. Cf. J.G. Ascencio, «La differenza tra "persona" e "uomo". Un discernimento antropologico», *Alpha-Omega* XXIII, n.1 (2020) 3-45.

9. Dicho de otra manera, toda multiplicidad ("dos") tiene una unidad ("uno"), y toda unidad tiene una multiplicidad.

en medio de las revoluciones que han sacudido todos los niveles de la vida social y cultural[10]. La segunda mitad del siglo XX fue testigo de lo que Karol Wojtyla, en una carta a su amigo Henri de Lubac, consideró como «una pulverización de la singularidad fundamental de cada persona humana»[11]. Los prometedores cimientos establecidos por los padres de la renovación antropológica fueron a menudo tergiversados ideológicamente por algunos de sus discípulos. En particular, la llegada del estructuralismo cambió el paisaje filosófico, desplazando al personalismo, al marxismo y al existencialismo con su planteamiento antihumanista y su particular modo de buscar el sentido de las cosas sin referencia a un sujeto[12]. Las corrientes postestructuralistas no hicieron más que agravar ese eclipse de la persona.

En los albores del siglo XXI han campeado el feminismo radical, las teorías de género, el posthumanismo, el neurobiologismo, la época post-veritativa, por citar sólo algunas manifestaciones. En este clima ha sido difícil llevar a feliz conclusión la fase reflexiva de la que hablamos arriba.

No es nuestro cometido entrar en una exposición completa de la visión antropológica de estas últimas corrientes. Es más útil evidenciar una cierta "lógica" que suelen seguir algunas de ellas. A tal tarea dirigimos ahora nuestra atención.

---

10. David Sobrevilla ha trazado un cuadro interesante para comprender la parábola histórica de la antropología filosófica desde sus orígenes hasta los inicios del siglo XXI, dando especial relieve a la aportación de Ernst Tugendhat (Cf. D. Sobrevilla, «El retorno de la antropología filosófica», *Dianoia*, Vol. LI, n. 56 (mayo 2006) 95–124).

11. «The evil of our times consists in the first place in a kind of degradation, indeed in a pulverization, of the fundamental uniqueness of each human person» (Cf. G. Weigel, «John Paul II and the Crisis of Humanism», *First Things*, December 1999, 31-36, 32).

12. Cf. P. Ricoeur, *Muere el personalismo, vuelve la persona…*, 96.

3. La persona ante los reduccionismos modernos y contemporáneos

La "lógica" a la que nos referimos es simple: al perderse la tensión entre la persona y la naturaleza, entra un dualismo entre la persona y las dimensiones[13]. Ya sabemos que este dualismo implica serias pérdidas antropológicas. Cuando la persona pierde su relación con la naturaleza y las dimensiones, pierde también su trascendencia. La naturaleza y las dimensiones, privadas de esa subjetividad que recibían de la tensión constitutiva con la persona, aparecen como meras determinaciones extrínsecas de la persona: se convierten en "cosas", "objetos", "máscaras" colocadas sobre la persona, que la ocultan.

En antropologías dominadas por el dualismo, el concepto de "persona" tiende a identificarse con aquellos elementos que aparecen como lo contrario de la naturaleza, como el residuo que no se puede pensar como una realidad natural. La persona se concibe como lo que no es "pura naturaleza". Siguiendo esta "lógica", cada pensador, razonando desde su perspectiva particular, cree que ha encontrado la manera correcta de decir lo que la persona es.

Partiendo de la perspectiva de la conciencia psicológica, Cartesio redujo a la persona a un *cogito* sin densidad ontológica porque pensaba que eso era lo contrario de la *res extensa*. Rousseau y Nietzsche, partiendo de una antropología de la libertad radical, identificaron a la persona con la *libertad* porque pensaban que eso era lo que no podía reducirse a la "naturaleza". Freud, siguiendo una perspectiva psicoanalítica, identificó el elemento personal en *el inconsciente* y sus mecanismos y tendencias. Por motivos freudianos y libertarios, la revolución sexual ("el 68") sostuvo que el elemento personal reside en *el eros*, y propuso explicarlo con una

---

13. Cf. R. Spaemann, «Sobre el concepto de una naturaleza humana», en *Lo natural y lo racional*, 21-35.

serie de teorías sobre el deseo sexual. Lévi-Strauss, seguido por Foucault y Derridà, pensó que el elemento constitutivo de la persona eran las estructuras transmitidas culturalmente. Edward Sapir, siguiendo a su maestro Franz Boas, padre de la antropología cultural estadounidense, afirmó que el elemento personal depende *del lenguaje*, y propuso explicarlo con su determinismo lingüístico. En nuestro tiempo, algunos expertos en neurociencias dicen que el elemento personal no es más que el resultado de complejos procesos que tienen lugar en el cerebro o en el patrimonio genético que entra en contacto con ciertos ambientes. En consecuencia, se proponen explicarlo con una visión antropológica de orientación científica que en última instancia es materialista.

Como vemos, los tiempos cambian, las visiones antropológicas se suceden unas a otras, pero la "lógica" que expusimos permanece. Las identificaciones que hemos detectado tienen una corta duración porque son reemplazadas por otras, siguiendo las modas intelectuales del momento. Siempre proponen algún tipo de dualismo antropológico. Esta "lógica" hace que la persona sea pensada como realidad acósmica (sin corporeidad y sin relación con el mundo), ahistórica (sin historicidad intrínseca), asocial (sin interpersonalidad real), asexual (limitada a la orientación sexual elegida), acultural (sin fuerte afiliación cultural) y atea (sin religión).

Al no hallar el vínculo con el plano de la integridad de estas dimensiones, la persona se presenta como algo esencialmente diferente de ellas. Cualquier intento de relacionarse con estas dimensiones en el plano existencial resulta extrínseco para la persona. El dualismo condena a la persona a la soledad ontológica.

De todo esto se deriva una conclusión: la persona puede elegir concebirse a sí misma como "un ser natural", un ser sin trascendencia, no tocada por un misterio que la coloca más allá de todo lo que puede ser objetivado. Pero al hacerlo, pierde la posibilidad de concebirse *como persona*. Es necesario afirmarlo con fuerza: el destino del ser humano depende de que tome conciencia de su ser persona.

Volvamos a Spaemann y su comprensión de la persona como "tener una naturaleza" (que podemos ampliar diciendo: "tener dimensiones"). En contra de las visiones dualistas y reduccionistas que hemos mencionado, la posición de Spaemann afirma que la persona es lo que está "dentro" y "por encima" del "yo", de la libertad, del inconsciente, del eros, del lenguaje, de las estructuras aprendidas y de los procesos neuronales. La persona está *en* su naturaleza y *en* sus dimensiones, pero también *las trasciende*[14]. Esta es una forma efectiva de entender la relación entre la inmanencia y la trascendencia que gobiernan la relación entre la persona y la naturaleza.

Verdaderamente la persona es algo maravilloso. Pero no hay que olvidar que la persona humana, a pesar de su grandeza, no tiene la perfecta estabilidad de la persona divina. La persona humana tiene una realidad bien fundada, pero es al mismo tiempo algo frágil, expuesto a innumerables peligros. Romano Guardini expresó con exactitud la grandeza y fragilidad inherentes a la persona humana al recordar los constantes intentos de reducirla a algo material, o a una simple categoría de la autocomprensión; de problematizar su aspecto ético, de cuestionar su constitución espiritual, de exagerar las tensiones que ella vive. Todo esto lleva a la persona a dudar de sí, a lanzarse a la actividad o a entregarse

---

14. En su acepción filosófica más correcta, "trascender" no significa "negar" ni "dejar detrás". No implica una *separación* entre dos elementos o niveles. La trascendencia, en el sentido filosófico y antropológico que le damos aquí, indica que un orden inferior se coloca bajo el influjo de un orden superior y por ende queda modificado. El orden superior *se muestra* en el orden inferior (y esto sería el aspecto de inmanencia del orden superior en el inferior). Trascendencia e inmanencia van de la mano.

en manos de fuerzas sociales, ideológicas o políticas que le den un sentido, olvidando que ya lo tiene en sí misma[15].

B. La síntesis que hay que elaborar

1. *Una síntesis que une las aportaciones contemporáneas y la metafísica*

La segunda década del siglo XXI nos pide que elaboremos una síntesis clara y profunda que tenga en cuenta las novedades que han surgido durante la renovación antropológica contemporánea. La síntesis deseada debe cumplir los tres criterios principales por los que se miden las grandes visiones antropológicas: coherencia teórica, verificabilidad experimental y relevancia existencial.

¿Cómo se ve esta síntesis? ¿Cuáles son sus contornos? No es fácil decirlo. El criterio de la relevancia existencial queda satisfecho porque la síntesis abarca en gran medida el elemento existencial. El criterio de la verificabilidad experimental también se respeta abundantemente por lo que se ha visto al tratar las seis dimensiones categoriales. Queda el criterio de la coherencia teórica, que la reflexión filosófica debe satisfacer con su rigor.

¿Cómo hay que examinar esa coherencia? Si uno se mueve en el nivel de las contribuciones individuales, existe el riesgo de perderse por falta de orientación. Siempre es ardua la tarea de dar orden a los descubrimientos.

La luz puede venir de este adagio escolástico: "Donde no hay principio, no puede haber orden". La metafísica es la disciplina que se ocupa de los principios. Por lo tanto, el primer paso para elaborar una síntesis antropológica consiste en favorecer el diálogo entre la metafísica y las diferentes corrientes antropológicas. Estas

---

15. Cf. R. Guardini, *Mundo y Persona*, 190.

tienen en la metafísica un aliado precioso que les permite llegar al momento sistemático.

Por otro lado, cuando se intenta proponer una nueva síntesis antropológica sin una interacción con la metafísica, se presentan varios riesgos. Ya hemos hablado del grave riesgo del dualismo. Debemos ser conscientes de otros riesgos, tal vez menos graves, pero que dificultan igualmente el proceso de maduración sintética. Pensemos en el riesgo de caer en un cierto estilo de exposición carente de orden, tendiendo a repetir las mismas ideas sin ganar nada; el riesgo de no poder verificar la validez de las afirmaciones que se hacen; el riesgo de asumir esquemas filosóficos del pasado de manera inconsciente; el riesgo, finalmente, de colaborar directa o indirectamente a la difusión del clima contemporáneo de relativismo filosófico en el que toda verdad es mirada con desconfianza.

A veces el momento metafísico de la investigación antropológica se ha colocado antes del momento empírico-fenomenológico. Esto es lo que ocurrió principalmente en la antropología griega y en la antropología medieval, que comenzaban estableciendo las premisas metafísicas y luego pasaban a las aplicaciones concretas. Sabemos que la renovación antropológica contemporánea ha seguido el camino inverso.

Puede parecer más apropiado que el momento ontológico no llegue al principio sino al final, como coronación final de un camino de investigación que se inspira en la experiencia. A fin de cuentas, que el momento ontológico preceda o siga cronológicamente a un momento que no es de naturaleza ontológica sino científica, existencial, empírica o de cualquier otro tipo, no tiene una importancia decisiva. Lo decisivo se juega en dos puntos. El primero es la necesidad de que se establezca una relación entre el momento metafísico y el fenomenológico-empírico. No deben permanecer separados. El segundo punto consiste en reconocer que el momento ontológico siempre será *epistemológicamente* superior a cualquier otro momento[16]. Esto significa que es la ontología la que asigna a la fenomenología –y a cualquier otra disciplina– su colocación dentro de la totalidad de las ciencias, la que indica sus límites y le garantiza sus fundamentos. La razón de esta prioridad epistemológica de la ontología deriva del hecho de que a ella le compete la investigación del ser *en cuanto tal*. Su objeto de estudio no tiene ninguna restricción, mientras que todas las demás disciplinas están sometidas a algunas restricciones pues estudian *algunos* tipos de ser, y lo hacen bajo *algún* punto de vista determinado.

La reflexión sobre las dimensiones de la persona que hemos propuesto quiere ser una contribución a la elaboración de la nueva síntesis antropológica que nuestro tiempo necesita porque las dimensiones de la persona nos ponen en contacto con uno de los temas centrales de la antropología contemporánea. Comprender sus raíces históricas, comprender el problema de la relación entre la persona y las dimensiones, y explorar las dimensiones individuales, son las tres tareas que hemos llevado a cabo. Este libro propone una síntesis antropológica segura y actualizada.

2. Una síntesis que une la persona, la naturaleza y las dimensiones

Un punto de particular valor teórico de esta síntesis consiste en aclarar las relaciones (similitudes y diferencias) entre estos tres términos: persona, naturaleza y dimensiones. El término central es "persona".

Entre la persona y los otros dos términos existe una unidad en tensión indicada por el "en". La naturaleza es *de* la persona y está *en* la persona; y la persona posee y trasciende la naturaleza. El

---

16. Cf. J. Choza, *Antropologías positivas y antropología filosófica*, Cénlit ediciones, Estella 1985, 171-194.

mismo tipo de relación se presenta en la relación de la persona con las dimensiones. Si la persona desempeña este papel de base y de punto de integración, se elimina todo dualismo. Además, la persona, la naturaleza y las dimensiones se preservan de las múltiples reducciones que mencionamos anteriormente.

Sin embargo, hay algunas diferencias. El hecho es que la antropología de la *persona ut natura* y la antropología de las dimensiones de la persona, si bien son compatibles, no son iguales. Existe una diferencia histórica. "Naturaleza" es un concepto central de la antropología metafísica clásica, mientras que la antropología contemporánea, marcada por la fenomenología y el personalismo, ha optado por trabajar con el concepto de "dimensión".

C. Una visión hacia adelante y hacia lo profundo

En esta fase final de nuestro recorrido abordaremos tres temas cuya amplitud va más allá del marco filosófico del discurso sobre la persona y las dimensiones. Son de gran importancia a la hora de cerrar ese discurso y situarlo en una perspectiva más amplia. Se trata de la relación entre la antropología de las dimensiones y el cristianismo, la relación entre la antropología y la técnica, y la relación entre la antropología y el horizonte cultural actual.

1. Visión antropológica y cristianismo

¿La antropología de las dimensiones de la persona, como la hemos elaborado, es una filosofía cristiana? La pregunta es relevante. Forma parte de esa conciencia metodológica que marca a todo filósofo reflexivamente maduro con respecto a sus propios presupuestos y raíces.

La respuesta es decididamente positiva: se trata de una antropología cristiana, en el sentido preciso en que la Encíclica *Fides et Ratio* la describe:

> Con este apelativo [de "filosofía cristiana"] se quiere indicar más bien un modo de filosofar cristiano, una especulación filosófica concebida en unión vital con la fe. No se hace referencia simplemente, pues, a una filosofía hecha por filósofos cristianos, que en su investigación no han querido contradecir su fe. Hablando de filosofía cristiana se pretende abarcar todos los progresos importantes del pensamiento filosófico que no se hubieran realizado sin la aportación, directa o indirecta, de la fe cristiana[17].

Nuestra antropología cristiana no es, por lo tanto, una que "sólo es verdadera para los cristianos", ni hemos desarrollado una antropología teológica. La nuestra, siendo una antropología cristiana, es plenamente una antropología *filosófica* y cumple con todos los requisitos de la filosofía como un ejercicio de pensamiento racional.

Hay, sin embargo, un segundo e importante aspecto que hace de esta antropología de dimensiones una antropología cristiana. Se trata de la aplicabilidad del aspecto práctico y existencial. Podemos expresar con una pregunta lo que queremos decir ahora: las tareas de maduración, de "llegar a ser personas más plenamente", de apertura al mundo y a las personas, tal como se describen en estas páginas, ¿pueden ser llevadas a cabo por cualquier persona, o requieren un supuesto que no forma parte de la persona humana?

La respuesta a esta pregunta gira en torno al concepto de "gracia". La gracia, en el sentido que el cristianismo da a este término, es ciertamente un regalo de Dios a la persona. Pero el hecho de que su origen se coloque fuera de la persona por ser un regalo de

---

17. Juan Pablo II, Carta Encíclica *Fides et Ratio*, n. 76.

Dios no convierte a la gracia en algo extrínseco a la persona que la recibe. Por el contrario, es necesario afirmar que la gracia sana y fortalece a la persona (aspecto inmanente), abriéndola a la comunión con Dios y con los demás (aspecto trascendente). De esta manera, la gracia permite a la persona llegar a ser plenamente tal. Esta interacción con la gracia también revela que la persona no es nunca una figura autónoma y cerrada, sino una figura abierta y dinámica.

2. El hombre y la técnica

En nuestra civilización, la técnica se ha vuelto tan importante que incluso es utilizada como criterio para describir su esencia. Se dice que la nuestra es una civilización avanzada, tecnificada y moderna: expresiones, todas ellas, que implican una comparación con etapas anteriores o con otras civilizaciones que, precisamente a nivel del progreso tecnológico, resultarían ser menos avanzadas. Esto significa que la nuestra es una civilización que habría encontrado su identidad en el continuo desarrollo técnico. Por lo tanto, es una civilización móvil cuyo centro no está en una serie de convicciones filosóficas, sociales, religiosas o morales sobre la persona, la verdad o el bien, sino en la constante oferta de nuevas posibilidades. Por esta razón, Heidegger impulsó en 1954 la reflexión filosófica sobre lo que él llamaba *la pregunta por la técnica*[18].

Lo curioso es que esta pregunta no puede ser en última instancia una cuestión *técnica*, sino más bien una cuestión *antropológica*. La persona siempre está involucrada con la tecnología. La persona, el mundo y la cultura (que incluye a la técnica) son tres elementos que están permanentemente entrelazados, de modo que un cam-

---

18. Cf. M. Heidegger, «La pregunta por la técnica», en *Conferencias y artículos*, Barcelona, Ediciones del Serbal, 1994.

bio en cualquiera de los tres elementos provoca consecuencias en los otros dos.

¿Cuáles son las raíces de la técnica que aparecen gracias a esta perspectiva antropológica? Hay tres principales.

La primera es que la técnica tiene su motivación fundadora en la voluntad de dominar, que sólo es comprensible desde la persona humana y la misión que lleva a cabo en su vida. Por lo tanto, se requiere que las personas y las sociedades ejerzan sabiamente su capacidad de dominar la realidad a través de la tecnología[19]. Si por un lado la persona no puede vivir sin cultura, por otro lado no puede vivir bien sin *humanizar su cultura*, es decir, sin asegurar que la cultura exista a su servicio, subordinada a los fines en vista de los cuales la persona humana ejerce su capacidad de dominio sobre el mundo.

La segunda es el hecho de que la técnica se entrelaza con todas las dimensiones e influye en el modo en que se desarrollan y se viven. Piénsese en el vínculo entre la técnica y la interpersonalidad: no cabe duda de la influencia que ejercen los avances técnicos en el campo de las comunicaciones. Piénsese en el vínculo entre la técnica, por un lado, y la sexualidad y la corporeidad por el otro. Es bien conocido el impacto que ha tenido la píldora anticonceptiva desde 1960, cuando se comercializó en los Estados Unidos. Se están realizando debates similares sobre las técnicas de reproducción asistida. En cuanto al vínculo entre la técnica y la historicidad ya hemos mencionado anteriormente que nuestra civilización se define a sí misma a través de una visión cronológica generada por el "progreso tecnológico", tal vez flanqueado por el progreso de las libertades civiles concedidas a los individuos y otros procesos socioculturales.

---

19. Ha sido frecuente afirmar que la visión técnica y la visión contemplativa son irreconciliables. Como visiones, en efecto son diferentes. Pero la oposición cesa al ver que nacen de factores comunes.

La tercera y más importante raíz, también vista por Heidegger, es que la esencia de la técnica no se concibe adecuadamente si se la reduce a un conjunto de actividades guiadas por un propósito, realizadas con la ayuda de instrumentos. Así vista, su esencia permanece oculta, y no aparecen los vínculos que la sitúan en el contexto de la visión del mundo y la visión del significado de la existencia personal. En tal situación de ocultamiento es imposible humanizar la técnica. La forma auténtica de hacerlo consiste en reconocer que la forma en que la persona se sitúa ante el mundo asume dos modos polarmente entrelazados: junto al modo "técnico" hay otro que se llama "creativo" o "contemplativo". En una y otra hay una relación con la naturaleza. No es que uno de estos modos sea bueno y el otro malo. Ambos son capaces de ayudar a las personas y a las sociedades si mantienen una relación mutua equilibrada.

No hay que hacerse ilusiones. En una civilización que se define a sí misma a la luz de la técnica, el modo contemplativo y creativo tiende a desaparecer. Se considera inútil y sin sentido. No se entiende que tiene la clave que permite a una civilización ser humana, y humanizar su contraparte técnica. A este respecto, Romano Guardini señala que con los cambios históricos algunas cualidades de la persona se vuelven más fuertes y finas, más exactas, mientras que otras se vuelven más débiles, obtusas e inseguras, incluso arriesgándose a perderse. Esto genera al "hombre incompleto"[20]. Es un hombre que se muestra falto de recursos para hacer frente a la invasión de la técnica. El "hombre incompleto", débil en su capacidad de descubrir los verdaderos fines de la vida, quisiera dirigir la técnica… a través de la misma técnica.

Cuando la técnica se convierte en la modalidad hegemónica de relación con la realidad, la trascendencia de la persona corre

---

20. R. Guardini, *El hombre incompleto y el poder*, Ediciones Guadarrama, Madrid 1960.

el riesgo de evaporarse. La subjetividad se convierte en un mito, o se reduce a otro objeto del que se posible ocuparse mediante técnicas especiales. Cuando la técnica coloca a la persona enteramente bajo su dominio, puede hacer de ella lo que quiera porque no hay criterios ni límites que puedan frenar esa acción. De hecho, la comprensión de los límites de la técnica –ya sea que aparezcan bajo la etiqueta de "ética" o del "respeto de la dignidad humana" o de "consecuencias indeseables para la sociedad"– requiere un tipo de pensamiento que se remonta al modo contemplativo-creativo. La técnica no puede limitar a la técnica.

La conciencia de estas tres raíces antropológicas no debe aparecer como un freno ni como una intrusión en el progreso de la técnica, siempre que ésta ocupe el lugar que le compete. La comunidad científica y tecnológica está formada por personas que no deben olvidar su identidad y la de los destinatarios de su trabajo. «No pretendemos reducir la técnica, sino fomentarla. Y más exactamente, fomentar una técnica más poderosa, más sensible, más humana. Fomentar la ciencia, pero inspirada en criterios más espirituales, más armónicos»[21].

3. Posibilidades y riesgos del momento actual

Nuestra propuesta antropológica no puede ser absoluta e inmejorable. La filosofía está sometida a la historicidad, y por eso es siempre un proyecto abierto, en continuo crecimiento. Además, siempre está llamada a enfrentar situaciones culturales cambiantes. La filosofía trata de responder a ellas, ejerce un discernimiento sobre ellas, y propone caminos moralmente correctos.

Al final de nuestro recorrido quisiéramos señalar los temas antropológicos más relevantes del momento actual:

21. R. Guardini, *Cartas del Lago de Como*, 124.

1. La cuestión del sentido/significado conserva todo su valor. Nuestro tiempo, que lucha tanto por reflexionar de manera especulativa sobre la verdad, está sediento de sentido. Esta es una de las perspectivas que más puede ayudarnos a redescubrir el camino de la sabiduría, que es la forma de entendernos a nosotros mismos, nuestras posibilidades y nuestros riesgos. Si en la búsqueda de sentido no se reconoce la presencia de una naturaleza que funciona como principio rector, entonces toda acción sólo puede tener un sentido subjetivo y, a fin de cuentas, arbitrario e insatisfactorio. Sin recobrar la propia identidad fundada en una naturaleza, la persona difícilmente llegará a comprender la solidez y el valor de su propia identidad.

2. El desafío de entender la sexualidad a partir de la persona es grande. La sexualidad es un punto de encuentro de tres grandes fuerzas: la interpersonalidad, la afectividad y el destino al don de sí mismo[22]. Estas fuerzas convergen en el proceso de subjetivación que genera una identidad personal bien lograda. Hay un vínculo decisivo entre la sexualidad y la personalidad. Todo esto debe aclararse mejor, y debe entrar en diálogo con las diferentes corrientes y debates actuales. De particular importancia es el uso de la técnica médica para la transformación de la identidad sexual. ¿Se pondrá totalmente al servicio del deseo de modificarla a voluntad? ¿Con qué consecuencias antropológicas? El significado que cada persona da a la propia condición masculina o femenina es inseparable del modo en que concibe su identidad personal.

3. Es enorme la presión de la era de la información, de lo virtual. Estamos en la era de Internet. Es cierto que la información no se reduce a herramientas y actividades, sino que genera una atmósfera vital y un estilo de vida sin forma ni contorno, sin prin-

22. Cf. A. Malo Pé, *Antropología de la afectividad*, EUNSA, Pamplona 2004.

cipios. Es la "cultura líquida" que genera "personas líquidas"[23]. La abundancia de datos proporcionados desde múltiples fuentes no produce una narrativa general que los haga comprensibles[24]. Las repercusiones en la interpersonalidad se sentirán cada vez más, invadiendo y configurando la persona de maneras inesperadas, exponiéndola a olvidar su interioridad. El significado de la propia identidad personal es inseparable del mundo humano, confiado a la inteligencia y a la libertad de la persona.

Llegamos al punto conclusivo de nuestro camino. La filosofía ejerce un servicio de discernimiento, pero la tarea que se nos presenta supera por mucho sus posibilidades. Deben unírsele muchas otras disciplinas y capacidades para que nuestro tiempo pueda aspirar a que se logre el verdadero bienestar de la persona humana. Estas reflexiones, junto con otras propuestas antropológicas de gran valor, deben caer en el buen terreno de las mentes creativas y en el corazón de educadores, pedagogos y agentes pastorales y sociales dispuestos a identificar nuevos caminos que hagan perceptible la belleza de la persona humana, su dinamismo, su significado para la mente y el corazón de las nuevas generaciones.

Téngase siempre esto en cuenta: si los riesgos son grandes, mayores son las posibilidades de una humanidad dispuesta a descubrir lo que significa ser humano. A partir de la respuesta a esta pregunta, cada generación decide el significado de su propia existencia.

---

23. Este tema ha sido abundantemente estudiado por el sociólogo lituano Zygmunt Bauman en obras como *Modernidad líquida* (Paidós, Barcelona 1998).

24. Cf. N. Postman, «Science and the Story that We Need», *First Things*, January 1997 (https://www.firstthings.com/article/1997/01/science-and-the-story-that-we-need).

Bibliografia

Agazzi, E., «L'essere umano come persona», *Bioetica e Persona*, Franco Angeli, Milano 1993, 137-157.

S. Agustín, *Confesiones*, Ed. Gredos, Madrid 2010.

Aristóteles, *De Anima*.

–, *Física*.

–, *Política*.

–, *Ética nicomaquea*.

de Aquino, T., *Summa Theologiae*.

Arregui, J.V. – Choza, J., *Filosofía del hombre. Una antropología de la intimidad*, Rialp, Madrid 1992.

Ascencio, J.G., *La cultura e la natura. Temi d'introduzione alla filosofia della cultura*, IF Press-APRA, 2011.

–, *Il pensiero culturale. Tra filosofia metafisica e razionalità postmoderna*, APRA, Roma 2004.

–, «La differenza tra "persona" e "uomo". Un discernimento antropologico», *Alpha-Omega* XXIII, n.1 (2020) 3-45.

–, «Il significato antropologico dell'esistenza in *Mondo e Persona*», in ID (a cura di), *Romano Guardini e il pensiero esistenziale*, Cantagalli, Siena 2017, 173-196.

Backés-Clement, C., *Levi-Strauss. La vita, il pensiero, i testi esemplari*, Accademia Sansoni editori, Milano 1971.

von Balthasar, H.-U., *Epílogo*, Ediciones Encuentro, Madrid 1998.

–, *Teodramática 2. Las personas del drama: el hombre en Dios*, Ediciones Encuentro, Madrid 1992.

Bauman, Z., *Modernidad líquida*, Paidós, Barcelona 1998.

de Beauvoir, S., *El segundo sexo*, Cátedra, Madrid 2015.

Bertoni, I., «Dimensione», en *Enciclopedia filosofica*, Bompiani, Milano 2006, vol. 3, 2873.

Boecio, A.M.S., *De persona et duabus naturis. Contra Eutychen et Nestorium*, PL 64.

Bogliolo, L., *Le scoperte della filosofia moderna*, Marietti, Torino 1974, 120

Bonhoeffer, D., *Resistencia y sumisión. Cartas y apuntes desde el cautiverio*, Sígueme, Salamanca 2001.

Brague, R., *Europe, la voie romaine*, Gallimard, Paris 1999.

Buber, M., *¿Qué es el hombre?*, Fondo de Cultura Económica, México D.F., 2000.

–, *Yo y Tú*, Caparrós editores, Madrid 1998.

Burgos, J.M., *Antropología: una guía para la existencia*, Ediciones Palabra, Madrid 2013.

–, *El personalismo. Autores y temas de una filosofía nueva*, Palabra, Madrid 2000.

–, «La gnoseología de K. Wojtyla y la gnoseología tomista: una comparación», *Pensamiento*, vol. 71 (2015), 703-731.

–, «El personalismo ontológico moderno. I. Arquitectónica», *Quién*, n. 1 (2015), 9-27.

Caffarra, C., *Individuo o persona? Pensieri sull'antropologia odierna e di Giovanni Paolo II*, in http://www.caffarra.it/indivi01.php#sthash.qyAD8ALS.dpuf.

Carrier, H., *Vangelo e culture*, Città Nuova, Roma 1990.

Cassirer, E., *Antropología Filosófica*, Fondo de Cultura Económica, México D.F., 1968.

Castilla y Cortázar, B., *Persona femenina y persona masculina*, Rialp, Madrid 2004.

–, «La persona, esa "gran realidad". Zubiri y el Personalismo», *Quién*, n. 1 (2015), 75-95.

Chodorow, N., *Individualizing Gender and Sexuality: Theory and Practice*, Routledge, New York 2012.

Choza, J., *Antropologías positivas y antropología filosófica*, Cénlit ediciones, Estella 1985.

Cicchese, G., *I percorsi dell'altro. Antropologia e storia*, Città Nuova, 1999.

Coreth, E., *¿Qué es el hombre?*, Herder, México 2007.

Corominas, J., *Presentación*, en X. Zubiri, *Tres dimensiones del ser humano*, VII-XXVI.

Cuyás, M., *Antropología sexual*, PPC, Madrid 1991.

De Clerq, E., *Etica del gender*, Morcelliana, Brescia 2018.

Ebner, F., *La palabra y las realidades espirituales*, Caparrós, Madrid 1995.

Escudero, A., «Del existir temporal: Heidegger y el problema del tiempo», *Apeiron. Estudios de filosofía*, 1 (2014), 97-174.

Fabro, C., *Problemi dell'Esistenzialismo*, AVE, Roma 1945.

Feuerbach, L., *La esencia del cristianismo*, Sígueme, Salamanca 1975.

Fernández Beites, P., *Tiempo y sujeto después de Heidegger*, Ediciones Encuentro, Madrid 2010.

Ferrer, J., *Metafísica de la relación y de la alteridad. Persona y relación*, EUNSA, Navarra, Pamplona 1998.

Ferrer, U., *¿Qué significa ser persona?*, Palabra, Madrid 2002.

de Finance, J., *Cittadino di due mondi. Il posto dell'uomo nella creazione*, LEV, Vaticano 1993.

–, *De l'un et de l'autre. Essai sur l'altérité*, PUG, Roma 1993.

–, *A tu per tu con l'altro. Saggio sull'alterità*, EPUG, Roma 2004.

Fúnez, R., «Acerca de tres dimensiones del ser humano», *Teoría y Praxis*, n. 11 (junio 2007), 89-114.

Gadamer, H.-G., «Che cos'è la verità?», *Rivista di filosofia* XLVII (3/1956), 251-266.

–, *Verdad y Método*, Sígueme, Salamanca 1987.

Geertz, C., *The Interpretation of Cultures*, Basic Books, New York 1973.

Gibu, R., *Unicidad y relacionalidad de la persona. La antropología de Romano Guardini*, UAP, Puebla 2008.

Giussani, L., *El sentido religioso*, Ediciones Encuentro, Madrid 2008.

Goleman, D., *La inteligencia emocional*, Vergara, México 2000.

Guardini, R., *Mundo y Persona. Ensayos para una teoría cristiana del hombre*, Ediciones Guadarrama, Madrid 1963.

–, *La existencia del cristiano*, BAC, Madrid 1997.

–, *Libertad, Gracia y Destino*, Ed. Lumen, Buenos Aires 1987.

–, *El contraste. Ensayo de una filosofía de lo viviente-concreto*, BAC, Madrid 1996.

–, *El ocaso de la Edad Moderna*, en *Obras de Romano Guardini. I*, Ediciones Cristiandad, Madrid 1981.

–, *La aceptación de sí mismo. Las edades de la vida*, Librería parroquial de Clavería, México 1964.

–, *Cartas sobre la formación de sí mismo*, Palabra, Madrid 2000.

–, *Cartas del Lago de Como*, Dinor, San Sebastián 1957.

–, *El fin de la modernidad*, PPC, Madrid 1995.

–, *El hombre incompleto y el poder*, Ediciones Guadarrama, Madrid 1960.

Guénard, T., *Más fuerte que el odio*, Gedisa, Barcelona 2010.

Heidegger, M., *Conferencias y artículos*, Barcelona, Ediciones del Serbal, 1994.

–, *Ser y Tiempo*, Traducción, prólogo y notas de Jorge Eduardo Rivera,

Edición digital de: http://www.philosophia.cl.

Heschel, A.J., *Man Is Not Alone. A philosophy of religion*, Harper & Row, New York 1951.

von Hildebrand, D., *El corazón*, Ediciones Palabra, Madrid 1996.

Husserl, E., *La crisis de las ciencias europeas y la fenomenología trascendental*, Prometeo, Buenos Aires 2008.

Horneffer, R., «El cuerpo como símbolo», en Xolocotzi, A. – Gibu, R., (coordinadores), *Fenomenología del cuerpo y hermenéutica de la corporeidad*, Plaza y Valdés, Madrid 2014.

Istituto di Sutdi Superiori sulla Donna, *Significare il corpo: limite, incontro e risorsa*, APRA, Roma 2017.

Juan Pablo II, *Carta Encíclica Fides et Ratio* (1998)

Kant, E., *La religión dentro de los límites de la mera razón*, Alianza editorial, Madrid 1969.

Kierkegaard, S., *Temor y temblor*, Losada, Buenos Aires 2003.

–, *La enfermedad mortal*, Luarna ediciones, Madrid 1996.

–, *Ejercitación del cristianismo*, Trotta, Madrid 2009.

Lacan, J., *Scritti*, vol. I, Einaudi, Torino 1974.

J. Lacroix, *Le personalisme*, en AA.VV., *Tableau della philosophie contemporaine*, A. Weber et Huisman, Paris 1963.

Le Breton, D., *Antropologia del corpo e modernità*, Giuffrè, Milano 2007.

Lippincott, K., et al., *El tiempo a través del tiempo*, Grijalbo Mondadori, Barcelona 2000.

Lobato, A., *Dignidad y aventura humana*, San Esteban-Edibesa, Salamanca-Madrid 1997.

–, «Fundamento y desarrollo de los trascendentales en santo Tomás de Aquino», *Aquinas* 34 (1991), 203–221.

López Quintás, A., *Metodología de lo suprasensible*, Editora Nacional, Madrid 1963.

–, *Cuatro personalistas en busca de sentido: Ebner, Guardini, Marcel, Laín*, Rialp, Madrid 2009.

–, *El triángulo hermenéutico. Introducción a una filosofía de los ámbitos*, Publicaciones Universidad Francisco de Vitoria, Madrid 2015.

–, *Descubrir la grandeza de la vida. Nuevo proyecto formativo*, Editorial Verbo Divino, Madrid 2004.

–, *Romano Guardini y la dialéctica de lo viviente. Estudio metodológico*, Ediciones Cristiandad, Madrid 1966.

–, *El secuestro del lenguaje*, Asociación para el Progreso de las Ciencias Humanas, Madrid 1987.

Lucas, R., *Horizonte vertical. Sentido y significado de la persona humana*, BAC, Madrid 2008.

–, *Antropología y problemas bioéticos*, BAC, Madrid 2001.

–, *El hombre, espíritu encarnado*, Atenas, Madrid 1995.

Malo Pé, A., *Antropología de la afectividad*, EUNSA, Pamplona 2004.

Marcel, G., *Diario Metafísico*, Ediciones Guadarrama, Madrid 1967.

Marías, J., *Mapa del mundo personal*, Alianza Editorial, Madrid 1993.

Melchiorre, V., (ed.), *L'idea di persona*, Vita e Pensiero, Milano 1996.

Melendo, T., *Las dimensiones de la persona*, Palabra, Madrid 1999.

Melina, L., *Por una cultura de la familia. El lenguaje del amor*, Pontificio Instituto Juan Pablo II para la Familia, Huixquilucan 2013.

Miccoli, P., *Corpo dicibile. L'uomo tra esperienza e parola*, Urbaniana University Press, Roma 2003.

Millán Puelles, A., *La libre afirmación de nuestro ser. Fundamentación de una ética realista*, Rialp, Madrid 1994.

–, «Ente y propiedades del ente», *Léxico filosófico*, Rialp, Madrid 1984, 237–247.

Mounier, E., *El Personalismo*, JUS, México 2005.

–, *Revolución personalista y comunitaria*, Biblioteca Promoción del Pueblo, Bilbao 1975.

Naro, M., *La teologia delle religioni. Oltre l'istanza apologetica*, Città Nuova, Roma 2013.

Nietzsche, F., *Fragmentos póstumos IV*, Tecnos, Madrid, 2008.

Norris Clarke, W., *Person and Being*, Marquette University Press, Milwaukee 1998.

Ocampo, M., *Las dimensiones del hombre*, EDICEP, Madrid 2003.

Ortega y Gasset, J., *Obras completas*, Alianza Editorial / Revista de Occidente, Madrid 1983.

Palumbieri, S., *Antropologia e sessualità*, SEI, Turín 1996.

Pieper, J., *Obras*, tomo 3 (*Escritos sobre el concepto de filosofía*), Ediciones Encuentro, Madrid 2000.

–, *Verità delle cose*, Massimo, Milano 1988.

Polaino, A., *Sexo y cultura. Análisis del comportamiento sexual*, Rialp, Madrid 1992.

Polo, L., «Libertas trascendentalis», *Anuario filosofico*, 25 (1993/3), 703-716.

Possenti, V., «Concezione sostanziale e concezione funzionale della persona», *Espíritu* LXII n. 146 (2013), 375-394

Prieto, L., *El hombre y el animal. Nuevas fronteras de la antropología*, BAC, Madrid 2008.

Prini, P., *Il corpo che siamo. Introduzione all'antropologia etica*, SEI, Torino 1991.

Pontificio Consejo "Justicia y Paz", *Compendio de la doctrina social de la Iglesia* (2004)

Quinceno Osorio, J.-D., *La idendidad narrativa según Paul Ricoeur. Hacia una hermenéutica de la persona humana*, Dykinson, Madrid 2021.

Ricoeur, P., *La memoria, la historia, el olvido*, Trotta, Madrid 2003.

–, *Sí mismo como otro*, Siglo veintiuno editores, México D.F. 1996.

–, *La persona*, Morcelliana, Brescia 1998.

–, *Historia y verdad*, Ediciones Encuentro, Madrid 1990.

–, *Amor y justicia*, Caparrós, Madrid 1993.

Ricoeur, P. – Changeux, J.P., *Ce qui nous fait penser. La nature et la règle*, Editions Odile Jacob, Paris 1998.

Ries, J., *Símbolo, Mito y Rito*, Kairós editorial, Barcelona 2013.

de Sahagún Lucas, J., *Las dimensiones del hombre*, Sígueme, Salamanca 1996.

Salatiello, G., – Ascencio, J.G., «Quale differenza fra uomo e donna? Ciò che dice la filosofia», en Istiuto di Sutdi Superiori sulla Donna, *Significare il corpo: limite, incontro e risorsa*, APRA, Roma 2017, 35-55.

Sánchez-Migallón, S., *La persona humana y su formación en Max Scheler*, EUNSA, Pamplona 2006.

Sartre, J.-P., *El existencialismo es un humanismo*, Folio, Barcelona 2007.

Scheler, M., Ética, Caparrós, Madrid 2001.

–, *El puesto del hombre en el cosmos*, Escolar y Mayo, Madrid 2017.

Sellés, J. F., «R. Spaemann: ¿Antropología o ética? Lagunas temáticas y noéticas de un correcto planteamiento antropológico», *Intus-Legere Filosofía*, 7, n.1 (2013), 79-91.

Sgreccia, E. – Spagnolo, A – Di Pietro, M.L. (a cura di), *Bioetica. Manuale per i Diplomi Universitari della Sanità*, Vita e Pensiero, Milano 2002.

Simmel, G., *Intuición de la vida. Cuatro capítulos metafísicos*, Nova, Buenos Aires 1950.

Sobrevilla, D., «El retorno de la antropología filosófica», *Dianoia*, Vol. LI, n. 56 (mayo 2006) 95–124.

Spaemann, R., *Lo natural y lo racional*, Rialp, Madrid 1989.

–, *Personas, Acerca de la distinción entre "algo" y "alguien"*, EUNSA, Pamplona 2000.

–, *Sobre Dios y el mundo. Una autobiografía dialogada*, Palabra, Madrid 2014.

–, *Lo natural y lo racional*, IES, Santiago de Chile 2011.

Sparaco, C., *Oltre la solitudine dell'io. Alle origini del pensiero dialogico*, Aracne, Roma 2013.

–, «Martin Buber, dall'Io al Tu, la svolta del rivolgersi», *Dialegesthai. Rivista telematica di filosofia*, 18 (2016), 1-22.

Spengler, O., *La decadencia de Occidente. Bosquejo de una morfología de la historia universal*, Espasa-Calpe, Madrid 1966.

Spinoza, B., *Ethica more geometrico demonstrata*.

Szaszkiewicz, J., *Filosofia della cultura*, PUG, Roma 1988.

Torchia, J., *Exploring Personhood. An Introduction to the Philosophy of Human Nature*, Rowman & Littlefield Publishers, Lanham 2008.

Tugendhat, E., *Antropología en vez de metafísica*, Gedisa, Barcelona 2008.

Tuppia, J.C., «La emotividad humana en la integración de la persona en la acción según Karol Wojtyla», *Revista de Psicología* (Arequipa. Univ. Católica San Pablo), Vol. 6, n. 2 (2016), 79-97.

Velasco, J.-M., *Introducción a la fenomenología de la religión*, Trotta, Madrid 1976.

von Uexküll, J., *Andanzas por los mundos circundantes de los animales y los hombres*, Cactus, Buenos Aires 2016.

Vigna, C., «Sostanza e relazione. Una aporetica della persona» en V. Melchiorre (ed.), *L'idea di persona*, Vita e Pensiero, Milano 1996, 175-203.

Villegas, L.F., «Persona: una reflexión impostergable», *Sophia*, Junio 2007, 13-34.

Weigel, G., «John Paul II and the Crisis of Humanism», *First Things*, December 1999, 31-36.

Williams, T. D., *Who is my Neighbor? Personalism and the Foundation of Human Rights*, CUA Press, Washington 2005.

Wojtyla, K., *Il personalismo tomista*, en *I fondamenti dell'ordine etico*, La Nuova Agape, Forlì-Cesena 1989.

—, «La estructura general de la autodecisión», en *El hombre y su destino*, Rialp, Madrid 1998.

Zubiri, X., *Sobre el hombre*, Alianza Editorial, Madrid 1986.

—, *Tres dimensiones del ser humano: individual, social e histórica*, Alianza Editorial, Madrid 2006.